Gesamtkurs
Latein

Ausgabe **C**

Band 1

C.C. BUCHNER

Campus

Gesamtkurs Latein. Ausgabe C

Herausgegeben von Clement Utz, Andrea Kammerer und Reinhard Heydenreich.

Erarbeitet von Wolfgang Freytag, Johannes Fuchs, Reinhard Heydenreich, Ulf Jesper, Andrea Kammerer, Elisabeth Kattler, Birgit Korda, Michael Lobe, Diana Lohmer, Stefan Müller, Wilhelm Pfaffel, Andreas Rohbogner, Clement Utz und Christian Zitzl.

Band 1 wurde bearbeitet von Wolfgang Freytag, Reinhard Heydenreich, Ulf Jesper, Andrea Kammerer, Birgit Korda, Michael Lobe, Stefan Müller, Wilhelm Pfaffel, Clement Utz und Christian Zitzl.

1. Auflage, 7. Druck 2016
Alle Drucke dieser Auflage sind, weil unverändert, nebeneinander benutzbar.

© 2008 C.C.Buchner Verlag, Bamberg
Das Werk und seine Teile sind urheberrechtlich geschützt. Jede Nutzung in anderen als den gesetzlich zugelassenen Fällen bedarf der vorherigen schriftlichen Einwilligung des Verlages. Das gilt insbesondere auch für Vervielfältigungen, Übersetzungen, und Mikroverfilmungen. Hinweis zu § 52 a UrhG: Weder das Werk noch seine Teile dürfen ohne eine solche Einwilligung eingescannt und in ein Netzwerk eingestellt werden. Dies gilt auch für Intranets von Schulen und sonstigen Bildungseinrichtungen.

Lektorat: Bernd Weber
Illustrationen und Karten: tiff.any GmbH / Heimo Brandt, Berlin
Satz und Gestaltung: creo Druck & Medienservice GmbH, Bamberg / Ines Müller, Bamberg
Druck und Bindung: Stürtz GmbH, Würzburg

www.ccbuchner.de

ISBN 978-3-7661-7851-0

Hinweise zur Konzeption und zur Arbeit mit *Campus*

Das Lehrwerk *Campus* bietet einen systematischen und altersgerechten Lateinkurs für den Sprachunterricht. Die **Grammatikstoffe** werden kleinschrittig und behutsam vorgestellt, intensiv eingeübt und von Beginn an verlässlich in ansprechenden Texten repräsentiert. Das **Vokabular** basiert auf den statistischen Untersuchungen des Bamberger Wortschatzes und bezieht darüber hinaus den sog. Kulturwortschatz ein.

Jeder Band enthält den Stoff eines Schuljahres und ist in zwei Teile gegliedert: Teil 1 umfasst die Lektionen mit Texten und Übungen, Teil 2 Wortschatz und Grammatik. Das Buch für das erste Lernjahr bietet sechs Themenkreise, die abwechslungsreich in die Welt der Römer und die antike Kultur einführen. Jeder Themenkreis wird durch eine Doppelseite mit den nötigen Basisinformationen eingeleitet. Diese enthält – in den weiß unterlegten Flächen – das **kulturkundliche Grundwissen**, das mit dem Schriftzug *fundamentum* gekennzeichnet ist.

Jede **Lektion** umfasst eine Doppelseite, die den Stoff übersichtlich und leicht zugänglich vorstellt; diese hat regelmäßig folgendes Aufbauschema (vgl. S. 4 f.):

- **Linke Seite** (enthält keinen neuen Wortschatz, allenfalls einige Vokabeln, die den neuen Grammatikstoff repräsentieren):
  - E   Lateinischer Text zur Einführung des Grammatikstoffs
  - Ü   Aufgaben zur (ersten) Übung des Grammatikstoffs
  - I   Sachinformation zum kulturellen Hintergrund der Lektion

- **Rechte Seite** (enthält den gesamten neuen Wortschatz):
  - T   Lektionstext mit dem aktuellen Grammatikstoff und allen neuen Vokabeln
  - V   Aufgaben zur inhaltlichen und sprachlichen Vertiefung

---

Für die Behandlung einer Lektion bieten sich – vereinfacht dargestellt – **zwei methodische Verfahren** an:

von links nach rechts: ▌ Behandlung des Grammatikstoffs (E) ▌ Einübung des Grammatikstoffs (Auswahl aus Ü) ▌ Übersetzung und Erschließung des Lektionstextes (T, V a) ▌ Sprachliche Vertiefung (Auswahl aus V)

von rechts nach links: ▌ Behandlung des Lektionstextes (T, V a) ▌ dabei: Erarbeitung des Grammatikstoffs (T) ▌ Einübung des Grammatikstoffs (Auswahl aus Ü, E) ▌ Sprachliche Vertiefung (Auswahl aus V)

Mischformen sind selbstverständlich möglich.

Die Behandlung der Lektionstexte ist verbindlich; die anderen Bestandteile der Doppelseiten sind ein **Angebot**, aus dem die Lehrkraft gezielt auswählen muss. Weiteres **fakultatives Zusatzmaterial** – beispielsweise für Intensivierungsstunden – bieten die 13 *plus*-Lektionen, die den Stoff der jeweils vorangegangenen Kapitel umwälzen und vertiefen. Diese sind im Sinne des Lehrplans ebenso als **Additum** zu verstehen wie die deutsch-lateinischen Übersetzungen, die ebenfalls mit dem Schriftzug *plus* gekennzeichnet sind.

Bei der **Zeitplanung** sollte man Folgendes berücksichtigen:

- Für eine Lektion können (bei vier Stunden pro Woche) drei Unterrichtsstunden veranschlagt werden, wenn man auf die *plus*-Lektionen verzichtet.
- Wenn man alle *plus*-Lektionen in den Unterricht integrieren möchte, sind pro Lektion 2 bis 2,5 Unterrichtsstunden anzusetzen.

Die Lektion – Auf einen Blick

Linke Seite

keine neuen Vokabeln
Ausnahme: beispielhafte Repräsentanten des neuen Grammatikstoffs

Einfacher Text:
gezielte **Einführung** bzw. Systematisierung des neuen **Grammatikstoffs**

Übungen
präzise und kleinschrittige Festigung der Grammatik, steigernde Anordnung, von der Einzelform zum Kontext

Kleiner Text, als **Hausaufgabe** geeignet (hier Ü f)

Sachinformation
Vorbereitung auf T

8

Illustration
motivierender Einstieg in E

E
1. Dominus servam monere debet. Serva cibos parare debet.
2. Serva semper cibos domini parat.
3. Dominus vocat: „Para cibos, Homilia! Parate cibos, servi!"
4. Syrus: „Statim cibos paro."
5. Syrus et serva cibos parant.
6. Cornelia intrat et rogat:
7. „Cur cibos paras, Homilia? Cui cibos paratis, servi?"
8. Homilia et servus: „Domino cibos paramus."

Ü
a) Ordne jedem Wortstamm eine Endung zu. Übersetze die gebildeten Verbformen:

-o	debe-	-te	-t	-mus
-o	intra-	-nt	dele-	
gaude-	-tis	-s	pare-	tace-
roga-	-re	terre-	mone-	

b) Konjugiere:
1. rogare et gaudere   2. intrare et videre
3. vocare et tacere   4. parare et parere

c) Irrläufer. Eine Verbform hat sich verirrt und gehört nicht in die Reihe. Begründe:
1. intramus - paremus - rogamus - vocamus
2. dolent - rogant - terrent - parant - monet
3. gaudes - taces - vides - pares - paras
4. paro - pareo - gaudes - terreo - taceo

d) Cornelia und Julia spielen. Sie springen immer vom Singular in den Plural und umgekehrt: intro, rogat, mones, parant, timemus, vocas, rogamus, vocant, paratis, paretis, dolent

e) Regentropfen haben die Endungen unleserlich gemacht. Ergänze sie und übersetze:
Servi cibos para♦♦. Syrus puellas statim voca♦. Iulia intra♦: „Cur voca♦, Syre? Et cur cibos para♦♦♦, servi?" Statim Syrus: „Domino cibum para♦♦ debemus. Itaque cibos para♦♦♦. Domino et amicis placet cibos habere." Iulia: „Para♦♦ cibos, servi!"

f) 1. Quis ibi vocat? Iulia vocat. 2. Avus et Cornelia rident et gaudent. Nam amica puellae villam domini intrat. 3. Dominus servas vocat. Servae domino parent et statim cibos parant.

I **Das Abendessen**
Ganz Rom freute sich auf die wichtigste Mahlzeit des Tages, die cena. Da man Heizmaterial und Beleuchtung sparen musste, fand die cena normalerweise am späteren Nachmittag bis zum Einbruch der Dunkelheit statt. Bis zur cena blieb bei den meisten Römern die Küche kalt. Die cena war Mittelpunkt des Familienlebens und bestand aus mindestens drei Gängen: Vor-, Haupt- und Nachspeise. Bei keiner Vorspeise durften Eier fehlen. Den Hauptgang bildeten Fisch- und Fleischgerichte. Zum Nachtisch gab es meist mit Honig bestrichene Süßigkeiten. Der Tisch der einfacheren Leute war nicht so reich gedeckt. Sie aßen häufig einen Brei aus Getreide oder Bohnen, dem man auch anderes Gemüse hinzufügte. Fleisch gab es sehr selten, auch Fisch konnte man sich nicht täglich leisten.

34   a-Konjugation

Auf den **Lektionsdoppelseiten** ist nur die Behandlung des **T-Stückes** obligatorisch. Alle anderen Elemente – hier grün unterlegt – stellen ein Angebot dar, aus dem die Lehrkraft eine Auswahl nach methodischen und didaktischen Kriterien treffen wird.

Die römisch bezifferten *plus*-**Lektionen** haben fakultativen Charakter: Sie bieten keinen neuen Wortschatz und keinen neuen Grammatikstoff. Sie dienen der Festigung und Vertiefung der unmittelbar vorausgegangenen 3–4 Lektionen. Über ihre Durchnahme wird die Lehrkraft nach Bedarf entscheiden.

Die Lektion – Auf einen Blick

Rechte Seite
alle neuen Vokabeln

Zum Abendessen: Käse und Oliven

Der Sklave Syrus soll in Rom bei Julias und Cornelias Eltern übernachten und am nächsten Morgen zum Großvater, seinem Besitzer, zurückkehren. Die Mutter Corinna arbeitet schon nebenan in einer kleinen Küche. Syrus schaut ihr dabei zu, während die Töchter noch auf der Straße mit ihrem Freund Gajus spielen.

Syro servo placet dominae respondere et dominam rogare; nam linguam nunc amat. Dominam rogat: „Cur tu[1] cibos paras, domina? Cur tu laboras, domina? Cur puellae non laborant?"
Itaque Quintus puellas nunc vocat: „Iulia, propera! Cornelia, propera!
5 Properate! Cenam parare debetis." Filiae properant; statim intrant. Et Gaius amicus intrat.
Quintus: „Parate caseum[2] et olivas[3], filiae! Tum mensam ornate!"
Puellae: „Primo mensam ornamus. Tum caseum paramus, ... non olivas. Nam Gaius olivas non amat."
10 Gaius: „Sic est. Olivas non amo, sed caseum et fabas[4] amo."
Corinna: „Parate amico fabas, filiae! Sic amicum delectatis." Profecto Gaius
15 amicus gaudet; itaque Corinnae gratiam habet.

[1] tū – du
[2] cāseus – Käse
[3] olīva – Olive
[4] faba – Bohne

Zentraler Lektionstext mit dem aktuellen Grammatikstoff und allen neuen Vokabeln

Vom Speisezettel der Römer: Brötchen, Eier, Oliven, Artischocken, Schnecken und verschiedene angemachte Speisen.

Abbildung
Auseinandersetzung mit T und I

a) Entscheide, ob die folgenden Aussagen richtig, falsch oder nicht in T enthalten sind:
1. Dominus puellas vocat. 2. Filiae statim intrant. 3. Servus copias complet. 4. Puellae olivas (Oliven) parant. 5. Gaius olivas non amat. 6. Gaius Quinto gratiam habet.

b) Ergänze die Prädikate in der angegebenen Form und übersetze:
1. Muros (augere, 3. Pl.) 2. Filiam (amare, 1. Sg.) 3. Turbam (videre, 1. Pl.) 4. Amicos (vocare, 2. Pl.) 5. Domino (parere, 1. Sg.) 6. Insulam (intrare, 2. Sg.) 7. Amicas (delectare, 2. Pl.) 8. Mensam (ornare, 3. Sg.)

c) *plus* Immer ich!
1. Die Herrin bereitet Speisen vor. Deshalb ruft sie Claudia und Tullia: „Ihr müsst arbeiten, Töchter! Bereitet das Essen vor und schmückt den Tisch!" 2. Claudia: „Immer muss ich arbeiten, immer muss ich gehorchen, immer muss ich eilen." 3. Tullia: „Immer arbeite ich, immer gehorche ich." 4. Die Mädchen: „Immer eilen wir, immer bereiten wir Speisen vor. Niemals sehen wir die Freundinnen."

Ferien – Auf dem Land

Vertiefende Aufgaben

Inhaltliche Aufgabe:
Erfassung / Erschließung von T, ggf. weiterführende Recherche oder produktive Rezeption (hier V a)

Aufgabe(n):
zusammenfassende **Sicherung** des neuen Grammatikstoffs (hier V b)

Kleiner **Text** mit hoher Repräsentanz der neuen Vokabeln, als **Hausaufgabe** geeignet (hier V c)

Ferien – Auf dem Land 12

1 Auf dem Landgut 14
- W Wortschatz — 138
- F Substantive: a- / o-Deklination (Nominativ) — 139

2 Ein Pferd in Gefahr 18
- W Wortschatz — 140
- F Verben: e-Konjugation / esse (3. Person, Infinitiv) — 141
- S1 Subjekt und Prädikat — 142
- S2 Substantiv als Prädikatsnomen und als Attribut — 142
- M Wörter lernen: Lerntechniken kennen — 143

3 Sprachprobleme 20
- W Wortschatz — 144
- M Übersetzen: Satzbauplan beachten — 144
- F Substantive: a- / o-Deklination (Akkusativ) — 145
- S1 Akkusativ als Objekt — 145
- S2 Subjekt im Prädikat — 145

plus Sklavenschicksal — 22

4 Nachhilfeunterricht 24
- W Wortschatz — 146
- F Verben: e-Konjugation / esse (1. und 2. Person) — 147
- M Lernen planen: Grundsätze beachten — 147

5 Geisterstunde 26
- W Wortschatz — 148
- F Substantive: a- / o-Deklination (Dativ) — 149
- S Dativ als Objekt — 149

6	**Angst vor einem Unwetter**		**28**
W	Wortschatz		150
F1	Verben: e-Konjugation / esse (Imperativ)		150
F2	Substantive: a- / o-Deklination (Vokativ)		151
M	Wörter lernen: an Bekanntes anknüpfen		151

II *plus* Ein strenger Verwalter   **30**

7	**Straßenschäden**		**32**
W	Wortschatz		152
F	Substantive: a- / o-Deklination (Genitiv)		153
S	Genitiv als Attribut		153
M	Lernen planen: Hausaufgaben machen		154
8	**Zum Abendessen: Käse und Oliven**		**34**
W	Wortschatz		155
F	Verben: a-Konjugation		156
M	Wörter wiederholen		156
9	**Warum bist du ein Sklave?**		**36**
W	Wortschatz		157
F	Substantive: a- / o-Deklination (Ablativ)		158
S	Ablativ als Adverbiale: Ablativ des Mittels		158
M	Lernen planen: Prüfungen vorbereiten		159

III *plus* „Küchenlatein"   **38**

Schulbeginn – Alltag in Rom   40

10	**Schulstart mit Verspätung**		**42**
W	Wortschatz		160
F	Verben: i-Konjugation		161
M	Wörter lernen: Gruppen bilden (1)		161
11	**Ein Unterrichtsgang auf das Forum**		**44**
W	Wortschatz		162
F	Substantive: o-Deklination (Neutra auf -um)		163
M	Wörter lernen: Gruppen bilden (2)		163
12	**In der Basilika Julia**		**46**
W	Wortschatz		164
S1	Verwendung der Präpositionen		165
S2	Präpositionalausdruck als Adverbiale		165
M	Wörter lernen: Grammatische Eigenschaften behalten		166

IV *plus* Eine etwas andere Schulstunde   **48**

13	**Fliegenfänger**	**50**
W	Wortschatz	167
F	Personalpronomen (Persönliches Fürwort)	168
S1	Personalpronomen: Verwendung	168
S2	Wort- und Satzfragen	168
14	**Sklaven zu verkaufen!**	**52**
W	Wortschatz	169
F	Adjektive: a- / o-Deklination (auf -us, a, um)	170
S1	Adjektive: KNG-Kongruenz	171
S2	Adjektive als Attribut und als Prädikatsnomen	171
15	**Ist Cornelia eine Sklavin?**	**54**
W	Wortschatz	172
F1	Substantive: o-Deklination (auf -(e)r)	173
F2	Adjektive: a- / o-Deklination (auf -(e)r)	173
V *plus*	Schule für alle?	56

Unterwegs in Kampanien – Handel und Politik 58

16	**Auf nach Pompeji!**	**60**
W	Wortschatz	174
F	Verben: Konsonantische Konjugation	175
17	**Hilfe bei der Weinlese**	**62**
W	Wortschatz	176
F1	Verben: Komposita	177
F2	Verben: posse	177
M	Wörter lernen: Wortbildungen anwenden (Verben)	178
18	**Pause in der Gräberstadt**	**64**
W	Wortschatz	179
F	Verben: Konsonantische Konjugation (i-Erweiterung)	180
M	Texte erschließen: Wort- und Sachfelder beachten	180
VI *plus*	In Pompeji wird gebaut	66
19	**Eine Stadt im Wahlfieber**	**68**
W	Wortschatz	181
F	Substantive: 3. Deklination (auf -or, oris)	182
M	Übersetzen: Mehrdeutige Wortenden unterscheiden	183
20	**Stress in der Stadt**	**70**
W	Wortschatz	184
F1	Verben: velle	185
F2	Substantive: 3. Deklination (Erweiterung)	185
S1	Gliedsätze als Adverbiale	185
S2	Gliedsätze: Sinnrichtungen	185

21	**Familie und Politik**	**72**
W	Wortschatz	186
F	Substantive: 3. Deklination (auf -er, ris / -as, atis / -us, utis)	187
VII *plus*	Kandidaten und Wahlkampf	**74**

Eindrücke in Pompeji – Leben und Sterben **76**

22	**Götterglaube**	**78**
W	Wortschatz	188
F	Verben: Imperfekt (a- / e-Konjugation / esse)	189
S	Verwendung des Imperfekts	189
Spezial	Die Götter Roms	**80**
23	**Bei den Gladiatoren**	**82**
W	Wortschatz	191
F1	Verben: Imperfekt (i- / Kons. Konjugation)	192
F2	Substantive: 3. Deklination (auf Konsonant + s)	193
M	Wörter lernen: Wortbildung anwenden (Substantive)	193
24	**Wassermangel**	**84**
W	Wortschatz	194
F	Substantive: 3. Deklination (auf -o, onis / -o, inis)	195
S	Akkusativ als Adverbiale: Akkusativ der zeitlichen Ausdehnung	195
VIII *plus*	Mord als Sport?	**86**
25	**Riecht das Wasser gefährlich?**	**88**
W	Wortschatz	196
F	Verben: Perfekt (-v-)	197
S	Verwendung des Perfekts	197
26	**Pompeji in Panik**	**90**
W	Wortschatz	198
F1	Verben: Perfekt (-u-)	199
F2	Verben: Perfekt (esse)	199
F3	Substantive: 3. Deklination (auf -x)	200
M	Wörter lernen: Verwechslungen vermeiden	200
27	**Eine Stadt wird begraben**	**92**
W	Wortschatz	201
F	Pronomen is	202
S1	Pronomen is: Verwendung	202
S2	Substantive: Pluralwörter	202
IX *plus*	Flucht vor dem Vesuv	**94**

Sagenhafte Helden – Herkules und Äneas — 96

28 Herkules und der gefährliche Löwe — 98

- **W** Wortschatz — 203
- **F1** Verben: Perfekt (-s-) — 205
- **F2** Verben: Perfekt (Reduplikation) — 205

29 Herkules und der Stall des Augias — 100

- **W** Wortschatz — 206
- **F1** Verben: Perfekt (Dehnung) — 207
- **F2** Verben: Perfekt (ohne Stammveränderung) — 207

30 Herkules im Reich der Toten — 102

- **W** Wortschatz — 208
- **S1** Ablativ als Adverbiale: Ablativ der Zeit — 209
- **S2** Ablativ als Adverbiale: Ablativ des Grundes — 209
- **S3** Ablativ als Objekt / Adverbiale: Ablativ der Trennung — 210

X *plus* Die Hydra von Lerna — 104

31 Der Anfang vom Ende Trojas — 106

- **W** Wortschatz — 211
- **S1** Akkusativ mit Infinitiv (AcI) — 212

32 Äneas und Dido – eine unglückliche Liebe — 108

- **W** Wortschatz — 214
- **F1** Reflexivpronomen (Rückbezügliches Fürwort) — 215
- **F2** Substantive: 3. Deklination (gleichsilbige auf -is) — 215
- **S1** Pronomina im AcI — 216
- **S2** Pronomen suus: Verwendung — 216

33 Der Zweikampf zwischen Turnus und Äneas — 110

- **W** Wortschatz — 217
- **F** Verben: Plusquamperfekt — 218
- **S** Verwendung des Plusquamperfekts — 219

XI *plus* Wunderbare Rettung — 112

Roms Frühzeit – Ein Staat aus vielen Völkern — 114

34 Kindheit und Jugend von Romulus und Remus — 116

- **W** Wortschatz — 219
- **F1** Adjektive: 3. Deklination (dreiendige) — 220
- **F2** Substantive: 3. Deklination (ungleichsilbige auf -es, itis) — 220

35 Die Untat des Amulius — 118

- **W** Wortschatz — 221
- **F** Adjektive: 3. Deklination (zweiendige) — 222
- **S** Gliedsätze: Tempora nach Subjunktionen — 222

36		**Tödlicher Streit unter Brüdern**	**120**
	W	Wortschatz	223
	F	Relativpronomen (Bezügliches Fürwort)	224
	S	Relativsatz als Attribut	224
XII *plus*		Romulus – von den Göttern gesandt?	122
37		**Romulus sorgt sich um die Zukunft Roms**	**124**
	W	Wortschatz	225
	F	Verben: Futur I (a- / e-Konjugation / esse)	226
	S	Verwendung des Futur I	226
38		**Die Klagen der geraubten Sabinerinnen**	**126**
	W	Wortschatz	227
	F	Verben: Futur I (i- / Kons. Konjugation)	228
	M	Texte erschließen: Methoden unterscheiden	229
39		**Das Schicksal einer Verräterin**	**128**
	W	Wortschatz	230
	F	Verben: Futur II	231
	S1	Verwendung des Futur II	231
	S1	Dativ als Prädikatsnomen: Dativ des Besitzers	231
XIII *plus*		Kampf um das Kapitol	130
40		**Aufregung auf der Pferderennbahn**	**132**
	W	Wortschatz	232
	F	Verben: ire und Komposita	233

Tabellarium	234
Grammatisches Register	239
Deutsch-lateinisches Register	241
Lateinisch-deutsches Register	246
Eigennamenverzeichnis	253
Zeittafel zur römischen Geschichte	260
Das Stadtzentrum von Rom	262
Abkürzungen / Bildnachweis	264

Ferien – Auf dem Land

Ihr lernt mit diesem Buch nicht nur eine neue Sprache, sondern zugleich eine ganz neue Welt kennen – die des antiken Rom. Begleiten werden euch dabei zunächst Julia und Cornelia, zwei Mädchen in eurem Alter. Ihr Vater heißt Quintus, die Mutter Corinna. Ihr erlebt zu Beginn des Buches, wie Julia und Cornelia die Sommerferien auf dem Landgut ihres Großvaters zubringen; später geht es zurück nach Rom zu den Eltern und in die Schule. Bei eurer Lese- und Entdeckungsreise durch die Welt des Altertums werdet ihr einige Gemeinsamkeiten, aber noch mehr Unterschiede zu unserer heutigen Zeit feststellen. Das beginnt zum Beispiel schon damit, dass auf dem Landgut des Großvaters Sklaven arbeiten: Homilia, Syrus und Lydus.

Sklaven
fundamentum

Sklaven waren Menschen, die ihre Freiheit verloren hatten und ihre Arbeitskraft einem anderen zur Verfügung stellen mussten. Sie waren meist Kriegsgefangene aus Ländern, die das römische Heer erobert hatte, oder Menschen, die so hohe Schulden hatten, dass sie gezwungen waren, sich geradezu selbst zu verkaufen. Ein Sklave galt als eine Sache, nicht als Mensch, und wurde wie jede beliebige Ware auf dem Markt gehandelt – und oft roh und rücksichtslos behandelt: Dem Besitzer von Sklaven war von schwerer körperlicher Misshandlung bis zur Tötung des Sklaven alles erlaubt.

Zum Glück für Lydus und Syrus verhält sich der Großvater aber anders. Der gütige Herr betreibt auf seinem Landgut (villa rustica) die Art von Landwirtschaft, die für die alten Römer typisch war: Viehzucht und Ackerbau.

1 Der Ölbaum wird im Mittelmeerraum seit über 4000 Jahren kultiviert. Im 7./6. Jh. v. Chr. brachten ihn die Griechen auch nach Italien.
2 Darstellung eines Landgutes auf einem römischen Fußbodenmosaik. 4. Jh. n. Chr. Tunis, Musée du Bardo.
3 Hirtenszene. Römisches Relief. 1.-3. Jh. n. Chr. Rom, Museo Nazionale delle Terme.
4 Olivenernte. Römisches Mosaik. 2. Jh. n. Chr. Tunis, Musée du Bardo.
5 Rekonstruktion eines römischen Gutshofes (villa) bei Borg-Perl (Saarland).
6 Römische Legionäre beim Straßen- und Festungsbau. Relief von der Trajanssäule in Rom. 113 n. Chr.
7 Der Adler: das Symbol des römischen Herrschaftsanspruchs. Schmuckstück aus dem 1. Jh. v. Chr.

Römische Landwirtschaft *fundamentum*

Den hohen Stellenwert der Viehzucht bei den Römern kann man an dem lateinischen Wort für Geld (pecunia) erkennen. Es leitet sich von pecus (Vieh) her. Wer also viel Vieh besaß, galt als vermögend. Man züchtete in Italien Schafe, Ziegen, Esel, Maultiere, Schweine, Pferde und Rinder und betrieb auch Bienenzucht zur Honiggewinnung. Was den Ackerbau betrifft, so bauten die alten Römer Gemüse, aber auch Getreide und Obst an. Nicht zuletzt waren die Römer Meister des Weinanbaus. Ihre Bedeutung auf diesem Gebiet zeigt sich darin, dass das lateinische Wort für Wein (vinum) sich in nahezu allen modernen Sprachen Europas erhalten hat: *wine* (engl.), *vin* (frz.), *vino* (it./span.), *Wein* (dt.).

Das Römische Reich *fundamentum*

Die Römer waren nicht nur ein Volk von Bauern, sondern auch von Kriegern. Binnen weniger Jahrhunderte hatten sie vom Kernland Italiens ausgehend Zug um Zug fast die gesamte damals bekannte Welt unterworfen. Die Gesamtheit aller eroberten Gebiete nannte man das römische Reich (imperium Romanum). Es reichte von Britannien bis Nordafrika, vom Atlantik bis zum Schwarzen Meer. Die von Rom besiegten Länder wurden zu sog. Provinzen gemacht, d.h. sie wurden unter die Aufsicht eines Statthalters gestellt und mussten jedes Jahr hohe Steuerabgaben an Rom zahlen. Weil die Römer diese Länder oft über Jahrhunderte besetzt hielten, übernahmen die Bewohner mit der Zeit nicht nur römische Gebräuche (wie etwa den Weinbau), sondern auch die römischen Begriffe dafür. So kommt es, dass die heutigen romanischen Sprachen wie das Italienische, Spanische, Portugiesische, Rumänische und Französische sich aus dem Lateinischen ableiten.

Es darf aber bei aller Begeisterung für die großen Kulturleistungen der Römer nicht verschwiegen werden, dass sie als Eroberer und Sklavenhalter viel Leid verursacht haben. Die aus ihren Heimatländern verschleppten Sklaven Syrus und Lydus haben diese negative Seite der römischen Herrschaft am eigenen Leib erlebt. Doch lest selbst ...

1

a) Vergleiche:
lat. serva – dt. die Sklavin, eine Sklavin

b) Übersetze die lateinischen Hauptwörter **(Substantive)** ins Deutsche:
via - silva - serva - puella - villa

c) Bestimme das Geschlecht **(Genus)** der folgenden Substantive im Deutschen und übersetze sie ins Lateinische:
ein Landhaus – das Mädchen – der Wald – eine Sklavin – ein Mädchen – der Weg – das Landhaus – ein Wald

Auf dem Landgut

d) Welche **Endung** haben alle in die Zeichnung eingetragenen lateinischen Substantive?

e) Übersetze die lateinischen Substantive der **o-Deklination** ins Deutsche:
equus - campus - murus - vicus - servus - avus

f) Bestimme jeweils die **Deklinationsklasse** der folgenden Substantive und trenne die Endung ab. Übersetze dann:
avus - villa - via - campus - equus - vicus - puella - silva - murus - servus - serva

g) Bestimme das Genus der folgenden Substantive im Deutschen und übersetze sie ins Lateinische. Vergleiche jeweils das Genus des lateinischen Substantivs mit dem der deutschen Entsprechung.
das Dorf – der Großvater – das Landhaus – die Mauer – das Pferd – ein Wald – ein Feld – ein Sklave – ein Pferd – das Feld – eine Sklavin – eine Mauer – das Mädchen

1

a) Setze die folgenden Substantive, die in der Einzahl **(Singular)** stehen, in die Mehrzahl **(Plural)**:
via - serva - silva - villa

b) Übersetze ins Lateinische:
Wald – Wege – ein Mädchen – die Landhäuser – Wälder – ein Weg – die Mädchen – Sklavinnen – das Landhaus – die Wälder – eine Sklavin – die Wege – ein Wald – Wege und Wälder – das Mädchen und eine Sklavin

c) Vergleiche die Verwendung der Begleiter **(Artikel)** und die Bildung des Plurals in der deutschen, englischen und lateinischen Sprache:

Singular	Mädchen	ein Mädchen	das Mädchen
Plural	Mädchen		die Mädchen
Singular	girl	a girl	the girl
Plural	girls		the girls
Singular	puella		
Plural	puellae		

a- / o-Deklination (Nominativ)

Auf dem Landgut

d) Bilde den Nominativ Plural:
murus - vicus - avus - servus - campus

e) Bestimme die Deklinationsklasse und den **Numerus** der folgenden Substantive:
viae - equi - serva - servi - avus - villa - campi - murus - via - vicus - puellae

f) Übersetze ins Lateinische:
eine Mauer – Dörfer und Felder – das Pferd – Pferde – Mauern – der Großvater – ein Pferd – die Sklaven und die Pferde – ein Dorf

g) Übersetze ins Deutsche:
puellae - villa - servi et servae - campus - silvae - murus - campi - puella et serva - viae

h) Von welchen lateinischen Wörtern kannst du die kursiv gesetzten Wörter im folgenden Text ableiten?
„Die Familie fährt mit dem *Camping*bus *via* Innsbruck nach Italien. Ihre Freunde sind stolze *Villen*besitzer am Meer. Aber die Kinder gehen lieber in ein Ferien*camp*, wo alles auf Wunsch *serviert* wird."

i) Für Sprachwissenschaftler! Ordne den deutschen Begriffen die entsprechenden lateinischen Begriffe zu:
Zahl – (ein Namenwort) beugen – Mehrzahl – Hauptwort – (grammatisches) Geschlecht – 1. Fall – Einzahl – Fall – Begleiter – Genus – Plural – Numerus – Nominativ – Substantiv – Singular – Artikel – deklinieren – Kasus

2

E

1. Cornelia puella est.	Cornelia et Iulia puellae sunt.
2. Iulia ridet.	Puellae rident.
3. Servus tacet.	Servi tacent.
4. Avus monet.	Servi parere debent.

Ü

a) Ordne richtig ein:

vici - villae - avus - puella - servae - servus - silvae - via - muri

b) Füge die jeweils verlangte Endung an den Wortstamm an und übersetze:
mone-re (3. Pers. Sg.), pare-re (3. Pers. Pl.), tace-re (3. Pers. Pl.), ride-re (3. Pers. Pl.), debe-re (3. Pers. Sg.)

c) Was ein Sklave alles tun muss. Übersetze:
1. Servus tacere debet. 2. Servus ridere debet. 3. Servus parere debet.
Und die Sklavinnen?
4. Servae ridere debent. 5. Servae tacere debent. 6. Servae parere debent.

d) Verbinde Subjekt und Prädikat zu sinnvollen Sätzen und übersetze:
servi - avus - rident - puellae - monet - serva - tacent - paret

e) Ergänze das Prädikat in der richtigen Form und übersetze:
1. Puellae (ridere). 2. Servi (parere). 3. Serva (tacere). 4. Iulia puella (esse). 5. Iulia et Cornelia puellae (esse). 6. Avus (monere). 7. Equi (parere).

f) Übersetze. Achte dabei genau auf den Numerus und die Endungen des Prädikats:
1. Cornelia et Iulia puellae sunt. 2. Puellae tacent. Puellae parere debent. 3. Servi et serva rident. 4. Et avus ridet.

I

Sklaven auf dem Land
Das Leben auf einem Landgut war einfach und hart. Bei jeder Witterung wurden Sklaven und Sklavinnen für die Arbeiten innerhalb und außerhalb der Gebäude eingesetzt. Sie mussten mit Hilfe von Pferden und Rindern die Felder pflügen, Getreide und Feldfrüchte ernten, Bäume fällen, das Holz zerkleinern, Balken zuhauen, Fässer bauen und mit Pech ausstreichen, Steine bearbeiten, Ziegeldächer ausbessern, Oliven einsammeln und pressen, Getreide mahlen, Brotteig kneten, Wasser schöpfen, Wolle spinnen, Stoffe färben, die Tiere in den Ställen versorgen und alle Gebäude sauber halten. Dabei waren die Ruhepausen in der Nacht kurz, einen freien Tag hatten sie nicht. Hinzu kamen sprachliche Schwierigkeiten, da die meisten Sklaven die lateinische Sprache erst lernen mussten – wie ihr auch.

Ein Pferd in Gefahr

Cornelia und Julia sind den Umgang mit Pferden schon gewohnt und kennen sich auf dem Landgut des Großvaters bestens aus. Heute wollen sie die Pferde aus dem Stall herausführen.

Cornelia puella est. Iulia puella est. Cornelia et Iulia puellae sunt.
Cornelia ridet. Iulia non ridet. Cur Iulia non ridet? Equus non paret.

Avus monet: „Equus parere debet. Quid equus timet?"
Iulia: „Oculus dolet." Avus: „Cur oculus dolet?"

Julia zeigt dem Großvater einen Hornissenstich direkt neben dem Auge. Sofort holt der Großvater die Sklavin Homilia und die beiden Sklaven Syrus und Lydus zu Hilfe. Gemeinsam gelingt es ihnen, den Stich zu behandeln und das Pferd von seinen Schmerzen zu befreien.

5 Cornelia et Iulia rident. Et Homilia serva ridet:
„Nunc oculus non iam¹ dolet. Nunc equus paret."
Syrus et Lydus non rident; servi tacent.
Cur servi tacent?

¹ nōn iam
nicht mehr

Römischer Sklave mit Pferd.
Relief vom sog. Zirkusdenkmal in Neumagen an der Mosel.
2./3. Jh. n. Chr. Trier, Rheinisches Landesmuseum.

a) Beantworte die folgenden Fragen auf Deutsch:
1. Cur Iulia non ridet? 2. Cur equus non paret? 3. Cur Homilia ridet?
Überlege: 4. Cur Syrus et Lydus tacent?

b) Suche aus T je eine „Tätigkeit", die zu den folgenden Namen bzw. Substantiven passt:
Homilia serva - Iulia - Lydus servus - Cornelia - puellae - equus - servi

c) Bilde jeweils die richtige Verbform und übersetze dann:
1. Avus non (ridere, tacere) 2. Servae (tacere, ridere, parere) 3. Puella (ridere, monere) 4. Oculi (dolere) 5. Servus tacere (debere)

d) *plus* Warum schweigen alle?
1. Die Sklaven müssen schweigen. Die Sklaven gehorchen. 2. Die Sklavin Homilia schweigt. Warum schweigt die Sklavin? 3. Die Mädchen lachen nicht. Was fürchten die Mädchen? 4. Auch der Großvater schweigt jetzt. Warum schweigt der Großvater? Die Augen tun ihm° weh.

Wörter, hinter denen ein ° steht, werden nicht übersetzt.

3

E
1. Avus monet. Avus puellam monet. Avus servum monet.
2. Avus Corneliam et Iuliam monet. Avus puellas monet.
3. Avus Syrum et Lydum monet. Servos monet.

Ü

a) Achte genau auf die Endungen und übersetze:
1. Avus Corneliam monet. 2. Servi equos timent. 3. Servus servas monet. 4. Puellae silvas non timent. 5. Avus equum non timet.

b) Setze die in Klammern stehenden Substantive als Akkusativobjekte ein. Achte auf den Numerus. Übersetze:
1. Avus [?] monet. (Iulia, servi, servae)
2. Servae [?] non timent. (avus, silva, puellae)

c) Bestimme jeweils Deklinationsklasse, Kasus und Numerus:
oculum, puellas, campi, oculos, servam, vicum, viae, avus, silvas, puellam, muri, servos, serva, equi, campum, villae, Corneliam, Syrum, oculi, puella, campus

d) Bringe die Substantive in die richtige Reihenfolge: Nom. Sg., Akk. Sg., Nom. Pl., Akk. Pl.
1. viam, vias, viae, via 2. campos, campus, campum, campi 3. servi, servum, servus, servos 4. murus, muros, murum, muri
Und jetzt nochmal. Aber aufgepasst: a- und o-Deklination sind vermischt: villae, vicum, vici, villas, vicos, villa, villam, vicus

e) Nominativ Singular und Akkusativ Singular suchen ihren Plural und umgekehrt.
Ordne jeweils richtig zu und übersetze:

via vicus vicum	vias villae
avos villas	puellas muri
murum villa	muros vici
puellam murus	vicos oculus
viam oculi	avum viae villam

f) Ersetze jedes Bild durch das passende lateinische Substantiv im richtigen Kasus und Numerus. Übersetze dann.

1. Puellae non timent. Iulia et Cornelia silvas timent. Servos puellae non timent. 2. Serva non ridet. Quid est? dolent. 3. servum monet. Cur avus servum monere debet? ridet. Non tacet.

I

Wie wird man Sklave?

In den meisten Fällen wurden Kriegsgefangene aus eroberten Gebieten in Rom als Sklaven zu einem Preis von 200 bis 500 Denaren, dies sind etwa 3000 bis 7500 Euro, verkauft. Dies gilt auch für Syrus und Lydus, die erst vor wenigen Tagen auf dem Landgut des Großvaters eingetroffen sind: Sie stammen aus Syrien und aus Lydien, einem Teil der heutigen Türkei. Die Heimat der Sklavin Homilia, die schon einige Jahre beim Großvater arbeitet, ist Griechenland. Aber auch durch Menschenraub und Verschuldung konnte man in Sklaverei geraten. Über 500 Jahre lang waren Sklaven und Sklavinnen rechtlich und wirtschaftlich völlig von ihrem Herrn abhängig. Sie wurden Tieren, ja sogar Werkzeugen gleichgesetzt und als Sache angesehen.

Sprachprobleme

Hic avus est; avus dominus est. Ibi Homilia serva sedet. Avus servam monet; serva non tacet, sed paret et respondet.
Sed Syrus et Lydus tacent. Cur tacent? Cur servi dominum timent?
Nunc avus servos monet: „Quis murum auget? Quis vias terget¹?
5 Quis ...?"

¹ tergēre reinigen

Mit Händen und Füßen versucht der Großvater den Sklaven die verschiedenen Arbeiten zu erklären, die auf dem Landgut erledigt werden müssen. Er nimmt einen Hammer und schlägt einen Stein zurecht, dann holt er einen Spaten und zeigt, wie man den Boden lockert, dann eine Säge und zerkleinert Äste. Auch die Mädchen legen ihre Zurückhaltung ab. Sie geben den Sklaven Eimer und zeigen, wo sich der Brunnen befindet und wohin sie das Wasser tragen sollen.

Nunc et Cornelia servos monet. Sed servi non respondent.
Servi dominum non timent; neque Corneliam timent; servi neque dominum neque puellas timent.
Quid servos terret? Lingua servos terret. Nam servi linguam timent.

Rekonstruktion eines „vallus", einer römischen Erntemaschine.
Das von einem Maultier vorangetriebene Erntegerät war eine Art Frontmäher.

a) 1. Beschreibe mit eigenen Worten das Verhalten der Sklaven gegenüber dem Großvater und den Mädchen. Auf welche lateinischen Verben stützt du dich bei dieser Beschreibung?
2. Erkläre das Verhalten der Sklaven mit deinem Wissen aus I. 3. Was könnte man dagegen unternehmen, wenn jemand Angst hat zu sprechen? 4. Stelle mit Hilfe von T Tätigkeiten von Sklaven auf einem Landgut zusammen. Beachte auch die Abbildung.

b) Setze alle Substantive und Verben in den Plural und übersetze die neu gebildeten Sätze:
1. Serva dominum non timet. 2. Serva tacet. 3. Puella servam timet. 4. Dominus servam non monet. 5. Servus murum auget. 6. Dominus servum monet.

c) nam - sed - et - neque ... neque
Füge diese „kleinen" Wörter sinnvoll ein:
1. Servus [?] serva respondere debent. 2. Serva non respondet, [?] tacet. 3. Serva [?] avum [?] puellas timet. 4. Puella servam timet; [?] serva tacet.

d) *plus* Die übermütigen Mädchen
1. Hier sitzt Julia, dort sitzt Cornelia und lacht. 2. Die Sklavin ermahnt die Mädchen. 3. Die Mädchen antworten nicht; sie fürchten die Sklavin nicht. 4. Sie lachen die Sklavin aus. 5. Sie fürchten weder die Sklavin noch die Sklaven. 6. Jetzt ermahnt der Großvater die Mädchen. 7. Die Mädchen gehorchen.

Sklavenschicksal

Mittlerweile haben die Bewohner der villa sich darauf eingestellt, dass Lydus und Syrus kein Latein verstehen. Doch bei ihrer Ankunft war das nicht klar. Damals empfing sie der Großvater mit der Sklavin Homilia und zeigte ihnen ihre neue Umgebung:

Avus: „Hic villa est, ibi via et vicus sunt, ibi campi sunt. Et ibi servi sedent. Servi parere debent."
Avus Syrum et Lydum monet, sed servi non respondent.
Avus (zu Homilia): „Servi non respondent. Cur tacent?
5 Hmm ..., ibi equi sunt. Fortasse[1] servi equos timent."
Homilia serva: „Servi non equos, sed dominum timent."
Avus: „Cur servi dominum timent?"
Homilia: „Dominus servos monet. Servi dominum timent."
Avus: „St! Servi dominum non timent! Hmm ..., ibi silva est!
10 Fortasse servi silvam timent."
Homilia: „Servi neque equos neque silvam, sed dominum timent."
Nunc Homilia serva Lydum et Syrum monet. Sed servi tacent.
Avus ridet: „Ha! Servi servas timent."
Homilia: „Hmm ..., fortasse servi linguam timent!"

Homilia nimmt Lydus und Syrus an der Hand, gibt ihnen einen Eimer und zeigt auf den Brunnen. Sofort gehen die beiden los und holen Wasser. Da merkt der Großvater, dass sie noch kein Latein verstehen ...

[1] fortasse vielleicht

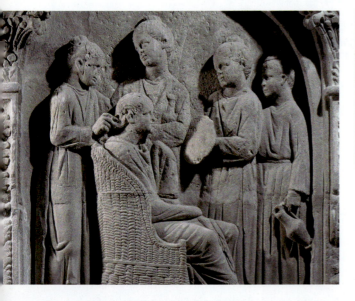

a) Lies den Text langsam und überlege, worum es geht. Achte besonders auf Wörter oder ganze Sätze, die mehrfach vorkommen.

b) Der Großvater und Homilia wollen herausfinden, warum Lydus und Syrus nicht sprechen. Zeige, dass sie dabei wie Detektive vorgehen.

c) „Servi parere debent." (Z. 2)
Sklaven arbeiteten nicht nur in der Landwirtschaft. Erschließe weitere Tätigkeiten aus den Abbildungen auf dieser Doppelseite.

plus

a) Übersetze:
1. Quis est dominus? Avus dominus est.
2. Hic avus sedet, ibi puellae sedent.
3. Servi tacent. Cur servi nunc tacent? Servi respondere debent, sed linguam timent.
4. Servae neque avum neque puellas timent. Quis ridet? Servae hic sedent et rident.

b) Syrus und Lydus müssen lernen. Hilf ihnen, indem du die richtigen Endungen ergänzt und dann übersetzt:
1. Puellae silv[?] non timent. 2. Cornelia: „Iulia puell[?] es[?]!" 3. Servi ride[?]: „Cornelia et Iulia puell[?] su[?]!" 4. Puellae serv[?] mone[?] debe[?]. 5. Servae domin[?] non time[?].

c) Welche Endungen passen zu welchen Wörtern? Es gibt jeweils mehrere Möglichkeiten. Füge zusammen und übersetze:

| -t | -um | -a | -us | -os | -as | -nt | -am |

| vill- | tace- | av- | vic- | ride- | mur- | vi- | puell- |

d) Schreibe kurze lateinische Sätze, in denen folgende Wörter vorkommen:
cur - serva - monere - equus - non parere - avus - servus - timere - oculus - dolere

e) Auf welche lateinischen Wörter lassen sich die folgenden Wörter zurückführen?
servieren - dominieren - parieren - monieren

f) Nenne die lateinischen Fachbegriffe:
1. Namenwort 2. Mehrzahl 3. grammatisches Geschlecht 4. sächliches Substantiv 5. Satzgegenstand 6. vierter Fall

g) Ordne den lateinischen Sätzen jeweils die richtige Übersetzung zu und überlege, weshalb die andere Übersetzung falsch ist.

1. Servi linguam timent.
(a) Die Sklaven fürchten die Sprache.
(b) Die Sprache fürchtet der Sklave.

2. Servus dominum non timet.
(a) Den Herrn fürchtet der Sklave nicht.
(b) Der Herr fürchtet den Sklaven nicht.

3. Dominus servas monet.
(a) Die Sklavinnen mahnen den Herrn.
(b) Der Herr mahnt die Sklavinnen.

4. Servae avum non timent.
(a) Den Großvater fürchtet die Sklavin nicht.
(b) Den Großvater fürchten die Sklavinnen nicht.

5. Puellae servam monent.
(a) Die Mädchen ermahnen die Sklavin.
(b) Die Mädchen ermahnt die Sklavin.

6. Cur avus servos monet?
(a) Warum ermahnt der Großvater die Sklaven?
(b) Warum ermahnt der Großvater die Sklavinnen?

4

E

1. Serva timet. Cornelia: „Quid times?"
2. Serva: „Linguam timeo. Et Syrus linguam timet. Linguam timemus."
3. Cornelia: „Cur linguam timetis?"
4. Serva: „Respondere debemus."

Cornelia stellt sich der Sklavin Homilia vor:

5. Cornelia: „Cornelia sum."
6. Homilia: „Puella es."
7. Cornelia: „Et ibi Iulia est. Puellae sumus."
8. Homilia: „Puellae estis." Cornelia et Iulia puellae sunt.

Ü

a) Ordne die Endungsbausteine richtig zum Wortstamm. Finde mögliche Kombinationen und übersetze sie:

-t	ride-	time-	-nt	-o
sede-	responde-		-mus	tace-
-s	-tis	debe-	auge-	pare-

b) Ich bin die Biene sum und stelle dir meine Familie esse vor. Ihre lateinischen Namen kennst du schon. Nenne sie:
du bist – wir sind – sie sind – ihr seid – er, sie, es ist – ich bin

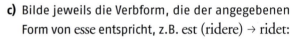

c) Bilde jeweils die Verbform, die der angegebenen Form von esse entspricht, z.B. est (ridere) → ridet:
1. sunt (augere) 2. sumus (terrere)
3. estis (respondere) 4. es (monere)
5. est (tacere) 6. sum (ridere)

d) Warum schweigen die Sklaven?
1. Servi tacent. Non respondent. Nam linguam timent. 2. Nunc dominus: „Cur non respondetis? Neque respondetis neque ridetis. Cur tacetis?" 3. Cornelia respondet: „Lingua servos terret." 4. Servi: „Linguam timemus. Sed nunc respondemus." 5. Avus ridet. Et servi rident.

I

Das antike Schulheft
Als „Schulheft" hatten Kinder in der Antike Täfelchen (tabulae), die mit Wachs beschichtet waren. In diese ritzte man mit einem spitzen Griffel aus Metall oder aus Knochen die Buchstaben ein. Zum Erlernen der Buchstaben half der Lehrer den Schülerinnen und Schülern, indem er ihnen die Buchstaben in Holzformen oder sogar als Gebäckstückchen zeigte. Wollte man das Geschriebene löschen, so wurde das Wachs mit dem breiten Ende des Griffels wieder geglättet.

Schreibtäfelchen und Griffel.
Wandmalerei aus Pompeji. 1. Jh. n. Chr.

24   e-Konjugation / esse (1. und 2. Pers.)

Nachhilfeunterricht

Der Großvater erklärt den Mädchen, dass er die Sklaven Syrus und Lydus erst vor kurzem auf dem Markt in Rom gekauft hat. Sie verstehen nur einige wenige lateinische Wörter. Jetzt haben die beiden Mädchen Mitleid mit Syrus und Lydus und setzen sich zu ihnen. Auch der Nachbarjunge Rufus, den die Mädchen schon seit dem letzten Jahr kennen, ist zu ihnen herübergekommen. Sie beschließen, den beiden Sklaven Sprachunterricht zu geben.

Puellae gaudent. Et Rufus amicus gaudet.
Nunc Rufus Syrum servum docet.
Rufus: „Syrum doceo. Syrum docere studeo."
Zu Syrus gewandt: „Hic tabula est."
5 Rufus tabulam tenet: „Tabulam teneo."
Rufus übergibt die Schreibtafel dem Sklaven.
Rufus tabulam praebet: „Nunc tabulam tenes."
Iam Syrus servus tabulam tenet. Primo tacet, sed
tum respondet: „Tabulam te ..., ti ..., time ... o."
Rufus ridet: „Tabulam non times, sed tabulam tenes."
10 Nunc servus respondet: „Tabulam teneo."
Syrus gibt die Schreibtafel zurück: „Tabulam tenes."

Tum Cornelia et Iulia Lydum servum docent:
„Puellae sumus. Equos tenemus. – Servus es.
Equum tenes." Lydus servus recte respondet: „Servus sum.
15 Equum teneo. – Puellae estis. Equos tenetis."
Puellae et Rufus amicus gaudent: „Nunc linguam non iam
timetis. Saepe ridetis, numquam tacetis." Et Lydus respondet:
„Recte! Nunc ridemus, non iam tacemus."

Römische Dame mit Schreibtäfelchen und Griffel. Wandmalerei aus Pompeji. 1. Jh. n. Chr.

a) 1. Welche lateinischen Verben hat Syrus verwechselt? 2. Verteilt die wörtlichen Reden der Personen und lest den Text sinnbetont vor.

b) 1. Amicus servum docere studet. 2. Sed amicus non gaudet; nam servus numquam respondet. 3. Nunc amicus servum monet: „Cur taces? Cur respondere non studes?" 4. Servus non iam tacet, sed respondet: „Dominum timeo."
Setze amicus und servus in allen Sätzen in den Plural. Welche weiteren Veränderungen ergeben sich dadurch? Übersetze die neu gebildeten Sätze.

c) _plus_ Schwieriger Unterricht
1. Zuerst bemüht sich das Mädchen, einen Freund zu unterrichten. 2. Aber der Freund freut sich nicht. Er fürchtet die Sprache. 3. Dann hält das Mädchen eine Schreibtafel hin. 4. Der Freund hält weder die Schreibtafel richtig noch antwortet er richtig. 5. Das Mädchen fragt°: „Warum antwortest du niemals richtig?" 6. Der Freund antwortet: „Ich freue mich nicht. Ich bemühe mich nicht, richtig zu antworten. Ich bemühe mich nicht, die Schreibtafel richtig zu halten. 7. Warum lachen wir nicht zusammen°?"

5

E
1. Cornelia tabulam praebet.
   Puella servo tabulam praebet.
2. Puella Syro et Lydo tabulam praebet.
   Puella servis tabulam praebet.
3. Tum puella Homiliae tabulam praebet.
   Puella servae tabulam praebet.
4. Serva puellae respondet.
5. Puellae servos docent. Servi puellis respondent.

a) Wo hat sich der Dativ versteckt?
Suche alle Dativformen und nenne dazu den jeweiligen Nominativ Singular:
puella - vici - equo - servis - amicum - amico - vias - avo - villam - muris - campus - tabulae - domino

b) Lydus und Syrus lernen Latein.
Wem können sie schon antworten?
Servi Iuliae (Iulia) respondent.
    [?] (avus)
    [?] (puellae)
    [?] (amici)
    [?] (serva)
    [?] (dominus)

c) Bilde zu folgenden Substantiven den Dativ und den Akkusativ. Behalte den Numerus bei:
via - campus - vici - servus - amici - muri - lingua - puellae - avus - domini

d) Die Texte lateinischer Autoren sind eine Fundgrube für kurze und einprägsame Ausdrücke, die zum Nachdenken anregen, sog. **Sentenzen**. Überlege, was der folgende Ausspruch bedeuten könnte:
| Amicus amico. |

e) Setze die in Klammern stehenden Substantive jeweils in den richtigen Kasus:
1. Servi (puella, avus, domini, amicus) respondent. 2. Amicus (equus, tabula) tenet. 3. Dominus tabulas (servus, serva, puellae, amici) praebet.

f) Cornelia als Lehrerin
Setze richtig ein und übersetze:

1. Primo puella servis praebet.
Tum ridet. 2. Nam tabulam tenent, sed puellae non respondent.
3. Cornelia docet. 4. Nunc servi non iam tacent, sed respondere debent.
5. respondent.
Primo puellae, tum respondent.
6. Gaudent et rident.
7. Et gaudet.
Nam servi respondere student.

| wer? |
| wem? |
| wen? |
| was? |

Geisterstunde

Nach dieser lustigen Nachhilfestunde beschließen die Mädchen in der folgenden Nacht im Stall bei den Tieren zu schlafen. Es ist sehr warm, der Mond scheint hell über dem Landgut, die Grillen zirpen. Aber plötzlich werden die Pferde unruhig. Die Hühner gackern verängstigt, ein Ochse brüllt.

[1] lārva Gespenst
[2] appārēre erscheinen

Quid est? Soni puellas terrent. Quid ibi latet? Subito larva[1] apparet[2]. Larva gladium tenet et ridet: „Gladium teneo, puellas torquere studeo. Neque avo neque domino pareo. Neque servae neque servo pareo. Sceleratus sum." Iulia iam flet; nam larvae puellas torquere placet.

5 Sed Cornelia ridet et gaudet: „Quis es? Neque dominis neque servis pares. Cui pares? Cur non respondes? Es …"
Subito Cornelia tacet. Nam Syrus et Lydus apparent – et statim larvam tenent. Nunc etiam larva tacet. Cornelia iterum ridet; nam larva Rufus amicus est.

10 Nunc puellis et servis ‚Rufum larvam' terrere et torquere placet. Itaque puellae gaudent et servis respondent: „Non tantum servi estis; nunc etiam amici estis."

Römische Theatermaske. Wandmalerei aus Pompeji. 1. Jh. n. Chr. Neapel, Archäologisches Nationalmuseum.

a) Ergänze die folgenden Sätze sinnvoll:
1. Larva (Gespenst) [?] terret. 2. Larva [?] non paret. 3. [?] puellas torquere placet. 4. Puellae sonos [?]. 5. Cornelia larvam [?] timet. 6. [?] larvam terrent. 7. [?] et [?] amicum torquere placet.

b) Welche Möglichkeiten der Übersetzung gibt es bei dem folgenden Satz?
Servae puellae respondent.

c) Überfall
1. Ibi duo (zwei) scelerati latent. Scelerati gladium tenent; subito servam terrent. 2. Sceleratis servam torquere placet: „Cui pares? Quis dominus est?" 3. Primo serva tacet, sceleratis non respondet. 4. Itaque servam iterum monent: „Cur non respondes? Quis dominus est?" 5. Tum serva sceleratis respondet: „Tacere debeo; nam domino pareo."

d) _plus_ Quält die Pferde nicht!
1. Dort sind Pferde. Warum fürchtet ihr die Pferde? Ich fürchte die Pferde nicht. 2. Pferde gehorchen nur ihren° Herren. Ich freue mich; denn Pferde sind auch Freunde. 3. Das Pferd gefällt dem Mädchen und dem Freund. 4. Die Geräusche erschrecken die Pferde. 5. Warum erschreckt ihr die Pferde? Warum quält ihr die Pferde?

6

E

1. Iulia flet. Avus: „Cur fles, Iulia? Responde!"
2. Rufus tacet. Avus: „Cur taces, Rufe? Responde!
3. Respondete, Iulia et Rufe!"
4. Cornelia: „Rufus puellas torquet. Sed Syrus et Lydus amici sunt."
5. Avus: „Este amici, Rufe, puellae, servi! Es amicus etiam tu (du), Rufe!"

Ü

a) Bilde zu den folgenden Infinitiven den Imperativ im Singular und Plural und übersetze:
ridere - parere - gaudere - tenere - praebere - esse - studere - sedere - monere - augere

b) Setze die folgenden Nominative in den Vokativ Singular und Plural:
servus - avus - puella - serva - amicus - dominus - sceleratus

c) Wandle die folgenden Aussagesätze in Befehlssätze um (z.B. Servus tacet. → Tace, serve!) und übersetze diese:
1. Puellae rident. 2. Syrus et Lydus respondere student. 3. Amici respondent. 4. Iulia docet. 5. Avus et Cornelia gaudent. 6. Puella servo tabulam praebet. 7. Servus tabulam tenet. 8. Servi Corneliae parent. 9. Scelerati tacent.

d) Überall –e. Bestimme die Form und übersetze:
ride, augete, amice, responde, pare, ave, este, gaudete, recte, mone, docete, stude, saepe

e) Ein Nachbar des Großvaters ist ein sehr strenger Herr. Er gibt ständig Befehle. Um zu erfahren, was er befiehlt, musst du die Imperative richtig in die Befehlssätze einfügen und übersetzen.
1. Nunc [?], servae! praebete
2. Muros [?], serve! parete
3. Primo puellis tabulas [?], servi! tene
4. Equum [?], serva! auge

f) Beantworte lateinisch die Fragen mit dem richtigen Wort im richtigen Kasus:
1. Quid servi tenent? (tabula, silva, via)
2. Cui equi placent? (campus, dominus, murus) 3. Quis avo respondet? (villa, equus, serva) 4. Cur puella flet? (oculus dolere, vicus tacere, gladius ridere)

Johann Baptist Byss: Äolus lässt die Winde frei. 1720. Würzburg, Staatsgalerie.

Der Gott der Winde

Äolus (griech. Aiolos) galt als der Hüter und Gott der Winde. Die Menschen der Antike stellten sich vor, dass er die Winde in einer Höhle eingeschlossen hatte und nach Belieben herauslassen konnte. Häufig forderten ihn andere Götter auf, Winde freizulassen, um Seefahrer zu unterstützen oder sie auch in Seenot zu bringen.

Angst vor einem Unwetter

Am nächsten Tag wollen die Mädchen den Sklaven helfen, die Pferde zu füttern. Sie stehen an der Stalltür, um Futter zu holen.

Puellae: „O ave! Equi cibum non iam habent. Cibum complere debemus."

Statim avus servos monet: „Complete copias, servi! Praebe equis cibum, Lyde! Praebe equis etiam aquam, Syre! Parete, servi!"

Während die Sklaven die Vorräte auffüllen, springen die Mädchen ausgelassen im Hof herum.

5 Sed quid nunc est? Cur avus subito tacet? Quid avum terret?
Venti avum terrent. Nam saepe venti silvas et vicos et villas delent.
Puellae tantum adhuc gaudent et rident. Itaque avus puellas monet:
„Tace, Cornelia! Tace, Iulia! Tacete, puellae! Venti populos terrent, sed venti Aeolo deo parent. Aeolus deus ventos retinere[1] debet." Puellae avo
10 parent et statim tacent.

Der Großvater bringt dem Gott der Winde ein Opfer dar und fleht ihn an:

„Aeole! Venti tibi[2] parent. Retine nunc ventos, Aeole!"
Et profecto: Venti deo parent et tacent. Venti neque vicum neque villam neque silvas delent. Itaque avus Aeolo deo gratiam habet:
„Aeole! Nunc ventos timere non iam debemus. Semper tibi gratiam
15 habemus."

Am Abend, als sich der Sturm gelegt hat, müssen die Mädchen ihre Sachen packen, denn der Vater Quintus und die Mutter Corinna und auch die Freunde und Lehrer erwarten sie in Rom. Morgen soll die Heimreise sein.

[1] retinēre zurückhalten
[2] tibi dir

---

a) Füge die folgenden Elemente sinnvoll zusammen und übersetze die entstehenden Sätze:

Profecto venti tacent;	sed	venti vicos delent.
Puellae ventos timent;	itaque	avus copias non iam habet.
Servi equis cibum praebere debent;	nam	avus Aeolo gratiam habet.

b) Aussagen werden zu Befehlen.
Servus tacet. Tace, serve! Bilde entsprechend:
1. Puella copias complet. 2. Servi avo parent. 3. Dominus puellis cibum praebet. 4. Servae avo gratiam habent. 5. Servus muros auget.

c) *plus* Schutz vor Wind und Regen
1. Die Winde und das Wasser erschrecken oft die Völker; denn oft zerstören sie die Dörfer.
2. Auch der Großvater fürchtet die Winde. Deshalb ermahnt er die Sklavin und die Sklaven:
3. „Vergrößert die Vorräte, Sklaven! Fülle das Futter auf, Sklavin! Gehorche, Sklavin! Gib den Pferden Wasser, Lydus!" 4. Syrus antwortet: „Die Winde zerstören das Landhaus nicht. Danke den Göttern, Großvater!"

Ein strenger Verwalter

T

Nicht alle Sklaven werden von ihrem Herrn so gut behandelt wie Syrus und Lydus vom Großvater. Neben dem kleinen Landgut des Großvaters liegt das große eines reichen Römers, der sein Leben in Rom verbringt, sein Gut nur selten besucht und es von einem Verwalter (vīlicus) führen lässt. Seine Sklaven müssen hart arbeiten und werden von dem strengen Verwalter Sabinianus überwacht, der alles auf seiner tabula notiert. Die Sklaven haben große Angst vor Sabinianus, versuchen aber, sich bei ihm beliebt zu machen, indem sie andere „anschwärzen". Africanus und Phrygus unterhalten sich über ihre Lage:

Africanus: „Cur servi sumus? Cur parere debemus? Saepe fleo, numquam gaudeo, non iam rideo. Sabinianum timeo. Neque amicum habeo, nam hic servi amicos non habent."
Phrygus: „Amicum habes: Ego[1] amicus sum. Sed Sabinianum recte
5 times, nam servos semper torquet. Numquam servis gratiam habet, sed servos semper terret et monet. Neque cibos neque aquam servis praebet!" Africanus: „Profecto! Sabinianus semper copias complere studet. Sed copias equis tantum praebet, non servis! Equi, non servi cibos et aquam habent!"

[1] ego
ich

In der Tat wurden auf den großen Landgütern die Sklaven sehr schlecht verpflegt. Sie bekamen zwar Grundnahrungsmittel wie Brot, Gemüse, Getreidebrei und Wasser, aber nur wenig und noch dazu von schlechtester Qualität. Für diese schlimmen Zustände war vor allem der Verwalter verantwortlich, obwohl fast alle Verwalter ebenfalls Sklaven waren. Das wissen auch Phrygus und Africanus:

10 Phrygus: „Cur dei Sabinianum non delent? Servos semper terret. Sed etiam Sabinianus servus est. Servi Sabinianum timent, et Sabinianus dominum timet."
Africanus: „St! Tace, Phryge! Nam ibi
15 Sabinianus est! Iam tabulam tenet!"
Sabinianus primo tacet, sed tum monet:
„Phryge, Africane! Tacete! Servi parere debent!"

Sklaven im Marmorsteinbruch. Römisches Grabrelief. Um 250 n. Chr. Ostia, Museo Ostiense.

V

a) 1. Stelle die Wörter zusammen, die in dem Text häufig auftauchen. 2. Versuche aus diesen Wörtern zu erschließen, worum es in dem Text geht.

b) Wie lebten die römischen Sklaven wirklich? Eher so wie Lydus und Syrus oder wie Phrygus und Africanus? Sammelt Informationen zum Thema und stellt sie auf Plakaten dar. Beachtet auch die auf der Abbildung dargestellte Tätigkeit.

a) Ordne jedem lateinischen Wort den richtigen Fachbegriff zu:

| serve   ridere   puellas   parete!   cibo   murus   nunc | Nominativ   Dativ   Adverb   Infinitiv   Akkusativ   Imperativ   Vokativ |

b) Wem gibt Cornelia was?
Cornelia ... 1. equo cibum praebet.
2. servis tabulam praebet.
3. servae aquam praebet.
4. amicis cibos praebet.

c) Formenstaffel.
Setze die Infinitive in die genannten Personen:

esse	delere	tacere
studere	tenere	flere
docere	torquere	ridere

3. Sg. → 3. Pl. → 2. Pl. → 2. Sg. → 1. Sg. → 1. Pl.

d) Latein lebt – in vielen Sprachen. Nenne das lateinische Ursprungswort:
1. lingua (i.) 2. amici (i.)
3. to complete (e.)
4. aqua (i.) 5. terror (e.)
6. dolere (i.)

e) Bilde zur angegebenen Singularform jeweils die entsprechende Pluralform und umgekehrt:
1. avo, villas, murus, silvam, puellis, tabulas, cibi, equo, amicum
2. es, sumus, praebet, tacete, fles, pareo, auget, comple, ridemus, habent, deletis, gaudes, est

f) Bilde aus den folgenden Wörtern korrekte lateinische Sätze und übersetze:
1. tacent semper servi; respondent avo non.
2. puellae praebet tabulam avus.
3. non servi iam tacent; nam docere linguam puellae student.

g) Beantworte lateinisch die Fragen mit dem richtigen Wort im richtigen Kasus:
1. Quid venti delent? (muri, sonus, tabulae)
2. Cui Cornelia tabulam praebet? (via, aqua, servi) 3. Quis servos monere debet? (dominus, silvae, vicus)

h) Auf welche lateinischen Wörter lassen sich die folgenden Wörter zurückführen?
1. Dozent 2. Student 3. Tafel 4. komplett
5. Gaudi 6. Terror 7. Sessel

Die romanischen Sprachgebiete im heutigen Europa. In welchen Ländern außerhalb Europas werden ebenfalls romanische Sprachen gesprochen?

7

E
1. Ventus villam delet. Ventus villam amici delet.
2. Ventus etiam villas amicorum delet.
3. Ventus equum terret. Ventus equum puellae terret.
4. Ventus semper equos puellarum terret.

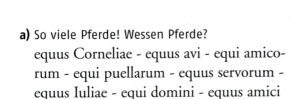

Ü
a) So viele Pferde! Wessen Pferde?
equus Corneliae - equus avi - equi amicorum - equi puellarum - equus servorum - equus Iuliae - equi domini - equus amici

b) Hilf Syrus und Lydus beim Übersetzen:
equus avi - muri villae - deus venti - cibus equi - equi puellarum - gladii sceleratorum - villae amicorum - gratia servorum - lingua domini - tabulae servarum

c) Bilde den Genitiv zu folgenden Nominativen:
villae, murus, amici, campus, lingua, via

d) Bestimme die Substantive nach Kasus, Numerus und Genus. Übersetze:
1. Amici servae domini gratiam habent. Nam serva amicis avi cibos praebet. 2. Equi domini amicis placent. Servi equos domini tenent et docent. 3. Serva tabulam Corneliae tenet. 4. Cibi avi puellis placent. 5. Saepe venti campos dominorum delent.

e) Bedrohung für das Dorf
1. Puellae et servae avi silvam timent. Cur silvam timent? Quis ibi est? 2. Scelerati ibi latent. Equi avi et amicorum sceleratis placent. 3. Scelerati gladios habent et amicos terrent. 4. Etiam servi sceleratos timent; nam scelerati saepe villas vici delent.

Römische Straße in Pompeji mit Wagenspuren und Trittsteinen.

I

Straßen und Straßenbau
„Alle Wege führen nach Rom." – Dieses berühmte Sprichwort hat seine Berechtigung: Ausgehend von Rom, dem Mittelpunkt des römischen Reiches, führten Straßen bis in die entferntesten Provinzen. Auf ihnen sollten die Soldaten schnell zu ihren Einsatzorten gelangen – und zurück. Für Ausbesserungen bzw. Erweiterungen des Straßennetzes waren staatliche Wegebeauftragte im Einsatz. Viele Römerstraßen sind noch über zwei Jahrtausende nach ihrem Bau zumindest teilweise erhalten, etwa die Via Appia (im Jahre 312 v. Chr. begonnen), die über 363 römische Meilen (ca. 537 km) von Rom nach Brundisium (Brindisi) führte.

Straßenschäden

Der Tag ist angebrochen. Ein Karren, vor den ein Maulesel gespannt ist, steht vor dem Landhaus. Syrus wird den Maulesel führen und die Mädchen zurück nach Rom zu ihren Eltern begleiten. Der Großvater gibt ihnen noch einige Bohnen und Oliven und ein großes Stück Ziegenkäse mit. Dann steigen Julia und Cornelia auf den Karren:

„Vale, Iulia! Vale, Cornelia! Valete, puellae!"
Cornelia tacet, Iulia iam flet. Avus lacrimas Iuliae videt. Lacrimae puellae etiam Homiliam movent. Itaque serva avi puellis ficos¹ praebet. Puellae gaudent, sed adhuc tacent; tandem respondent: „Vale, ave! Vale,
5 Rufe! Vale, Homilia! Vale, Lyde! Valete!"

Mox Cornelia et Iulia villam avi non iam vident. Sed subito turbam vident. Iulia: „Quid ibi video? Quid est? Turbam sceleratorum video." Cornelia: „Tace, Iulia! Non turbam sceleratorum vides, sed silicarium² et servos silicarii vides."

Syrus bringt den Karren zum Stehen und hält den Maulesel fest. So können die Mädchen mit dem Straßenarbeiter sprechen, der ihnen freundlich Auskunft erteilt:

10 „Saepe violentia³ aquae et ventorum vias delet. Itaque servi vias renovare⁴ debent. Mox via iterum patet."

Nach kurzer Pause nähert sich das Fuhrwerk der Stadt Rom. Die hohen Wasserleitungen (Aquädukte), die Stadtmauern und das Kapitol tauchen auf.

Tandem muros et insulas Romae vident. Mox etiam turbam amicorum et amicarum vident; amici et amicae iam gaudent. Nunc puellae rident; nam laetitia amicorum et amicarum etiam laetitiam puellarum auget.

Die Mädchen springen vom Karren herab und begrüßen ihre Freunde. Ihren Eltern geben sie den Ziegenkäse, die Bohnen, Oliven und die restlichen Feigen, die sie vom Großvater erhalten haben. Dann genießen sie den letzten Tag der Ferienzeit.

¹ ficus Feige
² silicārius Straßenarbeiter
³ violentia Gewalt
⁴ renovāre ausbessern

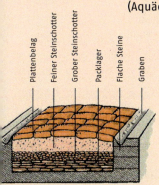

Querschnitt durch die Anlage einer römischen Straße.
(Plattenbelag, Feiner Steinschotter, Grober Steinschotter, Packlager, Flache Steine, Graben)

---

a) **T** ist in vier Abschnitte geteilt. Gib jedem Abschnitt eine Überschrift und sammle Wörter, die deine Wahl begründen.

b) Füge die in Klammern stehenden Substantive als Genitivattribute in die Sätze ein und übersetze:
  1. Ventus muros (vicus) delet.
  2. Ventus turbam (amici et amicae) terret.
  3. Amicae (puella) non iam rident.
  4. Lacrimae (servus) avum movent.

c) *plus* In der Großstadt
  1. Die Freunde und Freundinnen der Mädchen freuen sich; denn eine Menschenmenge füllt schon die Gassen und Straßen Roms an. 2. Hier sitzen Herren. Dort sehen sie die Sklaven der Herren. Die Sklaven müssen Vorräte auffüllen und die Mauern der Häuser vergrößern. 3. Auch ein Verbrecher ist dort versteckt (verborgen). Die Sklaven sehen das Schwert des Verbrechers. Endlich halten die Sklaven den Verbrecher fest.

Ferien – Auf dem Land

8

E
1. Dominus servam monere debet. Serva cibos parare debet.
2. Serva semper cibos domini parat.
3. Dominus vocat: „Para cibos, Homilia! Parate cibos, servi!"
4. Syrus: „Statim cibos paro."
5. Syrus et serva cibos parant.
6. Cornelia intrat et rogat:
7. „Cur cibos paras, Homilia? Cui cibos paratis, servi?"
8. Homilia et servus: „Domino cibos paramus."

Ü

a) Ordne jedem Wortstamm eine Endung zu. Übersetze die gebildeten Verbformen:

-o	debe-	-te	-t	-mus
-o	intra-	-nt	dele-
gaude-	-tis	-s	pare-	tace-
roga-	-re	terre-	mone-

b) Konjugiere:
   1. rogare et gaudere 2. intrare et videre
   3. vocare et tacere   4. parare et parere

c) Irrläufer. Eine Verbform hat sich verirrt und gehört nicht in die Reihe. Begründe:
   1. intramus - paremus - rogamus - vocamus
   2. dolent - rogant - terrent - parant - monet
   3. gaudes - taces - vides - pares - paras
   4. paro - pareo - gaudes - terreo - taceo

d) Cornelia und Julia spielen. Sie springen immer vom Singular in den Plural und umgekehrt: intro, rogat, mones, parant, timemus, vocas, rogamus, vocant, paratis, paretis, dolent

e) Regentropfen haben die Endungen unleserlich gemacht. Ergänze sie und übersetze:
Servi cibos para💧. Syrus puellas statim voca💧. Iulia intra💧: „Cur voca💧, Syre? Et cur cibos para💧💧💧, servi?" Statim Syrus: „Domino cibum para💧💧 debemus. Itaque cibos para💧💧💧. Domino et amicis placet cibos habere." Iulia: „Para💧💧 cibos, servi!"

f) 1. Quis ibi vocat? Iulia vocat. 2. Avus et Cornelia rident et gaudent. Nam amica puellae villam domini intrat. 3. Dominus servas vocat. Servae domino parent et statim cibos parant.

Das Abendessen

Ganz Rom freute sich auf die wichtigste Mahlzeit des Tages, die cena. Da man Heizmaterial und Beleuchtung sparen musste, fand die cena normalerweise am späteren Nachmittag bis zum Einbruch der Dunkelheit statt. Bis zur cena blieb bei den meisten Römern die Küche kalt. Die cena war Mittelpunkt des Familienlebens und bestand aus mindestens drei Gängen: Vor-, Haupt- und Nachspeise. Bei keiner Vorspeise durften Eier fehlen. Den Hauptgang bildeten Fisch- und Fleischgerichte. Zum Nachtisch gab es meist mit Honig bestrichene Süßigkeiten. Der Tisch der einfacheren Leute war nicht so reich gedeckt. Sie aßen häufig einen Brei aus Getreide oder Bohnen, dem man auch anderes Gemüse hinzufügte. Fleisch gab es sehr selten, auch Fisch konnte man sich nicht täglich leisten.

Zum Abendessen: Käse und Oliven

Der Sklave Syrus soll in Rom bei Julias und Cornelias Eltern übernachten und am nächsten Morgen zum Großvater, seinem Besitzer, zurückkehren. Die Mutter Corinna arbeitet schon nebenan in einer kleinen Küche. Syrus schaut ihr dabei zu, während die Töchter noch auf der Straße mit ihrem Freund Gajus spielen.

T

[1] tū
du

Syro servo placet dominae respondere et dominam rogare; nam linguam nunc amat. Dominam rogat: „Cur tu[1] cibos paras, domina? Cur tu laboras, domina? Cur puellae non laborant?"
Itaque Quintus puellas nunc vocat: „Iulia, propera! Cornelia, propera!
5 Properate! Cenam parare debetis." Filiae properant; statim intrant. Et Gaius amicus intrat.

[2] cāseus
Käse

[3] olīva
Olive

Quintus: „Parate caseum[2] et olivas[3], filiae! Tum mensam ornate!"
Puellae: „Primo mensam ornamus. Tum caseum paramus, ... non olivas. Nam Gaius olivas non amat."

[4] faba
Bohne

10 Gaius: „Sic est. Olivas non amo, sed caseum et fabas[4] amo."
Corinna: „Parate amico fabas, filiae! Sic amicum
15 delectatis." Profecto Gaius amicus gaudet; itaque Corinnae gratiam habet.

Vom Speisezettel der Römer: Brötchen, Eier, Oliven, Artischocken, Schnecken und verschiedene angemachte Speisen.

a) Entscheide, ob die folgenden Aussagen richtig, falsch oder nicht in T enthalten sind:
1. Dominus puellas vocat. 2. Filiae statim intrant. 3. Servus copias complet. 4. Puellae olivas (Oliven) parant. 5. Gaius olivas non amat. 6. Gaius Quinto gratiam habet.

b) Ergänze die Prädikate in der angegebenen Form und übersetze:
1. Muros (augere, 3. Pl.) 2. Filiam (amare, 1. Sg.) 3. Turbam (videre, 1. Pl.) 4. Amicos (vocare, 2. Pl.) 5. Domino (parere, 1. Sg.) 6. Insulam (intrare, 2. Sg.) 7. Amicas (delectare, 2. Pl.) 8. Mensam (ornare, 3. Sg.)

c) *plus* Immer ich!
V
1. Die Herrin bereitet Speisen vor. Deshalb ruft sie Claudia und Tullia: „Ihr müsst arbeiten, Töchter! Bereitet das Essen vor und schmückt den Tisch!" 2. Claudia: „Immer muss ich arbeiten, immer muss ich gehorchen, immer muss ich eilen." 3. Tullia: „Immer arbeite ich, immer gehorche ich." 4. Die Mädchen: „Immer eilen wir, immer bereiten wir Speisen vor. Niemals sehen wir die Freundinnen."

Ferien – Auf dem Land

9

E
1. Aeolus saepe villas delet.
   Aeolus saepe villas vento delet.
2. Aeolus avum et servos ventis terret.
3. Avus servos non iam linguā terret.
4. Servi avum delectant.
   Servi avum cenā delectant.
5. Servi avum saepe cenis delectant.

Ü

a) Ablativ Singular sucht Ablativ Plural und umgekehrt:
amicā, equis, villis, tabulā, servis, deo, cenā, filiā, cibis, dominis, viā, lacrimis

b) Welche Wortformen sind Ablative? Suche sie und nenne den Nominativ Singular:
populo, rogo, primo, gladio, subito, habeo, vento, profecto, sono, voco, amico, deo

c) Bestimme die folgenden Substantive nach Kasus, Numerus und Genus. Nenne bei mehrdeutigen Endungen alle Möglichkeiten:
dominam, filiae, amicis, campis, puellarum, vento, sonum, lacrimis, laetitia, tabulis, amicae, deorum, populi, gladium, sceleratorum

d) Freud und Leid
1. Servus domini filias cenā delectat.
2. Amicus amicas semper terret.
3. Statim puellae servo avi parent.
4. Cornelia et Iulia servis amici tabulam praebent. 5. Amici puellarum gaudent.
6. Servi filiam et amicos cibis et aquā delectant. 7. Amicus servos sonis terret.
8. Scelerati amicos gladiis terrent.

Der römische Bacchustempel in der syrischen Stadt Baalbek. 2. Jh. n. Chr.
Die Bauwerke der Römer in den Provinzen glichen denen der Hauptstadt Rom. Erschließe aus der Abbildung wichtige Bestandteile eines Tempels.

I

Provinzen
Ein von den Römern bei Kriegszügen erobertes Gebiet wurde zur Provinz (provincia) erklärt und künftig als römisches Staatsgebiet betrachtet. Diese Provinzen wurden von römischen Beamten verwaltet, die offiziell ohne Bezahlung arbeiteten. In Wirklichkeit jedoch war die Verwaltung einer Provinz eine lohnende Aufgabe, denn die römischen Beamten erhielten von den Bürgern viele Geschenke und steckten häufig auch einen großen Teil der Steuern in ihre eigene Tasche. Die erste römische Provinz war seit 242 v. Chr. die Insel Sizilien. Syrien (Syria) war seit dem Jahr 64 v. Chr. römische Provinz und sollte die Römer vor allem vor den Parthern schützen, die weiter im Osten lebten.

Warum bist du ein Sklave?

Corinna mensam cibis complet; nam familiam cenā delectare studet. Etiam candelas¹ parat et mensam candelis ornat. Nunc familia bene cenat. Subito Gaius Syrum servum spectat et rogat: „Syre, cur servus es? Unde es?" Sed Syrus tacet, diu dubitat. Gaio non respondet.

Ungeduldig erzählt Gajus voller Stolz und Überheblichkeit:

5 „Romani pugnas bene parant. Romani gladiis, non perticis² pugnant. Itaque Romani barbaros³ pugnis semper superant."

Schnell fällt ihm der Vater Quintus ins Wort:

„Tace, amice! Syria est patria Syri. Sed nunc Syria est provincia Romanorum. Sumus domini …"

Aber jetzt mischt sich Syrus doch ein und unterbricht Quintus:

„Sic est. Romani sunt domini Europae et Asiae et Africae. Sed amici non sunt. Nam populi dolos et iniurias Romanorum timent. Dolis et iniuriis Romani populos terrent. Nunc Romani etiam Syriam dolo et iniuriā tenent. Itaque nunc captivus sum, servus Romanorum sum. Syriam patriam adhuc amo; etiam filiam et filium amo – sed familiam non iam habeo." Nunc Gaius dubitat; diu dubitat et tacet.

Der Freund Gajus geht nach dem Abendessen zu seinen Eltern nach Hause, die in der Nähe des Fischmarktes wohnen. Syrus wird morgen früh im Morgengrauen den Heimweg zu seinem Herrn, zu Julias und Cornelias Großvater, antreten.

¹ candēla Kerze
² pertica (Holz-)Stange
³ barbarus Ausländer, Barbar

Ein römischer Legionär bei der Pflege seiner Rüstung.

a) Vergleiche die folgenden Sätze und überlege, warum die jeweilige Person zögert und schweigt: Z. 4: Syrus tacet, diu dubitat. Gaio non respondet. – Z. 14f.: Nunc Gaius dubitat; diu dubitat et tacet.

b) Setze alle Formen in den Plural:
   1. Sceleratus equum gladio torquet.
   2. Servus sceleratum pugnā superat.
   3. Amicus filiam dolo terret.
   4. Amicam iniuriā non delectas.
   5. Servus filiam et filium cibo delectat.

c) _plus_ 1. Der Freund Titus zögert nicht, das Mädchen Terentia durch eine List zu erschrecken. 2. Titus liebt Kämpfe. 3. Endlich kämpft er nicht mehr, sondern gehorcht der Herrin. 4. Die Herrin erfreut auch den Sklaven Clesipus durch eine Mahlzeit. Tatsächlich isst Clesipus gut. 5. Der Herr betrachtet den Sklaven und ermahnt ihn°: „Arbeite, Sklave! Eile sofort! Der Gott Äolus zerstört die Felder durch Wind und Wasser." 6. Endlich dankt der Herr dem Sklaven.

„Küchenlatein"

T

Nach dem Essen arbeitet Syrus mit der Familie in der Küche. Er wirkt sehr bedrückt, die vorausgegangene Unterhaltung hat ihn traurig gemacht. Julia will mehr über Syrien, die Heimat des Syrus, hören. Doch Syrus antwortet nicht. Cornelia will ihn aufheitern und redet leise mit ihm. Syrus spricht nur zögernd und stockend. Cornelia fasst seine Antwort zusammen:

„Syria patria Syri est, itaque Syrus Syriam adhuc amat. Vicos et campos et silvas Syriae desiderat[1]. Etiam familia et amici Syri ibi sunt. Sed Romam Syrus non amat, nam insulas Romae et turbam timet. Neque cibos Romanorum amat. Et lingua Romanorum Syrum adhuc terret."

5 Cornelia diu exspectat[2], sed Syrus adhuc tacet. Tum Cornelia vocat: „Ha! Age[3], Syre! Neque insulas neque cibos Romanorum amas, sed linguam profecto non iam times. Responde: Puella sum. Servus avi es!" Syrus dubitat, tum respondet: „Puella sum. Servus avi es." Cornelia et Iulia statim gaudent et rident.

10 Tum Iulia docet: „Puella sum." (Sie zeigt auf sich.) „Servus avi es."
(Sie zeigt auf Syrus.) Syrus: „Ah! Servus avi sum, puella es." Cornelia: „Filia Corinnae et Quinti sum. Etiam Iulia filia Corinnae et Quinti est. Filiae Corinnae et Quinti sumus." Nunc Syrus ridet et respondet: „Servus avi sum;
15 etiam Lydus servus avi est. Servi avi sumus!"

Cornelia gaudet: „Recte, Syre! Puellae equos amant, itaque puellae equos cibis et aquā semper delectant." Syrus ridet,
20 tum iterum dubitat et respondet: „Servi cibos et aquam amant; sed domini servos aquā et cibis non semper delectant."

[1] dēsīderāre
vermissen

[2] exspectāre
warten, abwarten

[3] age
Los!

Eine typische Küche aus dem 1. Jh. n. Chr.
mit Kochutensilien an der Wand.
Die Toilette befindet sich neben dem gemauerten Herd.

V

a) Unterteile den Text in Sinnabschnitte. Achte bei der Einteilung besonders auf die benutzten Verbformen.

b) Cornelia benutzt ihren „Sprachunterricht", um Syrus wieder aufzuheitern. Was meint sie genau, wenn sie Syrus auffordert: responde (Z. 7)? Wie versteht Syrus ihre Aufforderung?

c) Welche Besonderheiten einer römischen Küche (Abb. oben) fallen dir im Vergleich zu einer heutigen auf? Versuche diese zu erklären.

a) „Wir wollen nicht verwechselt werden!"
   Bestimme jeweils die Formen und übersetze:
   1. Familia cenat. Cena, puella! Puellae cenas parant. Cur non cenas, puella? Serva cenā avum delectat. Avus cibos cenat.
   2. Cenam paro. Avo pareo. Servi avo parent. Filiae mensam parant. Captivus domino paret. Serva avo cenam parat.

b) Diese kleinen Wörter!
   Füge sie sinnvoll in die Sätze ein:
   nunc - semper - saepe - statim - subito
   1. Amica [?] flet. 2. Puella [?] dubitat.
   3. Familia amicos [?] cenā delectat.
   4. Servus [?] paret.
   5. Cena amicis [?] placet.

c) Setze die Singularformen in den Plural und umgekehrt:
   ridet - vocamus - intro - pare - parat - rogant - laborate - video - sunt - estis

d) Ergänze die Kasusendungen und übersetze:
   1. Servi semper av[?] parent et cib[?] parant. 2. Etiam servae cib[?] para[?].
   3. Mensam cib[?] et aqu[?] complent.
   4. Cena famili[?] delectat. 5. Cibi serv[?] etiam amic[?] placent.

e) „Ich, Ich, Ich …". Bilde die 1. Pers. Sg. und übersetze:
   debere, respondere, laborare, parere, parare, flere, vocare, delectare, esse, docere, cenare

f) Auf welche lateinischen Wörter lassen sich diese deutschen Fremdwörter zurückführen?
   1. Mensa 2. Video 3. Ventil 4. Vokal 5. Vokativ
   6. Filiale 7. Labor 8. Ornament 9. dominant

g) Latein lebt – in vielen Sprachen.
   Nenne das lateinische Ursprungswort:
   1. family (e.) 2. cena (i.)
   3. province (e./f.) 4. patria (i.)
   5. isola (i.) 6. to enter (e.)
   7. famille (f.) 8. sempre (i.)

h) Eine Einladung zum Essen
   1. Familia gaudet, nam amicos avi videt.
   2. Servae iam diu laborant et cenam parant. Primo mensam ornant, tum mensam cibis complent. 3. Amici avi villam intrant. Familia ridet et avus servos vocat. 4. Servi properant et statim amicis aquam praebent. Cena servarum familiam et amicos delectat.
   5. Tum amici campos et silvam avi spectant. Etiam equi avi amicis placent.

**Römisches Gastmahl im Triclinium.
Die Gäste lagen auf hufeisenförmig aufgestellten Liegen.**

Ferien – Auf dem Land

Schulbeginn – Alltag in Rom

In den nächsten Kapiteln triffst du Julia und Cornelia in Rom, wo die Schule wieder beginnt. Neben dem pulsierenden Leben dieser antiken Großstadt wirst du zugleich neue Personen aus dem Umfeld von Julia und Cornelia kennenlernen, etwa den Lehrer Eudoxus und Schulfreunde wie Paula, Paulus, Marcus und Titus und nicht zuletzt den Sklavenhändler Chrysogonus.

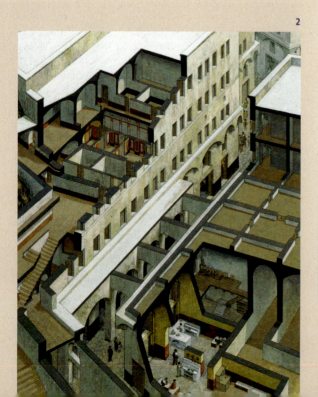

Großstadt Rom

fundamentum

Rom war eine riesige Stadt, in der Menschen unterschiedlicher Herkunft und Stellung zusammenlebten. Es gab die Viertel der reichen und mächtigen Bürger mit prächtigen Villen und Palästen, aber weit mehr wurde das Straßenbild vom einfachen Volk, der sog. plebs, bestimmt. Sie setzte sich zusammen aus einfachen Handwerkern, Tagelöhnern und einer gewaltigen Masse arbeitsloser Menschen, die in der Hoffnung auf ein besseres Leben aus den Provinzen und den ländlichen Regionen Italiens in die Stadt strömten. Diebstähle und Verbrechen waren an der Tagesordnung. Die krassen Unterschiede zwischen Arm und Reich hätten ein friedliches Leben in der Stadt ernsthaft gefährdet, wenn nicht die Kaiser das Volk durch die häufige Ausrichtung von Spielen (Gladiatorenkämpfe, Tierhetzen und Pferderennen) und kostenlose Getreidezuteilungen ruhiggestellt hätten; das meint der bekannte Spruch panem et circenses – Brot und Spiele. Die meisten Einwohner wohnten in großen Mietshäusern (insulae), die eng aneinandergebaut waren und keinerlei Luxus aufwiesen: So musste man sich das Wasser von den zahlreichen Brunnen Roms holen, zum Baden ging man in die öffentlichen Badeanlagen, die Thermen, und in den öffentlichen Toiletten saßen Männer und Frauen ohne Abtrennung nebeneinander.

Das Forum Romanum *fundamentum*

Das eigentliche Zentrum Roms war das Forum Romanum, ein großer Platz im Herzen der Stadt, auf dem sich nicht nur bedeutende Tempel befanden, sondern auch Markt- und Gerichtshallen, ein wichtiges Versammlungsgebäude für Politiker, die Kurie (curia), und eine Unmenge von Läden. Auf dem Forum, das man sich als großen Marktplatz vorstellen kann, wurde also nicht nur verkauft und eingekauft, sondern es wurden auch Gerichtsverhandlungen abgehalten, religiöse Feste gefeiert – und große Politik gemacht. Am Rande des Forums befanden sich in Bretterverschlägen, die nur mit einem Vorhang vom lärmenden Markttreiben abgetrennt waren, auch karg eingerichtete Klassenzimmer.

Römischer Schulalltag *fundamentum*

Seit dem 3. Jh. v. Chr. gab es in Rom öffentliche Schulen. Davor waren die Kinder von den eigenen Eltern zuhause oder, wie bei reicheren Familien üblich, von einem gebildeten griechischen Sklaven unterrichtet worden. Die Ausbildung war dreigeteilt: Vom 7. bis zum 11. Lebensjahr gingen die Kinder in die Grundschule, vom 12. bis zum 17. Lebensjahr erhielten sie Unterricht beim Grammatiklehrer, was bei uns dem Besuch einer höheren Schule entspricht. Die Kinder wohlhabender Eltern bekamen danach noch eine Ausbildung in der Redekunst und im Rechtswesen, was heute etwa dem Studium an einer Universität entspricht. Der Grundschullehrer (magister ludi) unterrichtete – schlecht bezahlt und wenig angesehen – Mädchen und Jungen zusammen in den Grundzügen des Lesens, Rechnens und Schreibens. Ein Schulbuch besaß oft nur der Lehrer selbst, d.h. die Schüler hatten eine Menge auswendig zu lernen und schulten so ihr Gedächtnis in höherem Maße als heute.

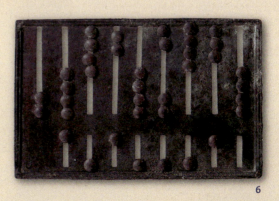

1 Prozession römischer Priester. Relief vom Friedensaltar des Augustus in Rom. 9 v. Chr.
2 Rekonstruktion eines mehrstöckigen römischen Miethauses mit Ladengeschäften.
3 Blick durch den Triumphbogen des Septimius Severus auf das Forum.
4 Der Konstantinsbogen und das Kolosseum in Rom.
5 Beim Kissenhändler. Römisches Relief. Um 50 n. Chr. Florenz, Galleria degli Uffizi.
6 Ein bronzener Abakus aus der Kaiserzeit. Von jüngeren Schülern wurde er zum Rechnenlernen benutzt. Rom, Museo Nazionale delle Terme.

10

E

1. Syrus: „Semper laborare et parere debeo. Statim venire debeo."
2. Dominus Syrum et puellas vocat: „Veni, Syre! Venite, puellae!"
3. Cur Syrus non venit? Cur puellae non veniunt?
4. Dominus: „Cur non venis, Syre? Cur non venitis, puellae?"
5. Syrus dominum audit et respondet: „Iam venio, domine!"
6. Puellae dominum audiunt et respondent: „Iam venimus, domine!"
7. Dominus patriam Syri scit. Et puellae patriam Syri sciunt.

Ü

a) Setze die Singularformen in den Plural und umgekehrt:
audio, venite, audis, scimus, veniunt, scitis, venis, audi, venit, audiunt

b) Formenstaffel:

scire   venire   audire

3. Pers. Pl. → 3. Pers. Sg. → 2. Pers. Sg. →
2. Pers. Pl. → 1. Pers. Pl. → 1. Pers. Sg.

c) Konjugiere:
1. scire et esse
2. vocare et venire
3. videre et audire

d) Ergänze das Prädikat anhand des angegebenen Infinitivs und übersetze:
Serva (vocare): „(venire), Syre! (properare), amici!" Statim servi (venire). Etiam dominus servam (audire). Cur (vocare)?
Was könnte geschehen sein? Führe die Geschichte auf Deutsch zu Ende.

e) Rückkehr von einem Ausflug
1. Dominus et filia veniunt. Tandem Syrus equum domini audit et videt. Itaque statim vocat: „Venite, amici!" 2. Servi properant. Servi et servae gaudent, nam dominum et filiam audiunt. 3. Dominus laetitiam familiae scit. Itaque ridet et gaudet.

I

Die Zeiteinteilung der Römer

Die Römer kannten zwar den Begriff „Stunde", verstanden darunter aber nicht einen Zeitabschnitt von 60 Minuten Dauer. Sie unterteilten den Tag, den sie als die Zeitspanne vom Sonnenaufgang bis zum Sonnenuntergang ansahen, wie wir in zwölf Stunden. Da im Sommer aber die Tage länger waren als im Winter, waren auch die einzelnen Stunden in den Sommermonaten länger als in der Winterzeit, wenn es früher dunkel wurde. So umfasste die einzelne Stunde je nach Jahreszeit zwischen 45 und 75 Minuten. Die erste Stunde begann mit dem Sonnenaufgang, die sechste Stunde war die Mittagszeit. Wenn die Römer jemanden treffen wollten, begnügten sie sich mit ungefähren Zeitangaben wie „in der Frühe", „vor Mittag", „nach dem Mittag", „am Spätnachmittag", „am Abend".

Römische Taschensonnenuhr.
2. Jh. n. Chr. Ostia, Museo Ostiense.

Schulstart mit Verspätung

Während die Eltern das Frühstück vorbereiten, das aus Brot, Käse und Wasser besteht, liegen die Mädchen noch in den Betten. Die Tür zum kleinen Schlafzimmer ist geschlossen.

¹ iānua
Tür

Ianua¹ non patet. Itaque Quintus puellas vocat et monet: „Properate, puellae! Quid exspectatis? Cur dubitatis venire? Veni statim, Iulia! Veni, Cornelia! Venite, puellae! Amicas et amicos iam video et audio."
Iulia: „Nihil video, nihil audio; ludum non amo." Quintus: „Nihil vides,
5 nihil audis, ludum non amas; itaque nihil scis. Veni tandem!"

Nach einem kurzen Frühstück laufen die beiden Mädchen ohne große Begeisterung und schon mit einiger Verspätung zur Schule, einer Hütte aus Holz und Lehm. Als sie eintreten, spricht der Lehrer, ein gebildeter griechischer Sklave namens Eudoxus, gerade über Europa.

Antike Weltkarte nach Herodot. 450 v. Chr.

Eudoxus puellas rogat: „Unde venitis, Iulia et Cornelia?" Puellae Eudoxum audiunt, sed tacent. Eudoxus puellas monet, tum amicos rogat: „Quis insulas
10 Europae scit?"

Statim Paula amica respondere studet: „Cretam tantum insulam scio. Cretam desidero; nam ibi avus villam habet."
Tum Gaius amicus vocat: „Ubi est
15 insula? Cretam insulam nescio, sed Siciliam insulam scio. Ibi Aetna est. Ibi Vulcanus deus habitat et laborat." Iulia et Cornelia respondent: „Syriam scimus. Syria est patria Syri servi. Servus avi ibi familiam habet, sed ..." Subito amici et amicae rident. Diu rident et gaudent. Cur rident?

a) 1. Warum lachen die Klassenkameraden? 2. Suche auf der Landkarte im Buchdeckel Kreta, Sizilien und den Ätna. 3. Vergleiche die antike Weltkarte mit einer heutigen. Versuche, die Gemeinsamkeiten und Unterschiede zu erklären.

b) Ergänze die Prädikate in der angegebenen Form:
 1. Insulam (intrare, videre, scire, 1. Sg.).
 2. Nihil (audire, parare, timere, 2. Sg.).
 3. Filium (videre, vocare, 3. Sg.).
 4. Cenam (parare, 1. Pl.).
 5. Mensam cibis (complere, ornare, 2. Pl.).
 6. Cur non (venire, 3. Pl.)?

c) _plus_ Kein Interesse
 1. Eudoxus bemüht sich, die Freunde gut zu unterrichten. Aber die Freunde hören nichts.
 2. Die Freunde lieben Kämpfe. Hier kämpfen Titus und Gajus. 3. Eudoxus ermahnt die Freunde: 4. „Kommt endlich! Warum zögert ihr? Ihr hört nichts, ihr wisst nichts; ihr kennt die Sprache nicht. Warum sitzt ihr hier herum°?"
 5. Die Freunde antworten: „Wir vermissen die Wälder und Felder."

d) Was meint die folgende Sentenz?
 Ubi bene, ibi patria.

11

E

1. Hic forum est. Hic templum est.
   Ibi templa deorum sunt.
2. Populus vias fori complet.
   Portae (Tore) templorum iam patent.
3. Romani saepe templa intrant.
4. Consilia deorum Romanis placent.
5. Itaque Romani consiliis deorum parent.
6. Ibi dominus donum praebet.
   Dominus deos dono delectat.
7. Romani deos donis delectant.

Ü

a) Bringe die folgenden Formen von donum in die richtige Reihenfolge (Nom. Sg. bis Abl. Pl.): dona, donis, donum, dono, doni, dona, donis, donorum, dono, donum

b) Singular sucht Plural und umgekehrt. Ordne zu:

templo pugna	fora templum
via consiliis	templis viae
forum consilii	pugnae templi
templa viam	vias consilio
templorum	consiliorum

c) Nenne jeweils die Deklinationsklasse. Bestimme dann Kasus, Numerus und Genus: templa, viae, vici, forum, murus, avo, villa, campi, servis, dominos, amicarum, doni

d) Stadt – Land – Dorf. Nenne alle Substantive, die einen Ort oder ein Gebäude bezeichnen: consilium, patria, donum, templa, pugna, provincia, fora, serva, iniuria, via, villa, campi, lingua, tabulae, vicus

e) -is ist nicht gleich -is. Unterscheide Substantive von Verben und übersetze: ludis, estis, audis, nescis, dolis, scis, venis, provinciis, ventis, auditis, cenis, pugnis, cenatis, donis, cibis, consiliis, paratis

f) Besuch der Freundinnen
1. Iulia donum amicae videt et ridet. Donum tabula est. 2. Puellae templa fori nesciunt. Itaque forum intrant et templa deorum spectant. 3. Forum et templa amicis placent.

I

Schulbesuch

In der Antike bestand keine Schulpflicht. Die Schulbildung der Kinder war eine private Entscheidung der Eltern und hing von den finanziellen Verhältnissen der Familie ab. Die Lehrer an den Grundschulen waren häufig mehr oder weniger gebildete Sklaven, die von den Eltern monatlich bezahlt wurden. Der Unterricht für Kinder aus ärmeren Familien fand in schlecht ausgestatteten Räumen statt, meist in der Nähe der Märkte. Sie saßen in Klassen von 20-30 Schülern auf Holzbänken und hatten keine Tische. Der Unterricht begann sehr früh am Morgen, im Winter noch bei Dunkelheit, und dauerte den ganzen Tag.

Ein Unterrichtsgang auf das Forum

Eudoxus semper discipulos bene docere studet. Discipulos libenter docet. Ingenium Eudoxi discipulis placet.
Eudoxus: „Audite consilium, discipuli: Nunc forum intramus."
Discipuli consilium Eudoxi libenter audiunt. Eudoxus consilio
5 discipulos delectat.

Kurz darauf stehen die Kinder mitten auf dem Forum, dem Zentrum der antiken Welt, und hören den Worten ihres Lehrers zu.

Eudoxus: „Quis aedificia fori bene scit?"
Gaius: „Hic est curia, ibi sunt templa deorum et dearum. Hic est templum Saturni; ibi templum Concordiae videmus."
Eudoxus gaudet: „Recte et bene respondes, discipule!"
10 Gaius rogat: „Cur Romani deis templa aedificant? Cur portae templorum nunc patent?"
Eudoxus: „Dei et deae populos beneficiis delectant. Etiam Romanis beneficia praebent. Saturnus populis frumentum praebet. Concordia dea concordiam¹ populorum auget. Itaque Romani deis templa
15 aedificant. Templa deorum statuis² ornant et deis dona praebent. Etiam Saturnum deum et Concordiam deam donis delectant."
Subito Iulia ridet et vocat: „Ibi est basilica Iulia³."
Verba Iuliae discipulis placent. Discipuli iterum rident.

¹ concordia Einigkeit
² statua Statue
³ basilica Iūlia: s. Eigennamenverzeichnis

a) 1. Warum lachen Julias Mitschüler wieder? 2. Erstelle aus den bisher gelernten Substantiven ein Wortfeld zu aedificium. 3. Informiere dich in einem Lexikon über den Gott Saturnus und die Göttin Concordia.

b) Bestimme Kasus, Numerus und Genus aller Substantive und übersetze:
1. Deis dona praebemus. 2. Ornate templa deorum, servi! 3. Deos donis delectatis. 4. Consilia dominis non placent.

c) *plus* Dank für Concordia
1. Das Forum gefällt den Schülern. Sie betrachten die Kurie und die Tempel. 2. Gerne hören sie die Worte des Eudoxus. Die Begabung der Schüler gefällt Eudoxus. 3. Eudoxus: „Die Götter und Göttinnen geben Wohltaten. 4. Deshalb bauen die Völker Tempel. 5. Die Tempel der Götter schmücken sie mit Gemälden und Geschenken." 6. Dort betritt eine Menschenmenge den Tempel der Göttin Concordia. 7. Die Herren und Damen danken der Göttin.

Der Tempel der Concordia ❶ und des Saturn ❷ auf dem Forum Romanum. Rekonstruktion.

12

E

1. Ubi villa avi est? Ibi villa est.
   Villa ad campum est.
2. Puellae ad villam avi properant.
3. Puellae ante portam villae exspectare debent.
4. Nam Homilia serva adhuc post villam laborat.
5. Unde servi properant? Servi e silvā properant.
6. Saepe servi sine domino non laborant.
7. Dominus servos vocat.
   Servi in villam domini properant.
8. Ubi puellae sunt? Nunc puellae in villā sunt.
9. Cornelia et Iulia cum familiā et cum servis in villā sunt.

Ü

a) Ordne richtig in die Kisten ein:
ante, ex, cum, post, ad, sine

b) Ergänze die Substantive. Achte dabei auf den richtigen Kasus und Numerus:
1. Ad (villa, muri, silvae, templa) propero.
2. Ante (templum, insulae, aedificia) via est.
3. Sine (donum, tabulae) amici non veniunt.
4. Cum (avus, filia, amici) cenamus.
5. Puella e (silva, templum) venit.

c) Stelle die richtige Zuordnung her und übersetze:
e - aedificium - in - amicis - cum - silva
muros - curia - ante - ad - post - templum

d) Wo oder wohin? Ordne die Sätze in zwei Gruppen und übersetze sie:
1. Servus in villam venit. 2. Dominus in curia est. 3. Servae in insulas veniunt.
4. In ludum propero. 5. Servi in aedificiis sunt.

e) Regentropfen haben viele Buchstaben unleserlich gemacht. Ergänze sie und übersetze:
1. Ubi Cornelia e💧 Iulia su💧💧? In for💧 sunt. Nam ante templ💧💧 amicae puell💧💧 iam diu exspecta💧💧. Muros templ💧 orna💧💧 et deae dona praeb💧💧💧.
2. Ex insul💧 dominae cum serv💧💧 veniunt. Tandem puellae amicas vide💧💧 et statim ad templ💧 deae properant.

I

Basilika

Im 1. Jh. v. Chr. gab es auf dem römischen Forum vier große basilicae (griech. „Königshallen"). Davon sind heute noch die Reste der Basilika Ämilia zu sehen und die Reste der Basilika Julia, deren Bau 54 v. Chr. von Julius Cäsar begonnen wurde. Wie ihr an den Namen erkennt, wurden viele antike Bauwerke nach ihrem Erbauer benannt. Eine basilica war eine überdachte Markt- oder Gerichtshalle. Während der schlechten Jahreszeit übernahm die basilica die Funktionen des Forums: Gerichtsverhandlungen und alle Handelsgeschäfte, die sonst auf dem Forum abgewickelt wurden, fanden dann in den Basiliken statt.

In der Basilika Julia

Julias Hinweis auf die Basilika Julia bringt Eudoxus auf eine Idee:

Hic est basilica Iulia. Turba dominorum et dominarum ad basilicam venit. Eudoxus et discipuli ad basilicam Iuliam properant. Ibi turba Eudoxum terret. Itaque diu ante aedificium exspectant; umbra aedificii discipulis placet. Tandem basilicam intrant. Post mensam argentarium[1] vident. Argentarius mensam ornamentis complet.

Subito Aulus Calpurnius cum amico ad mensam venit. Ornamenta dominis placent; nam amicae ornamenta desiderant. Sed domini pretium ornamentorum nesciunt. Argentarius primo cum dominis ornamenta probat, tum pretium indicat. Sed pretium dominos terret. Itaque non diu dubitant: „Non argentarius, sed avarus[2] es. Ornamenta non paramus."

Argentarius respondet: „Sine ornamentis amicas non delectatis. Neque amici neque domini, sed gloriosi[3] estis. Valete!"

Subito Eudoxus discipulos non iam videt. Ubi discipuli sunt? Statim e basilica properat. Sed quid videt? Discipuli iam diu in umbra basilicae manent. Basilica discipulis non iam placet. Etiam Eudoxus in umbram basilicae properat.

Eudoxus möchte die Schüler nach der Besichtigung der Basilika Julia noch zur Kurie, zum Saturntempel und zum Vestatempel führen. Aber vorher legen sie eine kleine Pause ein.

[1] argentārius Juwelier
[2] avārus Halsabschneider
[3] glōriōsus Angeber

Römischer Schmuck. Fundstück aus Pompeji. 1. Jh. n. Chr.

a) Antworte mit Hilfe lateinischer Textzitate:
1. Cur Eudoxus primo basilicam non intrat?
2. Ubi discipuli diu exspectant?
3. Ubi argentarius (Juwelier) laborat?
4. Cur discipuli in umbra basilicae sedent?

b) Setze die in Klammern stehenden Substantive in den richtigen Kasus:
1. Puellae ad (basilica, forum, silvae) properant. 2. Post (templum, muri) sedemus. 3. Servus cum (amici, filiae, dominus) laborat. 4. Dominae e / ex (basilica, aedificia) veniunt. 5. Domini in (curia, insulae, aedificium) manent. 6. In (templum, ludus, insulae) properant.

c) *plus* 1. Der Herr eilt mit den Sklaven zum Forum. 2. Die Dame bleibt vor dem Tempel. 3. Die Tochter wartet lange im Schatten des Tempels. 4. Die Römer betreten niemals die Tempel ohne Geschenke. 5. Eine Menschenmenge kommt zur Markthalle. 6. In der Markthalle prüfen die Damen die Schmuckstücke.

Schulbeginn – Alltag in Rom

Eine etwas andere Schulstunde

T Als Eudoxus die Kinder wieder trifft, spielen sie gerade eine Schulstunde nach; Eudoxus bleibt unbemerkt an einer Säule stehen und schaut zu:

Gaius: „Eudoxus sum, discipuli estis!" Discipuli gaudent, sed Gaius monet: „Tacete statim et audite, discipuli! In ludo sumus, non in foro. Nunc vos¹ docere studeo: Videte aedificia fori!" Discipuli iterum rident, tandem tacent et audiunt. Gaius: „Quid in foro videtis?"

5 Amici et amicae primo dubitant, tum Paula respondet: „Templum Saturni et templum Concordiae video. Sed etiam templum Vestae² deae scio." Iulia: „Etiam basilicae in foro sunt. Hic est basilica Iulia, ibi basilica Aemilia!"

Gaius: „Recte! Aedificia fori bene scitis. Sed cur Romani templa
10 aedificant?" Paula: „In templis deis gratiam habemus et dona praebemus. Dei dona Romanorum amant, itaque etiam Romanos amant. Sic populos pugnis saepe superamus."

Statim Eudoxus ex umbra basilicae venit et docet: „Sic est, Paula! Itaque semper scire debetis: Dei Romanis beneficia praebent; itaque
15 Romani populos superant et domini populorum sunt."

¹ vōs Akk. euch
² Vesta Göttin des Herdfeuers

V
a) 1. Stelle die Tempel und anderen Bauwerke, die in T genannt werden, zusammen und suche sie auf der Karte im vorderen Buchdeckel und auf S. 262 f.
2. Wie wird in Z. 10–15 die Götterverehrung der Römer erklärt?

b) Damals wie heute spielen Kinder gerne Schule. Welche anderen Spiele erkennst du auf der Abbildung? Sammelt weitere Informationen zu Kinderspielen in der Antike.

Kinderspiele. Details eines Sarkophagreliefs. 3.–4. Jh. n. Chr. Rom, Vatikanische Museen.

a) Ordne die Fachbegriffe zu. Vorsicht! Manchmal sind mehrere Lösungen möglich:

Nominativ Ablativ Imperativ Akkusativ Infinitiv Maskulinum Adverb Dativ Genitiv Präposition Femininum Neutrum

pugnarum dolo avum ante captivus portae saepe parare domina pare! templum dominus

b) Gegensätze ziehen sich an.
Ordne jede Verbform aus 1. ihrem Gegenteil aus 2. zu:
1. dolere - fles - respondet - tacent - praebeo - terremus - aedificant
2. vocant - timemus - teneo - torquere - delent - rogat - rides

c) Unterscheide genau, indem du Kasus, Numerus und Genus bestimmst und den Nom. Sg. nennst:
1. turba - curia - dona - basilica - templa - fora - dea - consilia - mensa - pugna
2. domini - discipuli - fori - campi - templi - muri - dei - doni - oculi - consilii - servi

d) Suche aus den folgenden Sätzen die Wörter mit lateinischem Ursprung heraus und erkläre sie:
1. Die Familie betrachtete das schöne Portal der Basilika. 2. In den römischen Provinzen gab es viele Tempel. 3. Auf dem Benefizkonzert spielte ein genialer Musiker.

e) Latein – die Mutter aller Sprachen. Übersetze die folgenden englischen Sätze ins Lateinische:
1. He enters the villa. 2. The girls enter the villa. 3. The family is in the province.

f) Unterwegs in Italien. Nimm die folgenden Vokabeln mit auf die Reise:
amicus, familia, patria, cena, amare, respondere, debere
Was bedeuten die folgenden italienischen Sätze:
1. Gli amici amano la patria. 2. La famiglia ama la cena. 3. Gli amici devono rispondere.

g) Auf welchen römischen Gott geht der Samstag in der englischen Sprache (Saturday) zurück?
Mitten in Paris liegt „La Place de la Concorde". Wie heißt dieser berühmte Platz auf Deutsch?

Schulbeginn – Alltag in Rom

13

E Eine neue Sklavin

1. Cornelia: „Quis tu es? Te nescio."
2. Serva: „Ego Anna sum. Et quis es tu?"
3. Cornelia: „Me nescis. Cornelia sum. Tabulam tibi praebeo."
4. Iulia: „Veni nobiscum ad ludum!"
5. Anna: „Mihi placet vobiscum ad ludum venire. Vobis gratiam habeo, puellae."
6. Puellae: „Nobis places, Anna. Neque sine te ad ludum properamus."
7. Ridetne serva? Serva ridet.

Ü a) Füge die angegebenen Personalpronomina sinnvoll ein und übersetze:
vos - mihi - tibi - nobis - vobis - ego - tu - te - me - nos

1. Tu [?] places. Ego [?] placeo. Vos [?] placetis. Nos [?] placemus. 2. Serva ad servum: „[?] cibum et aquam praebeo. [?] mensam parare debes". 3. Ubi es? [?] non video. Videsne [?]? 4. Ad amicas: „[?] non video." Amicae: „[?] non vides."

b) Formuliere die Aussagesätze in Satzfragen um und übersetze diese.
Beispiel: Amicus venit. → Venitne amicus?
→ Kommt der Freund?

1. Serva patriam desiderat. 2. Dominus pretium doni probat. 3. Discipuli ad forum veniunt. 4. Sonum audis.

c) Aulus mag Anna.
1. Aulus: „Tu, Anna, mihi places. Libenter tecum ad forum propero." 2. Anna ridet: „Gaudeo! Claudia amica mecum ad basilicam venit. Veni nobiscum! Sed ibi me, ... nos cena delectare debes. Sine te cenare nobis non placet." 3. Aulus gaudet: „Te amo! Itaque vobiscum ad forum propero. Ibi te et Claudiam cena delectare volo (ich will). Etiam tabulam tibi praebere volo." 4. Anna: „Sed tabula mihi non placet. Nobis ornamenta placent." 5. Aulus: „Sed mihi ornamenta non placent." Subito dubitat ... Tum: „Vobiscum ad forum non venio. Laborare debeo." 6. Anna respondet: „Tu me non amas!" Statim flet. Et Aulus?

d) Wann sollte man diesen Spruch bedenken?
Audi, vide, tace!

I **Antike Spiele im Freien**
Viele Spiele, an denen Jungen und Mädchen heute noch Spaß haben, bereiteten auch den Kindern in der Antike schon Freude. Die Jungen nahmen ihre Kameraden auf die Schultern und veranstalteten Reiterwettkämpfe oder ließen sich vor einen Wagen als Zugtiere spannen. Mädchen trieben mit einer Peitsche einen Kreisel an oder Reifen, die mit Glöckchen besetzt waren. Manchmal bauten sie kleine Türme aus Nüssen, drei als Grundlage und eine oben drauf. Wer den Turm mit einer Kugel traf, der durfte sich die Nüsse nehmen. Besonders gern fingen die Kinder „Fliegen". Dazu aber mehr in **T**.

Fliegenfänger

Wenn die Kinder „Fliegen fangen", verbinden sie einem Mitspieler die Augen. Dieser muss nun versuchen, einen anderen zu berühren, um von diesem als „Fliegenfänger" abgelöst zu werden; dabei wird der „Fänger" oft gezupft und ausgelacht. Wir kennen das Spiel heute unter dem Namen „Blinde Kuh".

Paulus: „Nunc muscas[1] captamus[2]! Ego libenter muscas capto. Et tu, Marce? Tune muscas libenter captas? Et vos, Iulia et Cornelia? Vosne muscas captatis?"
5 Marcus: „Ego muscas captare non amo. Ludus mihi non placet, ludus me non delectat."
Titus: „Sed ego tecum muscas capto."
Iulia et Cornelia: „Nos vobiscum libenter muscas captamus. Sed quis nos captat? Placetne
10 tibi nos captare, Paule? Responde nobis!"
Paulus: „Vobis respondeo: Mihi placet. Ego vos capto."
Amici primo tacent. Neque rident neque clamant. Paulus nihil videt, nihil audit.
15 Paulus errat.
Titus: „Tu me non captas. Ubi erras? Videsne me? Me non vides, itaque me non invenis. Post murum sedeo. Ego te video, te terreo."
Iulia et Cornelia: „Nos gaudemus. Et tu, Paule? Nos te videmus, sed tu nos non vides. Nos non captas. Adhuc erras, numquam nos invenis."
20 Paulus: „Cur me terretis? Ego ludum non iam amo. Captate muscas sine me!" Tandem amici et amicae Paulum liberant[3].

[1] musca Mücke, Fliege
[2] captāre fangen
[3] līberāre befreien

Jugendliche spielen „Fliegen fangen".
Römische Wandmalerei.
2. Jh. n. Chr.
Rom, Museo Nazionale Romano.

a) 1. Solche Fangspiele kennst du auch vom Schulhof. Warum hat Paulus keine Freude mehr am Spiel? 2. Auf welche Wörter musst du beim sinnbetonten Vorlesen von Z. 16–21 besonders achten?

b) Ergänze sinnvoll durch Pronomina. Es gibt mehrere Möglichkeiten. Beachte jedoch genau die Endungen der Verben.
1. [?] rideo, [?] fles. 2. [?] [?] terreo, [?] [?] non terres. 3. [?] properamus, [?] dubitatis. 4. Primo [?] [?]cum venio, tum [?] [?]cum venitis. 5. [?] [?] voco, [?] [?] auditis.

c) Substantive und Verben. Welche Verben hast du zu folgenden Substantiven gelernt?
cena - ornamentum - aedificium - pugna

d) *plus* Übersetze und gib auch die farbig markierten Pronomina im Lateinischen wieder:
1. Wo irrt ihr umher? 2. Ihr findet uns nicht, aber wir finden euch. 3. Du hörst mich, ich höre dich nicht. 4. Wir gehorchen dir, aber du gehorchst uns nicht. 5. Du gefällst mir. 6. Ich arbeite mit dir im Landhaus, aber du arbeitest mit mir nicht auf dem Forum.

Schulbeginn – Alltag in Rom

14

E 1. Ludus novus Tito placet.
   Ludi novi Tito placent.
2. Titus ludum novum (ludos novos) amat.
3. Templum novum Tito placet.
4. Multa templa Tito placent.
5. In foro Romano magna templa videmus.
6. Templum Saturni magnum est. Multa templa magna sunt.

Ü a) Endung gut – alles gut. Ergänze richtig:
aedificium nov[?] - amicus nov[?] - consilia nov[?] - dei nov[?] - mensae nov[?] - mensa nov[?] - magn[?] murus - magn[?] templa - magn[?] laetitia - mult[?] ornamenta - mult[?] filiae - mult[?] vici - mult[?] verba

b) Wer passt zu wem? Bilde aus jeweils zwei verschieden farbigen Zetteln acht sinnvolle lateinische Wendungen und übersetze:

novi — novi — nova
novae — nova — novis
novus — novum
aedificia — dolis — cibus
aedificii — amicae — ludi
tabula — aedificium

c) Im Gasthaus (taberna).
Ergänze jeweils im richtigen Kasus:
1. Porta (taberna nova) patet. 2. Amici (taberna nova) intrant. 3. Titus in taberna (mensae novae) videt. 4. Servi domino (cibi novi) praebent.

d) Geschenk an die Götter
1. Eudoxus: „Multi Romani deis dona praebent. 2. Nam putant (sie glauben): Multis donis deos delectamus. 3. Etiam multos cibos deis praebent. Multis ornamentis deos delectant. Saepe magna templa deorum ornamentis novis ornant."

e) Was nicht alles groß ist. Ergänze und übersetze:
1. Villa avi magn[?] est. 2. Muri aedificii magn[?] sunt. 3. Copia ciborum magn[?] est. 4. Laetitia captivorum magn[?] non est. 5. Equus avi magn[?] est. 6. Templa saepe magn[?] sunt.

Sklavenmarken
Um die Flucht von Sklaven zu erschweren und das Wiederbringen zu erleichtern, wurden den Sklaven oft Halsbänder mit Marken umgehängt, die den Träger als Unfreien markierten, seinen Besitzer und dessen Wohnort angaben. Die Übersetzung der abgebildeten Marke lautet: „Halte mich fest, damit ich nicht fliehe, und bringe mich zu meinem Herrn Euviventius zurück …" Welche Wörter der Aufschrift kannst du lesen? Beachte, dass die Buchstaben U und V beide als V geschrieben wurden.

Adjektive: a-/o-Deklination (auf -us, a, um)

Sklaven zu verkaufen!

Plötzlich ertönt aus der Ferne Lärm: Menschen strömen auf das Forum Julium. Die Kinder sind nicht mehr zurückzuhalten, Eudoxus geht knurrend mit.

Paulus: „Videte! Chrysogonus venalicius[1] cum servis venit. Servi Chrysogoni e provinciis imperii sunt."

Schon hören die Kinder die Stimme des Sklavenhändlers: „Hīc sunt servi novi et servae novae! Servos novos servasque novas habeo! Multos servos vobis
5 Chrysogonus praebet! Veniunt de cunctis provinciis imperii Romani! Servos bonos vobis praebeo! Videtisne magna bracchia[2] servorum? Servi novi laborant ut equi!"

Paulus venalicium rogat: „Laudas servos tuos. Sed narra nobis: Cur taces pretia servorum tuorum, Chrysogone? Narra nobis de pretiis!"
10 Venalicius: „Servi mei boni sunt. Etiam pretia mea bona sunt, magna non sunt; cunctis Romanis placent. Pretium servorum meorum parvum est."

Paulus: „Scilicet[3] pretia tua parva sunt: Nam parvos servos habes."
Nunc cuncti Romani et servi rident.

[1] vēnālicius Sklavenhändler
[2] bracchium (Ober-)Arm
[3] scīlicet natürlich

---

a) 1. Erkläre, warum Chrysogonus häufig Adjektive verwendet. 2. Welche Vorzüge seiner Sklaven stellt er damit heraus?

b) Ergänze die Adjektive in der richtigen Form:
  1. Servi (novus) in forum veniunt.
  2. Tum (multi) Romani in forum properant.
  3. Ibi (magnus) servos et (parvus) servos vident. 4. Romani narrant: „Bracchia (Arme) servorum (novus) magna sunt.
  5. Itaque (cuncti) servi (novus) boni sunt. Servos (novus) laudamus."

c) *plus* Ein kritischer Käufer
  1. Chrysogonus lobt die neuen Sklaven und die guten Sklavinnen: „Betrachtet meine Sklaven!"
  2. Dann sagt° Paulus: „Alle Provinzen des römischen Reiches kennen deine Sklaven bereits.
  3. Deine Sklaven sind nicht gut; immer erzählst du von guten Preisen; aber auch die Preise deiner Sklaven sind nicht gut. 4. Nicht große Sklaven, sondern kleine gibst du uns. 5. Deine Sklaven arbeiten nicht wie Pferde."

Rekonstruktion des ❶ Forum Romanum und der angrenzenden Kaiserfora: ❷ Forum Iulium, ❸ Forum Traiani, ❹ Forum Augusti, ❺ Forum Nervae, ❻ Forum Vespasiani

Schulbeginn – Alltag in Rom

15

E

1. Paulus puer est. Paulus et Titus pueri sunt.
2. Quintus dominus est.
   Corinna Quintum, virum bonum, amat.
3. Eudoxus servus est. Eudoxus etiam magister est.
   Discipuli verba magistri audiunt et magistro parent.
4. Multi servi etiam in agro (in agris) laborant.
5. Servus novus niger est. Servum nigrum videmus.
6. Serva nova pulchra est. Servam pulchram videmus.
7. Servus liber non est. Numquam servi liberi sunt.
8. Multi servi miseri sunt.
9. Sed servi nostri miseri non sunt; neque servi vestri miseri sunt.

Ü

a) Setze die in Klammern stehenden Substantive im richtigen Kasus ein:
   1. Videmus magnum (vir). 2. Videmus (ager) bonum. 3. Videmus magnum (puer). 4. Laboramus cum multis (vir). 5. Laboramus in (ager) bonis.

b) Formenstaffel
   1. puer bonus → Gen. Sg. → Gen. Pl. → Nom. Pl.
   2. vir bonus → Dat. Sg. → Dat. Pl. → Nom. Pl.
   3. ager bonus → Akk. Sg. → Akk. Pl. → Nom. Pl.

c) Doppeldeutig. Bestimme jeweils die beiden möglichen Formen:
   1. agri boni 2. puero libero
   3. puella libera 4. equis bonis

d) Sklavenhändler rufen:
   1. „Viris Romanis servos bonos praebemus.
   2. Vita (Leben) servorum nostrorum misera non est. Nam servis nostris multos cibos praebemus. Itaque servi nostri magni sunt."

e) Ergänze in der richtigen Form:
   1. Saepe servi (miser) sunt. 2. Etiam multae servae (miser) sunt. 3. Multae servae in aedificiis (pulcher) laborant. 4. Multa aedificia virorum Romanorum (pulcher) sunt. 5. Nam aedificia (pulcher) Romanos (liber) delectant.

f) Formuliere für jeden der abgebildeten Sklaven zwei Sätze, indem du je eines der folgenden Adjektive verwendest:
   parvus, nigra, magnus, pulchra, miser, robustus (stark)

g) Zum Nachdenken:
   Errare humanum (menschlich) est.

Substantive: o-Deklination (auf -(e)r) · Adjektive: a-/o-Deklination (auf -(e)r)

Ist Cornelia eine Sklavin?

Der kleine Wortwechsel macht die Menge neugierig; Paulus hat sich nach vorne gedrängt:

¹ vēnālicius Sklavenhändler

Venalicius¹: „Audite, viri Romani! Veni, puer! Venite ad me, o pueri puellaeque! Hic vobis servum bonum praebeo: Ex Africa venit. Campos et agros Romanos non timet. In cunctis campis agrisque bene laborat! Domino semper paret ut puer magistro. Dominus
5 imperat et servi mei statim properant."

Da lachen alle. Cornelia, die von der Sonne gebräunt ist, hat sich nach vorn gedrängt und steht mit Paulus, Marcus und Titus in der ersten Reihe. Paulus erlaubt sich einen Scherz und schubst sie nach vorne, sodass sie unmittelbar vor dem Händler steht.

² candidus, a, um weiß(häutig)

Venalicius: „Servus meus etiam pulcher est. Et niger est. Ah, puella! Et tu pulchra es, sed neque nigra neque candida² es. Esne serva?" Cornelia: „Serva non sum. Sum libera. Sum filia liberi viri Romani, neque filia servi nigri neque filia
10 servae candidae sum!"

Frech zeigt sie auf Paulus, der neben ihr steht:

„Sed videsne puerum? E Syria venit. Servus est, servus miser. Etiam vita pueri misera est!" Statim Paulus clamat: „Sic non est: Servus miser non sum. Romanus et liber sum, vita mea est vita Romani liberi!" Et Titus: „Sic est! Nos cuncti non sumus
15 servi, sed liberi! Vita nostra misera non est." Nunc venalicius ridet: „Verba vestra bona sunt. Adhuc pueri et puellae estis et magistris tantum in ludo paretis; itaque miseri non estis!"

Bronzegefäß in Form einer Büste eines syrischen Sklaven. 1./3. Jh. n. Chr. Paris, Musée du Louvre

a) Überprüfe vor der Übersetzung von T:
1. Welche Verbformen findest du in den ersten drei Sätzen des Sklavenhändlers? Welche herrschen in der zweiten Hälfte seiner Anpreisungen vor? (Z. 2-5) 2. Was drücken die unterschiedlichen Verbformen aus?

b) Sklavenleben. Ergänze die angegebenen Wörter in der richtigen Form:
1. (Multus) Romani servos (niger) habent.
2. Saepe servi (niger) in (ager; Abl. Pl.) laborant. 3. Multi (ager) magni sunt.
4. Itaque vita multorum servorum (miser) est. 5. Nonnulli (einige) servi in aedificiis (pulcher) Romanorum laborant. 6. Saepe servi etiam (magister) puellarum et (puer; Gen. Pl.) sunt. 7. Tum servi (miser) non sunt.

c) *plus* Paulus berichtet einem Besucher über die Verhältnisse im besetzten Gallien:
1. Auf den Äckern vieler freier Römer arbeiten arme Kriegsgefangene und schwarze Sklaven.
2. Auf unseren Äckern findest du auch schöne Sklavinnen. 3. Das Leben unserer Lehrer ist nicht unglücklich, denn sie unterrichten uns gerne. 4. Wir erfreuen die Lehrer mit Worten.

Schule für alle?

Es ist heiß; auf dem engen Forum Julium drängen sich unzählige Menschen. Cornelia, Titus, Paulus und Marcus wollen zum Rindermarkt, wo sich Eudoxus mit ihnen verabredet hat, um ihnen die Grotte zu zeigen, in der Romulus und Remus angeblich von der Wölfin gesäugt worden sein sollen:

[1] vēnālicius Sklavenhändler
[2] forum Boārium Rindermarkt
[3] forum Iūlium Forum Julium
[4] līberī Kinder
[5] per *m. Akk.* über
[6] licet es ist erlaubt

Paulus: „Venalicius[1] mihi non placet. Vir bonus non est, et servi venalicii miseri sunt."

Marcus: „Recte! ... Sed ubi forum Boarium[2] est?"

Titus: „Magna turba in foro est. Viam non invenimus."

5 Cornelia dubitat: „Etiam ego viam nescio. Sed in foro Iulio[3] sumus, multi viri et dominae hic sunt!" Cornelia primo puellam rogat. Tum vocat: „Romana non est. Viam nescit." Nunc viros et dominas rogat, sed viam nesciunt.

Subito puer niger clamat: „Ego viam scio! Venite mecum ad forum Boarium!" Liberi[4] cum puero primo per[5] forum Iulium, tum ad forum Romanum properant. Puer rogat: „Cur ad forum Boarium venire desideratis?" Marcus respondet: „Magister ibi nos exspectat!" Puer narrat: „Ego servus sum, saepe in foro Boario laboro. Etiam ego ad ludum venire desidero. Videte! Ibi forum Boarium est!"

15 Eudoxus liberos iam exspectat. Cornelia puero gratiam habet, tum Eudoxum rogat: „Puer niger servus est. Ad 20 ludum nostrum venire desiderat. Licetne[6]?"
Eudoxus statim clamat: „Non licet. Servus est."

Rundtempel auf dem Forum Boarium. Forscher deuten das Bauwerk, dessen Dach von 20 Marmorsäulen im korinthischen Stil getragen wird, als Tempel des „Hercules Victor". Rom. 2. Jh. v. Chr.

a) Stelle anhand einer Liste der vorkommenden Personen und ihrer Handlungen dar, dass die Suche nach dem forum Boarium in zwei Abschnitten verläuft! Wo liegt der Wendepunkt der Erzählung?

b) Warum darf der puer niger nicht in die Schule des Eudoxus gehen?

c) Auch in der heutigen Zeit kommt es vor, dass Kinder nicht in die Schule gehen können oder dürfen. Sammelt Beispiele.

V plus

a) Doppelpass.
Spielt euch die Formen zu, indem der eine eine Form von esse und dann der Partner die entsprechende von imperare bildet.
Spielt dann ebenso Doppelpass mit terrere - parare und mit superare - scire.

b) Mein oder dein?
Setze die angegebenen Pronomina richtig ein:
meorum - me - mei - meos - tu - ego - tuos - tibi - mihi - mihi

Chrysogonus narrat: „Servi [?] boni sunt. Itaque [?] servos [?] laudo. [?] placet servos laudare." Titus respondet: „[?] servos [?] laudas. Cur [?] placet servos laudare?" Chrysogonus: „Servi [?] delectant. Pretium servorum [?] magnum est. Viri Romani saepe [?] magna dona praebent."

Wie müsste das Gespräch lateinisch lauten, wenn Chrysogonus und der Kaufmann Eurydicus den Text zusammen sprächen?
Chrysogonus et Eurydicus narrant: ...

c) Ergänze die Substantive im richtigen Kasus:
1. ante ... (aedificium, curia, murus)
2. sine ... (ventus, lacrima, cibus)
3. cum ... (amicus, amica)
4. e ... (basilica, campus, templum)
5. ad ... (servi, servae, forum)
6. post ... (mensa, templum)

d) Wer passt zu wem? Ordne zu:

e) Dekliniere lateinisch und deutsch:
1. verbum vestrum 2. puer miser 3. puer bonus 4. magister tuus 5. magister noster

f) Erkläre die Bedeutung folgender Aussage aus der Kirchensprache:

Dominus vobiscum!

g) Welche lateinischen Wörter erkennst du in den folgenden Fremdwörtern? Was bedeuten demnach diese Fremdwörter?
1. multiplizieren 2. Egoist 3. Laudatio

h) Stelle alle bisher gelernten lateinischen Wörter zum Sachfeld „reden" zusammen.

Schulbeginn – Alltag in Rom

Unterwegs in Kampanien – Handel und Politik

In den nächsten Lektionen lernst du nicht nur eine neue Familie kennen, sondern mit Kampanien zugleich eine der berühmtesten Landschaften Italiens. In der Stadt Capua lebt Priscus Popidius mit seiner Frau Aelia, zwei Töchtern und den beiden Söhnen Sextus und Marcus. Sie sind stolz auf ihre Heimatstadt, die lange die bedeutendste Stadt von Kampanien war.

Kampanien

fundamentum

Die Landschaft Kampaniens galt dem bekannten römischen Redner und Politiker Cicero als die schönste Gegend der Welt. Das lag vor allem an der nahezu unglaublichen Fruchtbarkeit des Bodens um den Vulkan Vesuv herum: Bis zu vier Ernten pro Jahr waren hier möglich. An den Hängen des Vesuvs und ringsum wurden nicht nur der beste Weizen, Dinkel und Hirse, sondern auch Gemüse, Oliven und Obst angebaut. Außerdem stand die Honiggewinnung hoch im Kurs: Honig wurde zum einen als Süßstoff in der Küche verwendet, war zum anderen aber auch für die Weinherstellung wichtig. Weine aus Kampanien galten als Spitzenprodukte und hatten nach ihren Herkunftsorten klangvolle Namen wie Massiker und Falerner. Nach einem alten Sprichwort lieferte sich in Kampanien der Weingott Bacchus mit Ceres, der Göttin der Fruchtbarkeit, einen dauernden Wettstreit.

In unserer Geschichte unternimmt übrigens Priscus Popidius mit seinen Söhnen eine Reise zu seinem Bruder Aulus nach Pompeji. Aulus Popidius ist ein reicher Kaufmann wie viele Einwohner von Pompeji: In dieser fruchtbaren Gegend blühte der Handel besonders.

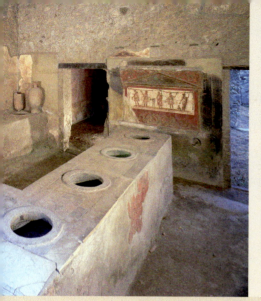

Handel in Pompeji
fundamentum

Auf dem großen Forum von Pompeji verkauften Markthändler die landwirtschaftlichen Erzeugnisse aus der Region. Kräftig Geld umgesetzt wurde aber auch in der sog. „Straße des Überflusses" in Pompeji, wo sich Laden an Laden reihte. Hier verkauften Schuhmacher, Seiler, Töpfer, Glasbläser und Kunstschmiede ihre Produkte. Ein echter Verkaufsschlager aus Pompeji war garum, eine Würzsauce aus vergorenem und gesalzenem Fisch, die im Altertum beliebt war wie heutzutage Ketchup. Hatte man seine Einkäufe und Geschäfte getätigt, aß man in einer der zahlreichen Imbissbuden (thermopolia) Pompejis. Dabei handelte es sich um Läden mit gemauerten Theken zur Straßenseite hin. In die Theken waren runde Löcher eingelassen, in die man Kessel einhängen konnte, aus denen meist warme Eintöpfe serviert wurden. In diesen Garküchen redete man bei einem oder mehreren Bechern Wein besonders gern über Politik und Politiker.

Politik in Pompeji
fundamentum

Es gab in Pompeji einen Stadtrat, bestehend aus 80–100 Mitgliedern, die ihr Amt ehrenamtlich, d.h. ohne Geld dafür zu bekommen, ausübten. Im Gegenteil: Stadtrat konnte nur werden, wer über ein großes Vermögen verfügte, mit dem er sich die Gunst der Wähler geradezu erkaufte, indem er Gladiatorenspiele oder öffentliche Gebäude aus der eigenen Tasche finanzierte. So wurde die Freigebigkeit der Politiker schon vor ihrem Amtsantritt getestet. Warum waren diese politischen Posten so begehrt, obwohl sie doch eine Menge Geld verschlangen? Die Antwort ist einfach: War jemand bereits ein erfolgreicher Geschäftsmann, wollte er sich oft auch in der Politik beweisen und die Geschicke der Stadt in wichtiger Position mitbestimmen.

1 Der Weingott Bacchus und der Vesuv. Pompejanische Wandmalerei. 1. Jh. n. Chr. Neapel, Museo Nazionale Archeologico.
2 Impressionen aus dem heutigen Kampanien.
3 Bronzene Pendelwaage aus Pompeji. 1. Jh. n. Chr. Neapel, Museo Nazionale Archeologico.
4 Die Verkaufstheke in einem Thermopolium, einem Laden für warme Speisen und Getränke. Pompeji, Via dell'Abbondanza.
5 Das Große Theater von Pompeji. Der einflussreiche Politiker und Kaufmann Marcus Holconius Rufus ließ das Theater 2 n. Chr. auf eigene Kosten aufwändig restaurieren, wie aus einer Inschrift im Theater hervorgeht.
6 Silberbecher, gefunden im sog. „Haus des Menander" in Pompeji. 1. Jh. n. Chr. Neapel, Museo Nazionale Archeologico.

16

E

1. Eudoxus: „Verba nova scribo. Verba nova scribimus.
2. Nunc verba nova scribis, puer. Nunc scribitis, pueri." Sic Eudoxus dicit.
3. Pueris non placet verba nova scribere; verba nova non scribunt.
4. Magister imperat: „Ostende mihi tabulam tuam, puer! Ostendite mihi tabulas vestras, pueri!"
5. Nunc pueri Eudoxo tabulas ostendunt.

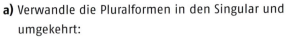

Ü

a) Verwandle die Pluralformen in den Singular und umgekehrt:
dico - dicis - scribit - ostendimus - ostendunt - ostende

b) Formenpaare. Bilde zu jeder Form von laudare die entsprechende von scribere.
Beispiel: laudo → scribo
laudas - laudat - laudant - laudate - lauda

c) Irrläufer
1. parent, tacent, gaudent, dicunt, habent
2. laudo, dico, dubito, voco, propero
3. scribere, dicere, ostendere, debere
4. audimus, scimus, venimus, dicimus

d) Ergänze die Lücke mit dem passenden Vokal (a, e, i, u). Beispiel: laud◌tis → laud**a**tis
terr◌s - ven◌s - dic◌s - del◌tis - tac◌tis - aud◌tis - intr◌mus - val◌mus - aud◌mus - scrib◌mus - super◌t - hab◌t

e) Schülergekritzel! Suche die neun Wörter, die der römische ABC-Schütze zu trennen vergessen hat!

f) Ein gelehrter Sklave?
1. Venalicius (Sklavenhändler) dicit: „Servi mei scribere sciunt; videte, Romani!" Tum servo tabulam ostendit et imperat: „Scribe!" Servus multa verba scribit. 2. Venalicius: „Quid scribis? Ostende mihi tabulam!" Servus venalicio tabulam ostendit. 3. Venalicius in tabula verba videt: „Scio scribere. Servus doctus (gelehrt) sum." 4. Venalicius dicit: „Profecto doctus es: Nam Graecus (Grieche) es. Multi Graeci docti sunt. Itaque Graeci magistri puerorum Romanorum sunt."

I

Kampanien
100 km südlich von Rom begann die fruchtbare Gegend der Campānia. Sie erstreckte sich bis zum Vulkan Vesuv bei Pompeji; bei seinen Ausbrüchen schleuderte er Asche und Mineralien in die Luft, die nach vielen Jahrhunderten zu einem wertvollen Nährboden für den Anbau von Oliven, Wein und Obst wurden. Man baute neben Feigen hauptsächlich Kernobst an: Äpfel, Birnen und Pflaumen. Die Süßkirsche wurde vom Feinschmecker Lukullus 74 v. Chr. in Italien eingeführt, der Pfirsich (Persicum mālum ‚persischer Apfel') wurde erst im 1. Jh. n. Chr. heimisch.

Auf nach Pompeji!

In der Stadt Capua lebt im Jahre 79 n. Chr. die Familie des Metallwarenhändlers Popidius Priscus und seiner Frau Aelia. Sie haben zwei Jungen (Sextus und Marcus, 7 und 12 Jahre) und zwei kleine Töchter. Der Vater will mit seinem Pferdekarren in die Stadt Pompeji am Fuße des Bergs Vesuv fahren, um dort Wein und Oliven bei seinem Bruder Aulus zu kaufen. Die beiden Jungen dürfen mitfahren.

[1] impedīmentum Gepäck

Equi ante carrum stant. Priscus carrum impedimento[1] complet. Iam pueri in carro sedent. Tum Aelia dicit: „Valete, pueri! Vale, Prisce!
5 Nuntium vestrum exspecto! Prisce, mitte mihi nuntium!" Sed Sextus: „Quid dicis? Marcus et ego libenter tibi nuntium mittimus. Nam et ego verba iam scribo." Nunc Aelia gau-
10 det: „Laudo te, Sexte! Ingenium tuum scio." Tum „Valete!" dicit; etiam puellae pueris „Valete!" dicunt.

Reisewagen. Römisches Relief. 1. Jh. n. Chr. Vermauert in der Außenwand der Wallfahrtskirche Maria Saal (Kärnten).

Als Priscus mit der Peitsche knallt, setzt sich der Karren in Bewegung. Die Mauern Capuas verschwinden in der Ferne im Morgendunst.

[2] Capua: Stadt in Kampanien

Pueri cum Prisco muros Capuae[2] relinquunt. Priscus equos ducit; equi carrum trahunt. Sextus Priscum rogat: „Quid nobis ostendis?" Priscus:
15 „Oppida pulchra Campaniae vobis ostendo. Vos ad Vesuvium duco."

Tum carrus Priscum filiosque ab oppido per vias novas Campaniae trahit. Cunctis in campis, agris, vineis servi laborant. Priscus pueros rogat: „Placetne vobis Campania?" Marcus respondet: „Mihi placet. Campania non tantum pulchra est, sed donum deorum est. Per hortum[3] deorum
20 nos ducis." Nunc Priscus gaudet.

[3] hortus Garten

a) Erkläre, warum Marcus Kampanien als hortus deorum bezeichnet.

b) Aus dem Tagebuch des Sextus.
Ergänze die richtige Verbform:
„Nos muros oppidi (relinquere). Priscus nos ad Vesuvium (ducere). Priscus nobis vineas (ostendere). Aelia nuntium meum (exspectare). Ego Aeliae nuntium (mittere)."

c) *plus* Sextus bricht auf.
1. Sextus sagt Aelia und den Mädchen „Lebt wohl!" 2. Die kleinen Töchter des Priscus weinen: „Warum verlasst ihr uns jetzt, Sextus und Marcus?" Sie zeigen ihre° Tränen. 3. Aelia: „Schickt uns eine Nachricht!" 4. Wer führt die Pferde? Wo stehen die Pferde? 5. Die Pferde ziehen den Wagen aus der Stadt durch die Felder.

Unterwegs in Kampanien – Handel und Politik

17

E 1. Priscus equos ducit.

Priscus equos ex oppido educit et ad silvam adducit.

Tum filios de via in umbram deducit.

2. Sextus Marcum vocat. Statim Marcus adest.
3. Pueri aquam non iam habent; pueris aqua deest.
4. Servus parvus carrum trahere non potest.
5. Servus: „Carrum trahere non possum.
6. Sed equi carrum trahere possunt."

Ü a) e- oder ad-? Ergänze das Präfix:
   1. Priscus equos ad carrum [?]ducit.
   2. Tum Priscus equos ex oppido [?]ducit.
   3. Pueri Prisco [?]sunt. 4. Aelia pueris [?]est.

b) Der Vater als Reiseführer
   1. Priscus equos per Campaniam ducit.
   2. Priscus dicit: „Pueri, nunc vias novas et silvas pulchras videre potestis. In Campania etiam agri boni non desunt."
   3. Sextus: „Ubi Vesuvius est? Vesuvium videre non possum." Priscus: „Mox Vesuvium videre potes."

c) Was bewirkt die Präposition?
   Vergleiche die Bedeutungen:
   1. ducere - deducere - adducere
   2. esse - adesse 3. venire - invenire

d) Du kannst mehr, als du glaubst.
   Erschließe neue Verben:
   1. Priscus equos in silvam in-ducit.
   2. Priscus equos de silva de-trahit.
   3. Priscus equos ad carrum ad-movet.

e) Erkläre mit einem Beispiel:
   Verba docent, exempla (Beispiele) trahunt.

Das Keltern des Weines.
Relief aus der römischen Kaiserzeit.
Venedig, Archäologisches Museum.

Weinbau
Wenn die Trauben reif waren, schnitt sie der Winzer vom Stock und füllte sie in Holzbehälter, deren Inhalt auf Transportkarren umgeladen wurde. Im Winzerhof wurden die Trauben mit sauberen Füßen getreten, der entstandene Brei wurde dann weiter gepresst; den so gewonnenen Saft füllte der Winzer in große Stein- oder Tonbehälter, in denen sich die Gärung vollzog. Der entstandene Wein wurde in große Tongefäße (Amphoren) gefüllt, die in die Erde eingelassen waren. Dort konnte der Wein weiter reifen.

Hilfe bei der Weinlese

Am Nachmittag verlässt der Karren einen Pinienwald und fährt durch goldene Weinberge. Dort hat die Weinlese schon begonnen, überall schneiden Winzer die Trauben von den Rebstöcken. Ein junger Sklave zeigt den durstigen Popidiern den Weg zu einem Brunnen.

¹ puteus Brunnen
² ampulla Trinkflasche
³ ūva Traube
⁴ asinus Esel
⁵ sē Akk. sich

Priscus equos e silva educit; tum equi carrum per vineas trahunt. Subito Priscus puteum¹ videt. Itaque clamat: „Brrr!" Statim carrus consistit. Nunc Priscus equos de via deducit et ad puteum adducit. Tandem equi bibunt. Pueri ampullas² aquā complent. Priscus pueris
5 cibum portat; tum vinum bibit et cum pueris cenat.
In vineis servi laborant; carros uvis³ complent. Ante carros asini⁴ stant.

Aus einem Weinberg in der Nähe tönt eben noch das „Iaaah!" eines Esels. Plötzlich – Stille. Dann ein Schrei. Der Sklave, der ihnen gerade eben noch den Brunnen gezeigt hatte, rennt aus der dichten Reihe der Weinstöcke auf die Popidier zu und ruft verzweifelt:

„Auxilium! Ades mihi! Adeste mihi!" Iam Priscus et Marcus ad servum properant. Priscus: „Cur clamas? Quid tibi deest?"
Servus respondet: „Asinus meus! Non iam sē⁵ movet; mortuus est.
10 Et carrus meus plenus est. Ego carrum plenum trahere non possum. Praebete mihi auxilium! Vos mihi adesse potestis." Sed Priscus: „Neque nos carrum tuum trahere possumus, sed equi mei carrum tuum trahere possunt. Tibi adsumus. Tecum venimus."

Priscus und Marcus spannen die Pferde vor den Karren des Sklaven und führen das Gespann zum Winzerhof. Zum Dank erhalten sie vom Winzer Verpflegung und ein Quartier für die Nacht. Ihren eigenen Wagen und den Esel, der wohl an einem Hitzschlag gestorben ist, holt Priscus mithilfe von Sklaven des Winzers aus dem Weinberg.

a) 1. Worum bittet der Sklave Priscus und die Jungen? 2. Der Bau der Sätze des Sklaven (Z. 7–11) unterscheidet sich von den Sätzen des ersten Teils der Erzählung (Z. 1–6). Erläutere, worin der Unterschied besteht.

b) Ordne die Verben sinnvoll ein:
adduco - adsunt - consistunt - deest - possumus
Priscus et pueri ad vineas [?]. Priscus: „Vos ad puteum (Brunnen) [?]." Pueri: „Ibi aquam bonam bibere [?]." Priscus: „Sic est. Ibi nihil nobis [?]. Cibus et aqua [?]."

c) *plus*   Rast in der Mittagshitze
1. Die Pferde können den Wagen nicht mehr ziehen; endlich machen sie halt. 2. Priscus führt die Pferde weg von der Straße. 3. Dann können die Jungen Wasser trinken, Priscus kann Wein trinken. 4. Sextus sagt: „Mir fehlt das Essen (Speise)! 5. Hilf mir, Marcus! Bringe Speisen! 6. Ich bin fast (paene) tot!" 7. Dann essen sie. 8. Priscus führt die Pferde aus dem Schatten heraus.

Hirsestängel, von Weinstöcken umrankt.
Römisches Mosaik.
3. Jh. n. Chr. Tunis, Musée du Bardo.

Unterwegs in Kampanien – Handel und Politik

18

E
1. Quid Sextus facit? „Sexte, quid facis?"
2. „Sexte et Marce, quid facitis?"
3. Sextus: „Ludum facio. Muscas (Fliegen) capio."
4. Sextus et Marcus: „Muscas capimus."
5. Pueri muscas capiunt.
   Pueris placet muscas capere.
6. Pueri muscas oculis non aspiciunt.

Ü
a) Ergänze jeweils die richtige Form von facere:
   1. Ego sacrum (Opfer) ... 2. Nos sacrum ...
   3. Marcus sacrum ... 4. Pueri sacrum ...
   5. Vos sacrum ... 6. Tu sacrum ...

b) Doppelpass. Spielt euch die Formen zu, indem einer eine Form von facere und dann der Partner die entsprechende von monēre bildet.
   Spielt dann ebenso Doppelpass mit complēre - capere, parēre - aspicere und parāre - facere.

c) Immer nur -io und -iunt.
   Bilde die Infinitive und ordne den beiden Opferschalen zu: facio, audio, capio, venio, sciunt, capiunt, aspiciunt, invenio

d) Ähnlich, aber nicht gleich.
   1. Bilde die 1. Person Singular von facis, scribis, mittis, trahis, capis, relinquis, aspicis.
   2. Bilde die 3. Person Plural von capimus, educimus, facimus, aspicimus.

e) In der Villa des Weinhändlers
   1. In villa pueri multa ornamenta aspiciunt. Itaque gaudent. 2. Tum dicunt: „Villa tua nobis placet. Hic ornamenta pulchra aspicere possumus." 3. Aulus dicit: „Hic etiam magnos fiscos (Körbe) aspicere potestis. In fiscis multae uvae (Trauben) sunt. Uvae magnae et pulchrae sunt." 4. Pueri ad fiscos properant.

Die Nekropole von Pompeji an der Porta Nocera.

Ehrung der Verstorbenen
Die Welt der Toten war von den Lebenden streng getrennt. Totenstädte (Nekropolen) außerhalb der Stadtmauern enthielten die Erdgräber oder Aschenurnen. Luxuriös waren die Grabmäler der Reichen. Bei der Bestattung wurden Speisen verbrannt, von deren Duft – so glaubte man – sich die Totengeister ernährten. An den Totenfesten im Februar und Mai besuchte man die Gräber, opferte Weizen, Körner, Salz, Weizenfladen oder goss einen mit Honig vermischten Wein aus und sagte Gebete auf.

Konsonantische Konjugation (i-Erweiterung)

Pause in der Gräberstadt

Nach der Übernachtung gelangen sie mittags an den Südhang des Vesuvs. Fruchtbare Obsthänge und Weinberge überziehen die Landschaft trotz der Hitze mit sattem Grün. Bald tauchen im Licht der Nachmittagssonne die Mauern Pompejis auf. Der Vater lässt die Pferde in der Gräberstadt Pompejis halten, die im Norden außerhalb der Stadtmauern liegt.

Priscus: „Brrr! Consistite!" Statim Sextus: „Quid est? Quid facis?"
Priscus: „Sacrum facimus. Sed primo sepulcrum[1] avi vestri invenire debemus. Sepulcrum hic ante muros est. Venite!" Pueri autem adhuc fessi[2] sunt et dubitant. Tum Priscus: „Descendite! Nonne placet vobis
5 sacrum facere?" Marcus: „Mihi magis placet in carro manere et habenas[3] tenere quam sepulcra spectare."
Tum Sextus: „Etiam mihi!" Itaque Priscus filiis habenas praebet: „Cape habenam, Marce! Etiam tu, Sexte! Capite habenas, pueri!" Nunc pueri in carro manent et habenas capiunt.

Priscus ist über die Jungen verärgert und macht sich alleine auf die Suche nach dem alten Familiengrab, das er seit Jahren nicht mehr gesehen hat. Bald kommt er zurück:

10 „Magnum sepulcrum avi iam aspicio. Aspicitisne sepulcrum magnum post cupressos[4]? Quin descenditis? Nunc sacrum facere possumus. Dei sacrum nostrum aspiciunt et cibos vinumque capiunt. Dei dona nostra amant; summis deis etiam parva dona placent."

Als alle vor dem Grabmal stehen, bringt Priscus das Totenopfer dar. Dann machen sie sich auf den Weg zu Aulus Popidius, dem Bruder des Priscus. Aulus ist ein reicher Kaufmann und durch kaiserliche Entscheidung seit kurzem sogar Senator.

[1] sepulcrum Grabmal
[2] fessus, a, um müde
[3] habēna Zügel
[4] cupressus Zypresse

Opferszene. Römisches Relief. 3. Jh. Rom, Museo Nazionale Romano.

a) 1. Wie zeigt sich die Müdigkeit von Sextus und Marcus in ihren Äußerungen? 2. Erkläre, worin sich das Totenopfer des Priscus von unserem Verhalten beim Besuch eines Grabes unterscheidet.

b) Verdoppelung. Wie lautet der Text, wenn Priscus nicht nur Marcus, sondern auch Sextus anredet und beide gemeinsam antworten?
1. Priscus: „Quid facis?" Marcus: „In carro maneo. Habenam (Zügel) capio." 2. Priscus: „Aspicisne sepulcrum (Grab)?" Marcus: „Sepulcrum aspicio." 3. Priscus: „Nonne sacrum facere tibi placet?" Marcus: „Sacrum libenter facio."

c) plus Ein Opfer für die Götter
1. Die Römer bringen den Göttern Opfer (Pl.).
2. Priscus: „Jetzt bringen wir ein Opfer. Die Götter erblicken unsere Geschenke, dann steigen sie herab und nehmen Speisen und Wein. Bringt das Opfer! Den höchsten Göttern gefällt der Wein mehr als das Wasser." 3. Sextus: „Trinkst etwa nicht auch du gerne Wein?"
4. Priscus: „So ist es°. Ich aber nehme nur einen Becher (pōculum) voll°."

In Pompeji wird gebaut

Im Jahre 62 n. Chr. gab es in Pompeji ein Erdbeben, das große Teile der Stadt zerstört hat. Pompeji war in den Jahren nach dem Erdbeben eine riesige Baustelle, viele Privathäuser reicher Einwohner, aber auch ein Amphitheater und mehrere Thermen entstanden. Aulus Popidius macht mit seinem Bruder Priscus und dessen Söhnen Sextus und Marcus eine erste Stadtführung. Dabei erzählt er von der Zerstörung und dem Wiederaufbau Pompejis. Nach der langen Reise sind Marcus und Sextus von seinen Erklärungen nicht begeistert:

Marcus: „Quid nobis ostendere desideras? Profecto oppidum iam scimus."

Sextus: „Quin tandem consistimus? Nam bibere debeo."

Aulus: „Mox bibere potestis, nam ad forum vos duco. Videte! Ibi forum
5 est. Multa aedificia nova hic aspicere potestis. Videte thermas[1] pulchras! Dei oppidum nostrum delere possunt, sed nos superare non possunt. Etiam templa et forum restituere[2] studemus, nam in templis deis sacra facimus et in foro consilia capimus."

Priscus: „Recte dicis. Multa aedificia nova sunt, sed templa adhuc …"

10 Aulus: „Tace! Pecunia[3] nobis deest, et servi nostri non semper laborare possunt."

Priscus: „Pecunia vobis non deest! Nam novum amphitheatrum[4] aedificatis, ut audio. Etiam theatrum[5] habetis. Sed templa … Cur deis gratiam non habetis? Nonne deos timetis? Nonne deos sic amatis ut ludos?"

[1] thermae
die Thermen, Badeanlagen
[2] restituere
wieder aufbauen
[3] pecūnia
Geld
[4] amphitheātrum
Amphitheater
[5] theātrum
Theater

Das Amphitheater von Pompeji. 1. Jh. v. Chr. – im Hintergrund der Vesuv.

a) Lest den Text genau durch und versucht vor der Übersetzung festzustellen, über welches Thema Aulus und Priscus diskutieren und welche Meinungen sie dazu vertreten. Überprüft eure Vermutungen durch eine Übersetzung des Textes.

b) Wer hat eurer Meinung nach Recht, Aulus oder Priscus? Diskutiert darüber, ob es heute Vergleichbares gibt.

c) Überprüft auf dem Plan (rechts), wie der geplante Weg wohl verlief und wo die angesprochenen Bauwerke liegen.

VI plus

a) Formenstaffel
1. aedificium novum → Dat. Sg. → Dat. Pl. → Akk. Pl. → Akk. Sg. → Abl. Sg.
2. agri nostri → Akk. Pl. → Akk. Sg. → Nom. Sg. → Gen. Sg. → Gen. Pl. → Abl. Pl.
3. servis miseris → Nom. Pl. → Nom. Sg. → Akk. Sg. → Abl. Sg. → Abl. Pl. → Dat. Pl.

b) Ordne richtig zu:

scribis, dicis, relinquis, ducis, nuntiis, trahis, oppidis, capis, aspicis, adduco, consisto, facio, summo, bibo, mortuo

c) Lückenlos. Wo musst du ein „e" ergänzen?
pulch◉ro – pulch◉r – mis◉r – mis◉ro – nig◉rorum – ag◉r – ag◉ri – nost◉ris – nost◉r – magist◉r – magist◉rum

d) Wer kann was, wer kann was nicht? Kombiniere potest, possunt und ggf. non mit je einem Ausdruck aus der linken und rechten Spalte, z.B. Equi carrum complere non possunt.

Equi	scribere
Priscus	carrum trahere
Sextus parvus	nuntium mittere
Servus miser	carrum complere
Sextus et Marcus	equos ducere

e) Setze die passende Form von adesse ein:
Puellae Aeliae [?] (sie helfen). Aelia: „Vobis gratiam habeo. Nam mihi [?] (ihr helft)." Puellae: „Tibi libenter [?] (wir helfen)."

f) Füge die Bausteine zusammen:
pot, pos; sum, es, est, sumus, estis, sunt

g) Welche lateinischen Wörter erkennst du in den folgenden Fremdwörtern? Was bedeuten demnach diese Fremdwörter?
1. Karre 2. sakral 3. (päpstlicher) Nuntius
4. liberal 5. kapieren

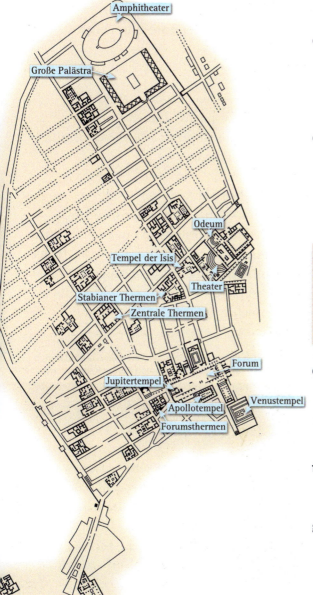

Plan von Pompeji.

Unterwegs in Kampanien – Handel und Politik

19

E

1. Aulus Popidius mercator est. Etiam Priscus Popidius mercator est.
2. Aulus et Priscus mercatores sunt. Aulus Popidius etiam senator est.
3. Pompeiani (die Pompejaner) amici Auli senatoris (multorum senatorum) sunt.
4. Pompeiani Aulo senatori (multis senatoribus) gratiam habent.
5. Pompeiani Aulum senatorem (multos senatores) amant.
6. Amici cum Aulo senatore (cum multis senatoribus) cenant.
7. Senatores cum imperatore cenant.
8. Cloelia uxor Auli senatoris est. Uxores senatorum cum imperatore non cenant.

Ü

a) Aufstieg zum Senator
Ersetze dominus durch senator:
1. Domino pareo. 2. Ad dominum propero. 3. Cum domino in forum propero. 4. Aedificium domini intro. 5. Domini cenant et bibunt. 6. Consilium dominorum placet. 7. Dominis gratiam habeo. 8. Dominos aspicio.

b) Ein Sklave erzählt. Ergänze das in Klammern stehende Wort in der richtigen Form:
1. Verba (imperator) novi timeo. 2. In aedificium (senator) boni propero. 3. Cum (senator) bono ceno. 4. (uxor) domini adsum.

c) Dekliniere lateinisch und deutsch:
1. senator novus 2. mercator Romanus 3. magnus imperator 4. mercator miser 5. uxor pulchra

d) Auf dem Markt
1. In foro mercatores cibos laudant: „Pretium ciborum parvum est!" 2. Etiam Cornelia verba mercatorum audit. Itaque Cornelia ad mercatorem properat. 3. Iam cibos mercatoris emit (kauft). Mercator Corneliae gratiam habet.

I

Öffentliche Ämter
An der Spitze Pompejis standen zwei Männer, die sog. Duumvirn, die für die Politik der Stadt verantwortlich waren. Sie kontrollierten sich gegenseitig, wurden immer nur für ein Jahr gewählt und mussten dann ein Jahr pausieren. Für Straßen und öffentliche Bauten waren die beiden Ädilen (aedīlēs) zuständig. Beide Ämter waren heißbegehrt. Die Wahlkämpfe wurden mit Leidenschaft geführt, wie uns die zahlreichen Wahlaufrufe verraten, die auf die Hauswände gemalt wurden.

Beispiel für Wahlprogramme verschiedener Kandidaten, die in Rot auf die Hausmauern von Pompeji gemalt wurden.

3. Deklination (auf -or, oris)

Eine Stadt im Wahlfieber

¹ oleum
Öl

Aulus Popidius senator et mercator est. Oleum¹ et vinum vendit. Profecto vinum Auli mercatoris bonum et clarum est. Etiam imperator Titus vinum Auli Popidii bibit; nam imperatori Tito vina bona placent. Aulum mercatorem multi Pompeiani amant, nam Popidius amicis
5 beneficiis et consiliis adest. Itaque Popidius senator magno in honore est.

Im Hause des Aulus Popidius herrscht Wahlfieber. Aulus will seinen Freund Holconius zu einem der beiden Duumvirn machen, die an der Spitze der Stadt stehen. Viele Gäste füllen sein Haus. Das alles ist für die Jungen fremd.

² duumvir
Duumvir
(höchster Stadt-
beamter)

³ candidātus
Bewerber

⁴ lāna
Wolle

Sextus Aulum rogat: „Cur hodie tanta turba in villa vestra est?" Aulus: „Pompeiani duumviros² creant. Duumviri Pompeianis imperant. Candidati³ populo beneficia praebent, tum honores petunt."
Sextus etiam rogat: „Cunctisne Pompeianis licet duumviros creare,
10 etiam Cloeliae, uxori tuae, et servis?" Aulus: „Neque uxoribus neque servis licet duumviros creare, viris tantum liberis. Puellae et uxores apud nos cibum et lanam⁴ faciunt." Nunc Sextus ridet – Marcus autem tacet.

a) 1. Welche Substantive beschreiben die Tätigkeit des Aulus Popidius? 2. Welche Ausdrücke des Textes passen zum Sachfeld „Wahlkampf"? 3. Suche Gründe für die unterschiedliche Reaktion der beiden Jungen (Z. 12). Wie hättest du an ihrer Stelle reagiert?

b) Wahlplakat mit Schäden. Ergänze die Lücken: Aulus senat■■ bonus est! Mult■ beneficia Pompeian■■ praebet. Aulus mercator clar■■ est! Vino bon■ Pompeianos delectat. Aulus tant■ in honor■ est! Etiam imperat■■■ Tito placet vinum Auli bibere. Pompeiani, create Aulum, senator■■ bonum et vir■■ honestum (angesehen)!

c) *plus* 1. Kaiser Titus schmückt (den) Aulus Popidius mit großen Ehren. 2. Denn er beruft (ruft) den Kaufmann Aulus zu den berühmten römischen Senatoren. 3. So große Ehren stehen vielen Römern nicht offen. 4. Aulus verkauft Öl (oleum); auch der Wein des Senators ist berühmt. 5. Bei den Pompejanern ist es Ehefrauen und Sklaven nicht erlaubt, Ehrenämter zu erstreben.

Straßenszene mit Händlern und Passanten in der Via dell'Abbondanza in Pompeji.

Unterwegs in Kampanien – Handel und Politik

20

E
1. Aulus: „Venite ad me, si vinum bonum desideratis!"
2. Aulus gaudet, quod (quia) vinum bonum vendit et bibit.
3. Servis non licet vinum bibere, dum laborant.
4. Quamquam servis non licet vinum bibere, vinum desiderant.
5. Aulus: „Semper vinum velle servis non licet."
6. Aulus: „Vinum vendere volo." Amici: „Vinum bibere volumus."
7. Aulus vinum vendere vult. Amici vinum bibere volunt.
8. Serva: „Domine, visne vinum bibere? O domini, vultisne vinum bibere?"

Ü
a) Verwandle die Hauptsätze in Gliedsätze. Was ändert sich an der Stellung des Prädikats?
1. Priscus und die Kinder essen und trinken. → Während Priscus …, hören sie plötzlich einen Schrei. 2. Priscus sieht den toten Esel eines Sklaven. → Weil Priscus …, hilft er dem Sklaven. 3. Priscus hat dem Sklaven des Winzers geholfen. → Der Winzer bewirtet Priscus, weil er …

b) Vom Hauptsatz zum Gliedsatz. Übersetze:
1. Vinum Auli Popidii bonum est. Quia vinum Auli Popidii bonum est, etiam imperator vinum Auli Popidii bibit.
2. Pompeiani duumviros (Duumvirn) creant. Dum Pompeiani duumviros creant, in oppido magna turba est. 3. Aulus amicis adest. Aulus, quod amicis adest, vir clarus est.

c) Formuliere die folgenden Aussagen in Wünsche um. Beispiel: ceno → cenare volo

| mones | vendo | bibunt |
| tacemus | ducis | adsum |

d) Vergebliche Mühe
1. Quia mercatores in foro Romano sunt, multi Romani in forum Romanum properant. 2. Mercatores clamant, quod servos vendere student. Romani ad mercatores veniunt, dum mercatores servos laudant. 3. Si pretia magna sunt, mercatores servos non vendunt. 4. Quamquam clamant, servos non vendunt.

Weinamphoren von einem gesunkenen römischen Handelsschiff. Albenga, Museo Civico.

Stress in der Stadt

Die Jungen kennen sich in Pompeji noch nicht aus. Darum begleitet sie am nächsten Morgen ihr Cousin Secundus; seine Schwester Serena und ihre einjährigen Zwillingsschwestern bleiben zu Hause. Secundus hat einen kleinen Geldbeutel umgebunden. Der Sklave Zosimus geht ihnen nach.

In forum Pompeianum cuncti viri et mulieres properant. Etiam servi, pueri, puellae in forum veniunt, quia candidati[1] se ostendunt. Secundus gaudet, quod filii Prisci adsunt; sed dum cum pueris per vias properat, amicam tantum in animo habet: Primigeniam.

5 Sextus: „Quid nobis ostendis, Secunde?" Secundus: „Primigeniam vobis ostendere volo, amorem meum. Est amica Serenae, sororis meae. Me videre vult. Vultisne mecum venire, pueri?" Marcus: „Et nos Primigeniam videre volumus, si licet. Tecum venimus." Zosimus: „Bene. Cuncti Popidii puellam tuam videre volunt. Sed si ad forum
10 venire vis, Secunde, properare debes, quia viae iam plenae sunt."

Fuhrwerke und Karren blockieren die Hauptstraßen. Auch die Gassen sind verstopft. Plötzlich entsteht um die Gruppe der Jungen Gedränge. Ehe sich Secundus der Gefahr bewusst wird, spürt er schon, wie jemand an seinem Geldbeutel reißt.

Subito Secundus: „Quid vis? O Zosime, ades mihi! Fur me terret!" Dum clamorem facit, Zosimus iam adest: „Mitte pecuniam, scelerate!" Zosimus furem capit. Statim multi
15 Pompeiani adsunt. Quamquam fur flet, Secundus furem liberare non vult, sed statim sceleratum ad vigiles[2] trahit.

[1] candidātus Bewerber
[2] vigil, vigilis Polizist

Römische Geldbörse aus Bronze.
University of Oxford, Ashmolean Museum.

a) 1. Sammle die Substantive zur Bezeichnung der Personengruppen, die am Wahltag auf das Forum kommen! 2. Woran denkt Secundus auf dem Weg zum Forum?

b) Selbstgespräche. Ordne die Subjunktionen dum, quia, si, quamquam zu und übersetze:
1. Secundus: „[?] amor meus magnus est, Primigeniam videre volo. 2. [?] ad Primigeniam propero, Primigeniam tantum in animo habeo. 3. [?] furem libero, iniuriam facio. 4. Furem, [?] puer parvus est, ad vigiles (Polizisten) trahere volo."

c) *plus* 1. Secundus: „Wenn es dir° gefällt, Marcus, komm mit mir! 2. Willst du mit mir Primigenia sehen, obwohl alle Männer auf (in) den vollen Marktplatz eilen wollen? 3. Wollt ihr meinem Mädchen von eurer Heimat erzählen, während Zosimus schweigt?" 4. Marcus: „So gefällt es uns°, weil wir den Lärm der Sklaven nicht mehr hören wollen."

21

E Marcus Primigeniae narrat:

1. „Priscus pater meus est, Aelia mater mea est.
2. Aelia patris uxor est.
3. Aeliae matri gratiam habemus.
4. Patrem matremque amamus."
5. Marcus Sextusque fratres sunt.
6. Priscus pater fratrum est.

7. Pompeiani liberi, non servi esse volunt.
8. Itaque Pompeianis libertas placet, non servitus.
9. Cuncti Pompeiani libertatem volunt, non servitutem.

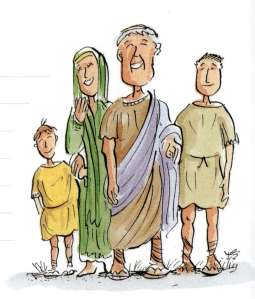

Ü

a) Nenne den Nom. Sg. und bestimme die Form: Beispiel: uxorum von uxor → Gen. Pl.
   1. patris, matris, fratris, amoris, pueris, templis, insulis, furis, clamoris, mensis, viris, senatoris, ludis
   2. patri, matri, pueri, honori, fratri, clamori, ludi, vini, mulieri, uxori, imperii, discipuli

b) Gesprengte Ketten! Ersetze die Formen von servitus durch die entsprechenden von libertas.
   servituti, servitus, servitute, servitutis, servitutem

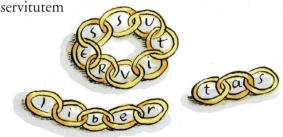

c) Ablativ oder Dativ? Welche Formen können sowohl Dativ als auch Ablativ sein?
patre, fure, furibus, matre, mulieri, mercatore, honori, honore, gratia, carris, mercatoribus, amori

d) Wer kennt die Familie von Primigenia?
   1. Dum Secundus cum amicis per vias properat, mater Secundi patrem pueri rogat: „Quis Primigenia est? Quis pater, quis mater puellae est? Quid patris negotium (Beruf) est? Scisne etiam fratres et sorores puellae?"
   2. Priscus pater dicit: „Patrem et matrem Primigeniae nescio." 3. Cloelia mater respondet: „De patre et matre Primigeniae nihil scimus. Itaque Secundum rogare volo. Nam, ut video: Secundus Primigeniam amat."

I

Familie
In einer römischen Familie hatte der Hausvater (pater familias) das Sagen; ihm waren auch die erwachsenen Söhne und seine Gattin unterworfen. Er besaß die patria potestas. Die Macht großer Familien reichte aber weit über das Haus hinaus: Sie banden eine große Zahl von sog. Klienten an sich. Der Schutzherr (patrōnus) ließ sich täglich im Atrium von ihnen begrüßen, nahm ihre Wünsche entgegen und kümmerte sich um ihre Anliegen; dafür durfte er die Unterstützung seiner Klienten bei Wahlen erwarten.

Familie und Politik

Der Dieb ist bei der Polizei abgeliefert. Als die Gruppe endlich das Haus Primigenias erreicht, öffnet der Türsklave.

[1] pulsāre klopfen
[2] domī daheim
[3] oleum Öl
[4] candidātus Bewerber
[5] dēbēre hier: verdanken
[6] duumvir Duumvir

Dum Secundus pulsat[1], Primigenia iam adest. Secundus amicam salutat. „Salve, Primigenia! Vide Sextum et Marcum! Fratres sunt, filii Prisci." Sextus: „Priscus pater noster est et Aelia mater nostra est. Priscus frater Auli est, patris Secundi. Sorores nostrae domi[2] sunt; sed
5 non tam parvae sunt quam sorores Secundi."
Primigenia: „Aah! Sed ubi sunt pater tuus materque tua?" Secundus respondet: „Priscus a fratre vinum et oleum[3] parare vult. Aelia mater adhuc domi est. Quia matri non licet filias domi relinquere, pueri tantum cum Prisco adsunt. Et patres nostri multa consilia capiunt:
10 de pretio vini et – de candidatis[4]."

Secundus erklärt seinen Cousins die Politik in Pompeji:

„Civitas nostra libera est. Titus Caesar civitatem nostram amat. Libertatem Vespasiano Caesari debemus[5], patri Titi. Duumviri[6] autem civitati nostrae imperant. Potestas duumvirorum magna est; magna potestate nobis imperant. Voluntas Pompeianorum est bonos tantum
15 duumviros creare."

Tum Marcus: „Nonne Pompeianae etiam domi bonos tantum viros habere volunt, Secunde?"
Secundus: „Sic etiam Primigenia vult. Et voluntas Primigeniae mihi cara est: heri,
20 hodie, semper." Marcus: „Profecto non libertatem, sed servitutem amas, Secunde!"

Goldmünze (Aureus) mit dem Porträt Kaiser Vespasians. 1. Jh. n. Chr. Sammlung Götz Grabert.

a) Zeige, dass die drei Teile des Lesestücks von unterschiedlichen Sachfeldern geprägt sind.

b) Lückenhaft. Ergänze:
Cunct■■ civitates libert■■■■ amant, servit■■■■ non amant. Magnam potest■■■■ imperatoris timent. Nam sciunt: Si potest■■ imperatoris magna est, libertas civit■■■ parva est.

c) _plus_ 1. Marcus und Sextus sind Brüder und Söhne eines freien Vaters und einer lieben Mutter. 2. Ein Bruder muss dem anderen° Bruder helfen, die Söhne müssen Mutter und Vater danken. 3. Durch den Willen der römischen Väter ist der Staat frei. 4. Der Preis der Freiheit ist groß, klein der Preis der Sklaverei. 5. Der Amtsgewalt des Kaisers gehorchen alle Pompejaner.

Kandidaten und Wahlkampf

Auch in Pompeji ging es während der Wahlen heiß her. Insgesamt finden sich an den Wänden 2800 Wahlkampfparolen, von denen allein über 1500 im Wahlkampf des Jahres 79 n. Chr. entstanden sind. Auf der Abbildung erkennt man einen Wahlaufruf, Cn. Helvius Sabinus für das Amt des Ädilen zu wählen. Ädilen waren eine Art Polizei und zuständig für die Betreuung öffentlicher Bauten; neben den beiden duumviri waren die Ädilen die wichtigsten Beamten in Pompeji. Seine Anhänger bezeichnen Helvius in der Inschrift als **D**(ignus) **R**(ei) **P**(ublicae) („würdig für ein öffentliches Amt") und fordern alle auf: **O**(ro) **V**(os) **F**(aciatis) (ungefähr so viel wie „stimmt für ihn").

Auch Sextus und Marcus sind vom Wahlfieber angesteckt. Am frühen Abend, kurz vor der Verkündung des Ergebnisses, diskutieren sie mit Secundus und Primigenia:

Sextus: „Cur multi candidati¹ summum honorem petunt?"
Secundus: „Candidati ut Holconius, Gavius, Helvius oppidum nostrum amant. Populo et civitati adesse desiderant. Magnum honorem petunt."
Primigenia primo ridet, tum clamat: „Tace, Secunde! Candidati neque
5 oppidum neque honorem amant, sed pecuniam! Nam candidati saepe mercatores sunt. Honores petunt, quod aediles² magnam potestatem habent. Sic pecuniam augere possunt."
„Sed Holconius", Secundus clamat, „bonus candidatus est! Nam pater semper dicit: ‚Holconius populo nova templa aedificare vult!' "
10 „Holconius?" Primigenia ridet: „Aspice Holconium! Frater Holconii mercator est, testas³ vendit. Itaque frater gaudet, si Holconius nova templa aedificat, quia templa Holconii pecuniam fratris augent. Et vide etiam Helvium! ‚Cn. Helvium Sabinum Aedilem'⁴, amici Helvii dicunt. Sed cur Helvius valet? Uxor Helvii amica est filiae Caesaris."

¹ candidātus Bewerber

² aedīlēs Ädilen (vgl. Einleitung)

³ testa (gebrannter) Ziegelstein

⁴ „Wählt Cn. Helvius Sabinus zum Ädil!" (vgl. Abb. und Einleitung)

a) Lest den Text mit verschiedenen Sprechern laut vor. Versucht auf diese Weise den Inhalt vor der Übersetzung zu erschließen.

b) Wer bestimmt das Gespräch? Wer wirkt besser informiert? Belege deine Meinung durch Zitate aus dem Text.

c) Im Text werden zahlreiche römische Beamte und ihre Ämter erwähnt. Informiert euch über die wichtigsten Ämter in der römischen Politik und stellt sie kurz vor.

Wahlkampf-Graffito in Pompeji.

VII plus

a) „Wo?" oder „Wohin?"
Ergänze das Substantiv im richtigen Kasus:
1. Servus in (forum) adest. 2. Chrysogonus in (forum) venit. 3. Senatores in (curia) sunt. 4. Servi in (agri) laborant. 5. Pueri in (ludus) properant. 6. In (templum) multa dona sunt.

b) Füge die Wörter sinnvoll ein:
tum - nonne - primo - unde - statim - et

1. [?] consilium meum vobis placet?
2. [?] viri verba Auli audiunt, [?] Aulum laudant. 3. [?] venis, Secunde?
4. Operarii (die Handwerker) Pompeiani templa multis [?] pulchris ornamentis ornant.
5. Aulus servum vocat. [?] servus adest.

c) Ergänze die Substantive im richtigen Kasus:
ad (senator) - de (libertas) - ad (civitas) - ad (mater) - cum (pater) - cum (mater) - cum (imperator) - de (uxor) - de (mercatores) - apud (uxor) - apud (frater) - apud (mulier)

d) Ein Volk wird zum Staat.
Ersetze populus durch civitas:
populi (Gen. Sg.) - populi (Nom. Pl.) - populis (Abl. Pl.) - populis (Dat. Pl.) - populorum - populo (Dat. Sg.) - populo (Abl. Sg.)

e) Nur ein Wunsch. Ersetze die folgenden Wendungen entsprechend dem Beispiel:
Priscus: Vinum bibo. → Vinum bibere volo.
1. Aulus honorem petit. 2. Viri in forum veniunt. 3. Tu clamorem facis. 4. Vos Primigeniam videtis. 5. Nos furem capimus.

f) Erkläre die Bedeutung der Redewendung:
Plenus venter (Bauch) non studet libenter.

g) Welche lateinischen Wörter erkennst du in den folgenden Fremd- und Lehnwörtern? Was bedeuten sie demnach?
1. Kreatur 2. klar 3. honorieren 4. Imperativ

h) Stelle alle bisher gelernten lateinischen Wörter zusammen, die zum Sachfeld „Familie" gehören.

Einer der einflussreichsten Bürger Pompejis: Statue des Marcus Holconius Rufus.
1. Jh. n. Chr. Neapel, Archäologisches Nationalmuseum.

Unterwegs in Kampanien – Handel und Politik

Eindrücke in Pompeji – Leben und Sterben

1

Die Familie des Priscus Popidius ist genau zu der Zeit in Pompeji, als der Freund des Aulus, der reiche Holconius, zum Duumvir gewählt werden will. Um das zu erreichen, spendiert er der Bevölkerung von Pompeji Gladiatorenschauspiele (spectacula) im Amphitheater der Stadt.

Gladiatoren

fundamentum

Gladiatoren waren ausgebildete Kämpfer, die zum Vergnügen der Zuschauer auf Leben und Tod gegeneinander kämpften – allerdings mit festen Regeln, über deren Einhaltung ein Schiedsrichter wachte. So durfte z.B. ein retiarius, also ein mit Fangnetz und Dreizack ausgestatteter Kämpfer, stets nur gegen einen secutor, d.h. einen mit Rundhelm, Schild und Schwert bewaffneten Gegner, antreten. Die strenge Disziplin erlaubt es, bei Gladiatorenkämpfen von einem Sport zu sprechen, freilich von einem sehr grausamen Sport. Allerdings endeten nur die wenigsten Gladiatorenkämpfe tödlich: Da die Besitzer von Gladiatorentruppen viel Geld in das Training und den Unterhalt ihrer Kämpfer investierten, war ihnen an einem massenhaften Abschlachten ihrer Leute nicht gelegen.

2

3

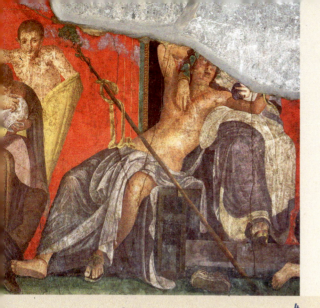

Götter

fundamentum

Ursprünglich bäuerlicher Herkunft, verehrten die Römer wie die Pompejaner, vor allem Natur- und Fruchtbarkeitsgötter. Als sie Bekanntschaft mit den Etruskern und Griechen machten, bekamen ihre Götter menschliche Gestalt, sodass sie auf Kultbildern dargestellt werden konnten. Typisch für die Römer war ihre Offenheit gegenüber den Göttervorstellungen anderer Völker. So übernahmen sie zunächst die Götter der Griechen, später Gottheiten anderer Nationen, wie die Göttin Isis aus Ägypten, deren Kult durch den Seehandel mit der ägyptischen Stadt Alexandria nach Italien kam. Der älteste Tempel in Pompeji aus dem 6. Jh. v. Chr. war Apoll, dem Gott der Künste, geweiht. Besondere Verehrung genoss Venus als Schutzgöttin Pompejis, aber auch Bacchus (Dionysos) als Gott des Weines und der Fruchtbarkeit stand in großem Ansehen. Jeder Hausbesitzer in Pompeji hatte in seinem Haus einen Altar (lararium), in dem die persönlichen Schutzgötter (Laren und Penaten) verehrt wurden.

Naturkatastrophen in Pompeji

fundamentum

Im Jahre 62 n. Chr. suchte ein gewaltiges Unglück die Stadt Pompeji heim: Ein schweres Erdbeben verwandelte die Stadt binnen weniger Minuten in ein riesiges Trümmerfeld. Viele Wohnhäuser waren zerstört, Statuen geborsten, die Wasserversorgung zusammengebrochen. Auch der Tempel des Jupiter auf dem Forum von Pompeji wurde stark beschädigt. Das brachte die Einwohner von Pompeji aber nicht von ihrem tief verwurzelten Glauben an die Götter ab. Doch die große Frömmigkeit nützte nichts, als am 24. August 79 n. Chr. die gewaltige Naturkatastrophe geschah, die der Stadt bis heute ihre traurige Berühmtheit sichert: der Ausbruch des Vulkans Vesuv.

Genau zu dieser Zeit befinden sich Priscus Popidius und seine Söhne in der Stadt – doch lest selbst, wie es ihnen ergeht …

1 Gladiatorenhelm aus Bronze, gefunden in der Gladiatorenkaserne von Pompeji.
2 Nachstellung von Gladiatorenkämpfen in der Arena des Amphitheaters von Trier.
3 Lararium (Hausaltar) aus dem Haus der Vettier in Pompeji. 1. Jh. n. Chr.
4 Darstellungen der Bacchus-Mysterien. Wandmalerei aus der sog. „Villa der Mysterien" in Pompeji. 1. Jh. n. Chr.
5 Apollostatue (Bronze) im Hof des Apollotempels am Forum von Pompeji.
6 Der ägyptische Krokodilgott Petesuchos. Wandmalerei aus der sog. „Villa der Mysterien" in Pompeji.

22

E

1. Hodie Secundus apud Primigeniam est; sed heri apud amicam non erat.
2. Primigenia: „Secunde, heri misera eram. Nonne et tu miser eras?"
3. Secundus: „Etiam ego miser eram; nos miseri eramus, Primigenia."
4. Marcus: „Cur heri miseri eratis, amici?"
5. Secundus: „Heri amici patris diu apud nos erant.
6. Si amici nobiscum cenant, ad amicam venire non possum; itaque heri venire non poteram."
7. Primigenia Secundum heri diu desiderabat.
8. Secundum semper in animo habebat.

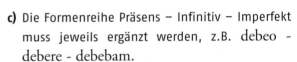

Ü

a) Spürsinn gefragt. Welche Form ist Imperfekt (lat.) bzw. Präteritum (dt.)?
1. er bewegt, er bewegte 2. er befiehlt, er befahl 3. er bleibt, er blieb 4. er schrie, er schreit 5. er lag, er liegt 6. du bist, du warst 7. sie brachten, sie bringen 8. creabant, creant 9. monent, monebant 10. eras, es 11. desiderabas, desideras 12. delecto, delectabam 13. potestis, poteratis 14. augebatis, augetis

b) Das Imperfekt als Baukastenspiel! Wie viele Formen kannst du bilden? Welche kommen ohne -ba- aus? Übersetze alle.

c) Die Formenreihe Präsens – Infinitiv – Imperfekt muss jeweils ergänzt werden, z.B. debeo - debere - debebam.
1. vales 2. praebebamus 3. amabant 4. intratis 5. poterant

d) Wenn in Pompeji Wahlen waren ...
1. Cunctae viae plenae erant. Magna turba in foro aderat. Ibi Pompeiani multa consilia habebant. 2. Etiam candidati (Amtsbewerber) saepe in forum properabant. Multi candidati Pompeianos donis delectabant.

I

Götter
Die Römer verehrten in der heidnischen Zeit viele Götter. Sie sind den wichtigsten Lebensbereichen zugeordnet, z. B. Iuppiter dem Himmel und Wetter, seine Gemahlin Iūnō der Familie und Ehe, Mārs dem Krieg, Apollō den Künsten, Venus der Liebe. Nach einigen sind Planeten benannt, die in den romanischen Wochentagsnamen noch fortleben, z. B.: italienisch Mercoledì und Giovedì, französisch mercredi und jeudi. Welche Götter kannst du da erkennen?

Imperfekt (a- / e-Konjugation / esse)

Götterglaube

Nach dem Besuch bei Primigenia führte Secundus seine Cousins zum größten Tempel am Forum. Wisst ihr, wie viele Götter die Römer hatten und was ihr Wirkungsbereich war? Hört zu:

Apud Romanos antiquos multi dei erant. Summus deus Iuppiter erat, pater multorum deorum. Imperium summi dei caelum et terra erant. Multi dei filiae et filii Iovis patris erant, ut Minerva et Diana; Minerva dea sapientiae¹ erat, Diana dea bestiarum. Neptunus autem erat frater
5 Iovis dominusque aquarum. Nuntius deorum Mercurius erat.

Iuppiter deis imperabat; ceteri dei Iovi parebant, quia Iovem Iovisque potestatem timebant. Romani a deis auxilium exspectabant deisque
10 dona dabant; nam varii dei Romanis aderant. Minerva Romam et Romanos servabat. Mercurius non solum imperia Iovis nuntiabat, sed etiam mercatoribus aderat; umbras
15 mortuorum ad Tartarum² portabat – et deus furum erat.
Sic Romani existimabant.

Nach dem Tempelbesuch gehen die Jungen zurück zum Haus der Popidier; dort erzählt der kleine Sextus seiner großen Cousine Serena vom Abenteuer mit dem Taschendieb.

¹ sapientia Weisheit
² Tártarus Unterwelt

Römisches Schmuckstück mit der Darstellung des Göttervaters Jupiter. 1. Jh. n. Chr. Die goldene Fassung wurde erst im 14. Jh. hinzugefügt. Paris, Cabinet des Medailles.

a) 1. Erstelle anhand der Informationen aus Z. 1–5 eine Grafik mit den Verwandtschaftsbeziehungen zwischen den dort genannten Göttern.
2. Ergänze dazu die lateinischen Bezeichnungen des Bereichs, für den sie zuständig waren.
3. Warum steht der Text im Imperfekt?

b) Götterglaube im alten Rom
Setze ins Imperfekt und übersetze:
Dei Iovi parent. Si non parent, ira (Zorn) Iovis magna est. Sed non solum in caelo, sed etiam in terra Iuppiter imperat. Sine auxilio Iovis Romani nihil facere possunt.

c) *plus* 1. Viele Götter waren Söhne und Töchter Jupiters. 2. So meinten nicht nur die alten Römer. 3. Jupiter herrschte über° Himmel und Erde und die übrigen Götter (Dat.). 4. Diana schützte (bewahrte) die verschiedenen Tiere.
5. Dem Gott Neptunus aber gehorchten die Gewässer (Wasser; Pl.) und Winde.

Eindrücke in Pompeji – Leben und Sterben

Die Götter Roms

Anders als Christen, Juden und Muslime, die an einen Gott glauben, verehrten die alten Griechen und Römer viele Götter. Jeder Gott und jede Göttin hatte einen bestimmten Bereich, für den er bzw. sie zuständig war. Im Folgenden lernt ihr die wichtigsten Gottheiten kennen, ihre römischen (bzw. griechischen) Namen, ihre Kennzeichen und die Zuständigkeiten, die ihnen von den Menschen zugeschrieben wurden.

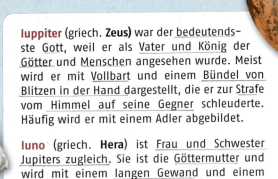

Iuppiter (griech. **Zeus**) war der bedeutendste Gott, weil er als Vater und König der Götter und Menschen angesehen wurde. Meist wird er mit Vollbart und einem Bündel von Blitzen in der Hand dargestellt, die er zur Strafe vom Himmel auf seine Gegner schleuderte. Häufig wird er mit einem Adler abgebildet.

Iuno (griech. **Hera**) ist Frau und Schwester Jupiters zugleich. Sie ist die Göttermutter und wird mit einem langen Gewand und einem Diadem im Haar abgebildet. Der ihr zugeordnete Vogel ist der Pfau.

Mars (griech. **Ares**) ist der Gott des Krieges. Er wird häufig mit Helm, Waffen und blutroter Rüstung dargestellt; das war übrigens auch der Grund dafür, warum man den roten Planeten nach ihm benannte.

Neptunus (griech. **Poseidon**) ist der Gott des Meeres und der Erdbeben. Meist wird er bärtig und mit einem Dreizack abgebildet, mit dem er Felsen spalten und Quellen entspringen lassen konnte.

Minerva (griech. **Athene**) gilt als Beschützerin von Helden und als Göttin der Weisheit. Sie wird meist mit Helm, Schild und Lanze abgebildet. Das sie kennzeichnende Tier ist die Eule.

Apollo (griech. **Apollon**) ist der Gott der Künste und der Weissagung. Er wird entweder mit Leier oder mit Pfeil und Bogen dargestellt. Als sein Wappentier gilt der Schwan.

Diana (griech. **Artemis**) ist die Schwester Apollos und gilt als Göttin der Jagd. So wird sie mit kurzem Rock und Bogen und häufig mit einem Jagdhund bzw. einem Wildtier abgebildet.

Venus (griech. **Aphrodite**) ist die Göttin der Liebe und Schönheit. Meist wird sie nackt und mit einer Muschel dargestellt, die auf ihre Geburt aus dem Meeresschaum anspielt.

Amor (griech. **Eros**) ist der Sohn und Begleiter der Venus. Er wird als geflügelter Junge mit Pfeil und Bogen dargestellt. Wen er mit seinen Pfeilen trifft, der verliebt sich sofort.

Mercurius (griech. **Hermes**) ist der Götterbote, zugleich aber auch der Gott für Kaufleute, Reisende und Diebe. Seine Kennzeichen sind Flügelhaube, Flügelschuhe und der Heroldsstab, um den sich zwei Schlangen winden. Bei diesem Stab handelt es sich um ein Kennzeichen von Boten.

Vulcanus (griech. **Hephaistos**) ist der Gott des Feuers und der Schmiedekunst. Entsprechend häufig wird er als arbeitender Handwerker mit Schmiedewerkzeugen dargestellt, meist mit einem Hammer.

Ceres (griech. **Demeter**) gilt als Göttin der Fruchtbarkeit und wird vor allem mit einer Ährenkrone und mit Früchten abgebildet.

Bacchus (griech. **Dionysos**) ist der Gott des Weins und der Fruchtbarkeit. Häufig wird er mit Weinranken bzw. -trauben im Haar und einem Becher in der Hand dargestellt.

23

E

1. Primigenia amicum nunc audit et aspicit.
2. Primigenia amicum saepe audiebat et aspiciebat.
3. Secundus villam Primigeniae saepe petebat.
4. Nam amicam videre volebat.
5. Secundus saepe amicos per vicos trahebat.
6. Vicus est pars oppidi.
7. Vici et insulae sunt partes oppidi.
8. Roma non oppidum erat, sed urbs.
9. Amphitheatrum (Amphitheater) pars urbis erat. Amphitheatra partes urbium erant.
10. In multis urbibus amphitheatra erant.

Ü

a) **Reise in die Vergangenheit**
Verwandle ins Imperfekt:
1. audio, audis, audit, invenimus, invenitis, inveniunt 2. capio, capis, capit, facimus, facitis, faciunt 3. mitto, mittis, mittit, scribimus, scribitis, scribunt

b) **Unterscheide die Konjugationsklassen:**
faciebat, capiebamus, aspiciebant, sciebat, trahebamus, audiebas, veniebam, petebam

c) **Fromme Römer**
1. Romani, quia potestatem deorum timebant, saepe sacra faciebant. 2. Tum viri et mulieres ad templum veniebant. 3. Templum autem non intrabant. 4. Ante templum verba sacerdotum (Priester, Gen. Pl.) audiebant et sacra faciebant.

d) **Ergänze im richtigen Kasus und übersetze:**
1. In amphitheatro (Amphitheater) saepe magnam (pars) Pompeianorum aspicimus. 2. (pars) civitatis placet amphitheatrum intrare. 3. In nostra (urbs) magnum amphitheatrum est. 4. Amphitheatrum (urbs) nostrae multis viris placet.

e) Wirf dich ins Amphitheater des Imperfekts! Bilde neue Formen mit dem Tempuszeichen -eba- und den Endungen.

Gladiatorenspiele

Die Gladiatoren waren die großen Sporthelden der römischen Antike. Ihr Sport war lebensgefährlich, dafür wurden sie aber professionell ausgebildet und ernährt; bei weitem nicht jedes Duell endete tödlich. Manche Gladiatoren überlebten bis zu 20 Kämpfe. Die Sieger bekamen dafür oft nicht nur Siegeskränze (corōnae), sondern sogar die Freiheit; tapfere Verlierer konnten die Entlassung erhalten, wenn das Publikum es forderte. Ein Schiedsrichter wachte darüber, dass das Duell regelgerecht geführt wurde. Gigantisch wie die Amphitheater waren auch manche Spiele in Pompeji: Einmal traten an drei aufeinanderfolgenden Tagen gleich 30 Gladiatorenpaare und ihre Ersatzleute gegeneinander an – ein blutiges Spektakel!

Bei den Gladiatoren

Tags darauf gehen Aulus, Secundus und Priscus mit den drei Jungen am späten Vormittag in das Amphitheater, wo Tausende Pompejaner und Bewohner der Nachbarstädte ein Gladiatorenspektakel verfolgen. Die Spiele waren Teil der Wahlwerbung des Holconius.

[1] spectāculum
Schauspiel

[2] spectātor, ōris
Zuschauer

[3] arēna
Arena

Marcus fratrem ad amphitheatrum ducebat, quia Sextus spectacula[1] adhuc nesciebat. Iam fratres clamorem multarum bestiarum audiebant, sed propter magnam turbam spectatorum[2] diu nihil videre poterant: Itaque primo neque arenam[3] neque gladiatores aspiciebant.

5 Tum multi patres filios ad ludos ducebant. Non solum Pompeiani veniebant: Etiam Romani ex urbe veniebant et viri mulieresque e variis partibus imperii aderant, quia spectacula Pompeiana videre volebant.

Langsam lösen sich die Menschentrauben bei den Eingängen auf und die Zuschauer nehmen Platz. Als die Fanfaren ein zweites Mal ertönen, springen alle auf, aber der kleine Sextus kann hinter dem Rücken der Erwachsenen nur wenig erkennen und muss den Cousin Secundus fragen; der erzählt ihm:

[4] cottīdiē
täglich

„Nunc Diadumenus arenam intrat. Gladiator clarus est, victor multarum
10 pugnarum. Cottidie[4] se exercet. Mors Diadumenum non terret." Sextus: „Nonne gladiatores dolores vel mortem timent?" Secundus: „Pars virorum mortem timet, magnam autem partem
15 mors non movet. Nam gladiatorum negotium est pugnare et viros vel bestias interficere. Nos per multos annos virtute delectant."

Drei Gladiatoren. Relief vom Grabmal des Lusius Storax. Museum von Chieti.

Der Gedanke an getötete Gladiatoren lässt den kleinen Sextus erschaudern. Dem blutigen Spektakel mag er nicht zusehen und versteckt sich hinter Secundus.

a) Sammle die Imperfektformen aus dem ersten Abschnitt: Welche drücken die lange Dauer einer Handlung aus, welche könnten eher einen Zustand bezeichnen?

b) Nicht alle Römer sind gleich. Setze ins Imperfekt und übersetze:
1. Pars Romanorum amphitheatrum non amat, quia gladiatores ibi bestias interficiunt. 2. Multi Romani autem arenam (Arena) petunt, quia mortem bestiarum aspicere volunt. 3. Clamorem gladiatorum libenter audiunt.

c) *plus* 1. Die Gladiatoren töteten verschiedene Tiere. 2. Die Menschenmenge kam gerne zu den Spielen, die Schmerzen der Tiere aber kannte sie nicht. 3. Auch die Sieger verließen die Amphitheater der Städte nicht ohne Schmerzen. 4. Einen Teil der Gladiatoren erwartete nicht der Tod, sondern das Leben und die Freiheit.

Eindrücke in Pompeji – Leben und Sterben

24

E

1. Regio Vesuvii plena oppidorum et vicorum est.
2. In regionem Vesuvii multi viri et mulieres veniunt.
3. Viri et mulieres multarum nationum in Campaniam properant.
4. Magna multitudo spectatorum (Zuschauer) amphitheatrum complet.
5. Amphitheatrum spectatores magnitudine delectat.
6. Secundus: „Vide leones! Leones bestiae sunt – cum gladiatoribus pugnant!"
7. Sextus: „Sed tu es homo. Cur homini (hominibus) licet leones interficere?
8. Secundus: „Sed Diadumenus gladiator etiam hominem (homines) interficit!
9. Diadumenus victor multarum pugnarum est; iam multos annos in amphitheatro pugnat."

Ü

a) Ersetze civitas durch natio:
1. Civitas magna est.
2. Voluntatem civitatis probo.
3. Civitatem Romanorum laudo.
4. Romani multis civitatibus aderant.

b) Baue einen Aquädukt mit den Bestandteilen -on/in- und den Endungen. Beginne unten. Welchen Kasus bildest du ohne die mittlere Reihe?

c) Mutige Männer
1. In urbe amphitheatrum erat. 2. Saepe magna multitudo virorum eo (dorthin) veniebat. Multis hominibus placebat in amphitheatro sedere. 3. Multas bestias homines in arena (Arena) amphitheatri videbant. Saepe clamabant: „Magnitudo leonum nos terret. Gladiatores autem leones non timent."

Wasserversorgung

Das schwierigste Problem für Pompeji war die Wasserversorgung. Der Wasserverbrauch für private Gärten und die Bäderanlagen (thermae) war riesig. So reichten die tief gebohrten Brunnen bald nicht mehr aus. Daher wurde zur Zeit des Kaisers Augustus eine gewaltige Wasserleitung (Aquädukt) gebaut: Sie leitete aus über 40 km Entfernung Wasser aus den Bergen im Osten her; am nördlichen Stadtrand Pompejis wurde es in einem künstlichen Becken gesammelt und dann über Leitungsrohre aus Blei zu öffentlichen Brunnen weitergeleitet. Dort holten sich die „kleinen Leute" ihr Wasser und trafen sich zum Plausch.

Wassermangel

Kurz nach Mittag waren die Spiele beendet. Viele Tiere waren getötet, doch auch einige Gladiatoren waren verwundet und wurden von Ärzten versorgt.

[1] ārdēre brennen
[2] taberna Wirtshaus
[3] hortus Garten
[4] dormīre schlafen, ruhen

Sol ardebat[1]. In regione amphitheatri viri et mulieres variarum nationum erant. Umbram petebant, quia sol homines torquebat. Magna multitudo hominum in tabernas[2] properabat; magna autem pars hominum in umbra sedebat vel aquam bibebat.

5 Aquam Pompeiani a montibus in urbem ducebant; nam in montibus fontes magni erant. Sed propter multitudinem hominum et magnitudinem hortorum[3] aqua in urbe saepe deerat.

Wegen des langen, heißen Sommers sprudelten die Brunnen der Stadt längst nicht mehr so frisch wie im Frühsommer. Viel Wasser brauchten auch die Weinstöcke am Vesuv, wo Aulus Weinberge in den besten Lagen besaß. Dorthin will sich Secundus mit Marcus, Zosimus und zwei weiteren Sklaven aufmachen, um die frisch gepflanzten Rebstöcke zu gießen – allerdings erst nach einer längeren Mittagsruhe.

Diu cunctae regiones urbis dormiebant[4]. Etiam Sextus et Marcus multas
10 horas dormiebant. Sed Secundus exspectare non iam poterat: „Surge tandem, Marce!" Marcus: „Ubi sum? Quid vis?" Zosimus: „Vesuvius nos vocat. Vineis nostris aqua deest. Iam multos annos in monte laboro et scio:
15 Nisi vineis statim aquam praebemus, vinum amittimus ut leo vitam."

Römischer Aquädukt in Segovia (Spanien). Erbaut von Kaiser Trajan im 2. Jh. n. Chr.

Querschnitt durch einen römischen Aquädukt.

a) 1. Wohin begaben sich die Zuschauer nach Beendigung der Spiele? 2. Weshalb drängen Secundus und Zosimus so sehr auf Eile, als sie Marcus aufwecken?

b) Ergänze in der richtigen Form:
Vesuvius (mons) altus (hoch) est. Magnitudo (mons) multos (homo) terret. Saepe multi (homo) in (regio) Vesuvii veniunt. Nam gaudent, si magnam (multitudo) vinearum aspiciunt.

c) *plus* 1. Menschen vieler Völker suchten die Gegend des Vesuvs auf. 2. Eine große Zahl von Menschen (Gen.) füllte das Amphitheater an. 3. Schon vor den Kämpfen saßen sie viele Stunden lang° dort. 4. Verschiedene Tiere verloren das Leben. 5. Aber nicht allen Menschen gefielen die Spiele. 6. Die Pompejaner lobten die Größe des Amphitheaters. 7. Viele Jahre lang° trainierten (übten sich) die Gladiatoren.

Eindrücke in Pompeji – Leben und Sterben

Mord als Sport?

Römische Gladiatorenkämpfe erscheinen aus heutiger Sicht unbegreiflich und grausam. Am meisten schockiert jedoch, dass es in Rom fast keine Kritik an dieser blutigen Form von Unterhaltung gab. Einer der wenigen, die die Gladiatorenkämpfe ablehnten, war der Philosoph Seneca (gestorben 65 n. Chr.), der in einem Brief an seinen Freund Lucilius berichtet, was er im Amphitheater erlebt hat:

[1] spectāculum Schauspiel

Heri in amphitheatro eram et ludos varios exspectabam. Sed spectacula[1] me terrebant: Non pugnas, sed mortes varias aspiciebam. Gladiator gladiatorem interficiebat, sed victor miser statim ad pugnam novam properare debebat. Quid gladiatores exspectabant? Neque gratiam
5 populi neque libertatem neque vitam! Etiam victor mortem tantum exspectabat. Magnus erat clamor multitudinis: „Interfice hominem! Cur mortem times? Cur gladio non pugnas?" Tandem magna pars gladiatorum vitam amittebat.
Tum sciebam: Populum non virtus, sed mors gladiatorum delectat.
10 Nos multas horas in amphitheatro gaudemus, sed gladiatores vitam amittunt. Neque bestiae neque homines, sed nos gladiatores interficimus! Itaque tibi dico: Vita[2] spectacula, vita turbam!

[2] vitāre meiden

a) Suche Überschriften für die beiden Abschnitte des Textes. Berücksichtige dabei, dass im ersten Abschnitt fast nur Imperfekt- und im zweiten Abschnitt fast nur Präsensformen vorkommen.

b) Im letzten Satz gibt Seneca seinem Freund Lucilius einen Rat. Findest du Senecas Rat richtig?

c) Informiert euch über die Gladiatorenkämpfe. Stellt ihren Ablauf und die einzelnen Gladiatorentypen dar. Versucht, die Beliebtheit der Gladiatorenkämpfe zu erklären. Bezieht auch moderne Formen von Gewaltdarstellung in eure Überlegungen ein.

Szenenbild aus dem Film „Gladiator". USA 2000.

VIII plus

a) Ordne die folgenden Verben zu.

facis, venis, aspicis, invenis, placeo, adduco, nescis, peto, vendo, creo, pateo, consisto, capis, narro, compleo, impero

b) Doppelpass. Spielt euch Imperfektformen zu, indem einer eine Imperfektform von velle und dann der Partner die entsprechende von posse bildet. Spielt dann ebenso Doppelpass mit aspicere – timēre und mit videre – narrare.

c) Dekliniere im Singular:
1. sol clarus 2. mors et dolor

d) Spürsinn gefragt
Suche alle Imperfektformen und übersetze sie:
audis – er kam – monebas – er trug – ducebamus – audiunt – ich wollte – er will – dubitabatis – er trank – trahimus – vocabas – er rief – scio – er schrie – er verkaufte – audiebant – sie fanden – mones – poterant – audio – ihr wollt – ihr wolltet – poteram – ihr trankt – ihr trinkt – errant – ihr konntet – ihr könnt – vocas – eram – erant – ducitis – trahebam

e) Am Ende von Geburtstagsreden heißt es oft:

Ad multos annos!

Was ist der Sinn eines solchen Redeschlusses?

f) Welche lateinischen Wörter erkennst du in den folgenden Fremdwörtern? Was bedeuten sie demnach?
1. antiquiert 2. partiell 3. variabel
4. regional 5. national

g) Was macht den Menschen aus?
1. Homines sumus, non dei.
2. Homines, dum docent, discunt (lernen).
3. Homo homini deus.

Kämpfende Gladiatoren im Circus. Römisches Mosaik. 4. Jh. n. Chr. Madrid, Museo Arqueológico Nacional.

Eindrücke in Pompeji – Leben und Sterben

25

E

1. Zosimus narrat: „Ego iam heri in vineam properavi.
2. Tum tu, Secunde, ad amicam tuam properavisti.
3. Magna multitudo servorum mecum in vineas properavit.
4. Nos in vinea vestra laboravimus.
5. Sed vos, pueri, ludos spectavistis et clamorem audivistis.
6. Servi tantum servi in vineis laboraverunt.
7. In sole laborare hodie mihi non placet; magis mihi placet iam heri laboravisse."

Ü

a) „hat" oder „ist"? Ergänze die Lücken:
   1. er … gekommen 2. er … gehört
   3. er … gegangen 4. er … gelaufen
   5. er … gezweifelt 6. er … gerufen

b) Ping-Pong. Zwei Spieler bilden abwechselnd Imperfekt und Perfekt zu folgenden Verbformen: ceno, cenamus, delectatis, delectant, erras, errat, intratis, intramus, impero, imperant, propero, properatis, audis, audiunt

c) Bringe die Reben in eine neue Form. Verwandle Imperfektformen ins Perfekt und übersetze deine neuen Gewächse:

d) Übersetze folgende Perfektformen:
   aedificavi, cenavisti, erravit, clamavimus, properavistis, cenaverunt, intravi, superavit, paravimus, audivisti

e) Ein Augenzeuge erzählt von Ereignissen im Amphitheater.
   1. Hodie gladiatores in arena (Arena) bestias superaverunt. Homines clamaverunt: „Gladiatores, leones superavistis! Vos amamus." 2. Itaque pars gladiatorum existimavit: „Quia in arena bestias superavimus, clari sumus."

I

Vesuv
Der Vesuv ist durch den Ausbruch (Eruption) von glühendheißer Lava entstanden, die schon mehrere Jahrtausende v. Chr. einen Vulkankegel von über 1000 Metern Höhe gebildet hat. Er war zur Zeit unserer Erzählung grün bewaldet. Ein heftiges Erdbeben kündigte bereits 62 n. Chr. einen folgenden Ausbruch an; es zerstörte große Teile Pompejis, sodass viele Gebäude auch 17 Jahre danach nicht völlig wieder hergestellt waren. Auf einen baldigen Ausbruch konnte plötzlicher Schwefelgeruch in Luft und Wasser hindeuten.

Riecht das Wasser gefährlich?

Es ist Vollmond. Bis in die Nacht hinein haben Secundus, Marcus und die drei Sklaven den Weinberg gegossen. Am Schluss sind alle erschöpft. Als Zosimus selber aus dem Brunnen trinkt, in dem das Wasser gesammelt wird, macht er plötzlich eine schreckliche Entdeckung.

Subito Zosimus clamavit: „Mirum! Quam mirum!" Pueri servum rogaverunt: „Quid mirum est, Zosime?" Zosimus: „Aqua! Aqua hodie olet[1]. Probate aquam! Fontes nostri antea semper boni erant. Hodie autem primum aqua olet: Putida[2] est ut sulpur[3]."

Nun nehmen auch die anderen einen Schluck Wasser und spucken es wieder aus.

5 Zosimus: „Etiam heri per urbem in montem properavi et vineas curavi, ut scis, Secunde." Secundus: „Sic est, ut mihi iam narravisti." Et amicus Zosimi: „Secunde, vos heri in urbe bene cenavistis; nos autem nihil cenavimus. Mihi non placet iam heri nihil cenavisse et nunc aquam putidam bibere."

10 Zosimus: „Tace de cibo, amice! Magno in periculo sumus! Mors in aqua est. Hic me nihil iam tenet." Subito sonum mirum et malum sub terra audiverunt. Zosimus: „Audisne? Monstrum antiquum evigilavit[4]. Terra se movet. Statim in urbem descendere debemus. An monstro sub oculos venire vultis?"

Entsetzt verneinen dies alle und rennen in die Stadt. Der Mond zeigt ihnen den Weg.

[1] olēre riechen, stinken
[2] pūtidus, a, um faulig
[3] sulpur Schwefel
[4] ēvigilāre aufwachen

a) 1. Stelle aus dem ersten Abschnitt die Verbformen zusammen, die im Präsens, Imperfekt und Perfekt stehen. Wofür wird das Perfekt verwendet? 2. Wodurch entsteht im ersten und dritten Abschnitt Spannung?

b) Abendliches Gespräch zwischen Sklaven. Setze ins Perfekt und übersetze:
Zoilus: „Hodie ad montem propero." Gripus: „Cur properas?" Zoilus: „Vineas curo. Multi servi ibi laborant. Diu ibi laboramus."

c) *plus* Zosimus berichtet seinem Herrn:
1. Gestern habe ich viele Stunden lang° gearbeitet. 2. Wir haben lange nichts gegessen. 3. Ich habe das Wasser der neuen Quelle geprüft. 4. Hast du mich gehört, Herr?

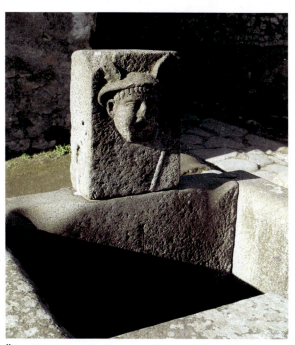

Öffentlicher Brunnen in der Via di Mercurio in Pompeji.

26

E Zosimus erzählt seinem Herrn Aulus voller Panik:

1. „O domine, numquam timeo, ut scis. Sed heri primum timui.
2. Monstrum heri me terruit.
3. Etiam amici mei monstrum timuerunt.
4. Nos cuncti monstrum timuimus – et adhuc timemus.
5. Laborare non iam potui, quamquam volui.
6. Nam heri in monte fui. In monte fuimus."
7. „Ubi heri fuisti? Ubi vos fuistis?"
8. Zosimus in monte fuit. Etiam pueri ibi fuerunt.
9. Lux lunae (Mond) pueris et servis ad-fuit:
10. Nox pueros non terruit. Nam luna caelo lucem praebuit.

Ü

a) Setze die Verbformen ins Perfekt:
   1. timeo, timemus, timetis, times
   2. mones, terretis, exercent, timent
   3. curas, existimant, praebent, taceo

b) Vom Perfekt in die Gegenwart.
   Beispiel: laudavi → laudare → laudo
   tacui, timuit, terruistis, praebuisti, fuisti, potuimus, voluerunt, de-fuit

c) „Können statt Sein". Bilde die entsprechenden Formen von posse. Beispiel: sum → possum
   es, sunt, sumus, estis, fui, fuerunt, fuistis

d) Der Schock des Zosimus
   1. Zosimus Aulo narravit: „Numquam aqua fontis putida (faulig) fuit. 2. Adhuc aquam fontis bibere potuimus. Heri autem aqua me terruit." 3. Aulo placuit verba Zosimi summis viris civitatis indicare.

e) Was könnte der Vesuv noch alles ausspucken? Bilde Perfektformen und übersetze sie:

Der Vesuvausbruch (1)

Den Ausbruch des Vesuvs erklären sich die Forscher heute so: Über längere Zeit hatte sich tief unter dem Vesuv eine riesige Kammer mit flüssigem Gestein (Magma) gebildet, die einen Raum von ca. 3600 Kubikkilometern umfasste. Der Druck in dieser Kammer stieg so stark, dass das Magma und heißer Dampf nach oben ausbrechen mussten. Nach der ersten Explosion stiegen die ersten Bimssteintrümmer mit Überschallgeschwindigkeit ca. 30 km in die Höhe. Es entstand eine gewaltige Wolke, die einen Bombenhagel von Bimssteinen entlud und stundenlang von unten Nachschub erhielt.

Pompeji in Panik

Zosimus hat seinem Herrn noch in der Nacht alles erzählt. Doch niemand will der Erzählung eines alten Sklaven glauben. Es ist bereits Mittag, da –

[1] mīlle
tausend

[2] columna
Säule

[3] ēvigilāre
aufwachen

Subito sonus mirus homines terruit: Vesuvius clamavit ut mille[1] leones. Cunctos homines timor tenuit. Mulieres statim timuerunt et clamaverunt: „Di magni!" Tum iterum tacuerunt, cum subito ad montem Vesuvium spectaverunt, unde magna columna[2] nigra se ostendebat; mox columna alta erat et ad caelum surgebat. Statim Zosimus Secundum tenuit: „Sic est, ut timui: Vesuvius evigilavit[3]."

Aus dem Vesuv stieg eine riesige schwarze Wolke auf. Sie dehnte sich nach Osten aus und verdunkelte die Sonne. Nach kurzer Zeit fielen die ersten Steinbrocken auf die Stadt.

Clamor hominum urbem complevit. Etiam Cloelia mater magna voce flevit: „O Aule, tectum et urbem relinquere debemus! Vesuvius iam multa tecta delevit." Serena, soror Secundi, clamavit: „O pater, lucem solis non iam video, quamquam nox nondum adest." Aulus: „Ego maneo. Nox et pericula me numquam terrere potuerunt." Priscus, quia Aulum servare voluit, fratrem monuit: „O Aule! Monstrum homines et oppida delere vult. Numquam in tanto periculo fuimus; neque tu in tanto periculo fuisti neque filii mei fuerunt. Cura tandem filios et salutem nostram! Salus nostra est – fuga."

Straßenszene in Pompeji in den ersten Minuten nach dem Einsetzen des Bimssteinregens. Aquarell von Peter Connolly.

a) 1. Welche Wörter drücken das Entsetzen der Menschen aus? 2. Womit wird die erste Explosion des Vesuvs verglichen?

b) *plus* Übersetze, was Secundus einige Tage später seiner Tante nach Capua geschrieben hat:
1. Große Götter! Die Sonne gab (praebēre; Perf.) kein Licht mehr (nicht mehr Licht). 2. Wir haben die Nacht gefürchtet. 3. Niemals sind wir in so großer Gefahr gewesen! 4. Aber Priscus war (Perf.) ein großer Mann und hat für° unsere Rettung (Akk.) gesorgt. 5. Er hat meinen Vater mit lauter Stimme ermahnt.

Eindrücke in Pompeji – Leben und Sterben

27

E
1. Sextus et Marcus adhuc liberi sunt.
2. Ludi liberos non delectant.
3. Gladiatores in castris se exercebant, armis pugnabant.
4. In urbe Pompeis saepe ludi erant.
5. Is est Diadumenus gladiator.
   Cuncti Pompeiani eum amabant.
   Sed gladium eius timebant.
6. Puellae Pompeianae ei dona praebebant.
   Gladiator eis placebat. Id cuncti Pompeiani sciebant.
7. Diadumenus in amphitheatro Pompeiorum pugnabat. In ea urbe saepe ludi erant.

Ü

a) Lückenlos. Ergänze und übersetze:
1. Sonus Vesuvii liber●● terruit. 2. Arm● gladiatorum vari● erant. 3. Gladiatores in magn●● castr●● se exercebant.

b) Dekliniere:
is sonus, is vir, is homo, id periculum, ea puella, ea urbs, ea regio, ea civitas, ea arma

c) Wer passt zu wem? Ordne das Pronomen den zwei passenden Substantiven zu:
1. puella, templa, dominus : ea
2. periculum, fuga, templum : id
3. servus, monstrum, amicus : is
4. verba domini, verba servae, verba dominorum : eius
5. clamor victorum, clamor hominum, clamor puellarum : eorum

d) Ersetze jeden fettgedruckten Begriff durch die zutreffende Form von is, ea, id und übersetze:
eius - eum - ei - eis - eam - ea - eis

1. Pueri **Zosimum** rogaverunt: „Ubi vineae **Auli** sunt? Ad vineas **Auli** properare volumus."
2. De vineis Auli Zosimus narravit: „Multos annos in **vineis** laborabam." 3. Pueri verba Zosimi audiverunt. **Verba** pueris placuerunt.
4. Zosimus pueros delectavit. **Pueris** magnum fontem monstravit (zeigen).
5. Zosimus: „Aqua fontis antea bona erat." Itaque **Zosimo** placebat **aquam** bibere.

e) Zum Nachdenken:
Vox populi vox dei.

Der Vesuvausbruch (2)
Als Stunden später der Druck in der Magmakammer nachließ, brach die Wolke in sich zusammen. Es bildeten sich tödliche Schwefeldünste und eine Glutlawine, die das letzte Leben in Pompeji auslöschte. Am Ende regnete es Asche; sie deckte die Stadt mit einer meterdicken Schicht zu. Seit ca. 250 Jahren wird die Stadt wieder ausgegraben. Etwa ein Viertel Pompejis liegt noch immer unter der Erde, die die Kunstwerke und die Toten Pompejis vor neuem Unheil schützt: vor der Luftverschmutzung im Golf von Neapel …

Eine Stadt wird begraben

Schon verdunkelte eine schwarze Wolke den Himmel. Unter der Last der ständig fallenden Bimssteinbrocken stürzten Dächer und Mauern ein, in der Stadt brach Chaos aus:

Matres patresque cum liberis urbem relinquere temptaverunt; liberi sine matribus per tenebras erraverunt, fleverunt, clamaverunt: „Mater, ubi es?" Multi homines iam sub muris vel lignis¹ iacuerunt.
Adhuc lapilli² de caelo cadebant. Quis tum hominibus miseris adfuit?
5 Gladiatores! In castris non manebant, sed homines miseros sine armis servare temptabant.

Sed audite de Prisco Popidio! Is familiam Auli servavit: Priscus ei imperavit: „Dic mihi, Aule: Cur manere vis? Serva filias parvas et Cloeliam Serenamque! Duc eas ex urbe! Relinque Pompeios!
10 Neque Secundus in urbe manere vult; veni cum eo cumque eis, veni nobiscum, sed fac cito³!" Tandem Aulus fratri paruit.
Cuncti Popidii id consilium Prisci laudaverunt. Carrus eius Popidios eorumque servos in regionem Nuceriae⁴ portavit eosque servavit.

Das bewahrte sie vor den glühenden Gasmassen, die am nächsten Morgen wie eine Feuerwalze über die Stadt rollten.

Plus quam mille⁵ Pompeiani post eam
15 noctem mortui erant. De morte eorum Sextus postea Aeliae matri narravit.
Si vos reliquias claras Pompeiorum oculis videre vultis, venite in regionem Vesuvii!

¹ lignum Balken
² lapillus kleiner Stein
³ cito schnell
⁴ Nūceria (die Stadt) Nuceria
⁵ plūs quam mīlle mehr als tausend

Gipsabguss von einem Opfer des Vesuvausbruchs.

a) 1. Sammle die Perfektformen des ersten Abschnitts, die im Plural stehen: Was drücken die verwendeten Verben aus? 2. Wodurch zeichneten sich die Gladiatoren in dieser Gefahr aus?

b) Setze die in Klammern stehenden Substantive in den richtigen Kasus:
1. Propter (reliquiae) in urbem venimus.
2. Gladiatores non iam in (castra) erant.
3. Ii (castra) sine (arma) relinquebant.
4. Timor (liberi) magnus erat; nam (tenebrae) timebant.

c) *plus* 1. Die Kinder Pompejis versuchten, ihre° Mütter in der Dunkelheit zu finden. 2. Gladiatoren eilten ohne Waffen aus dem Lager in die Stadt. 3. Aber die Menschen halfen (Perf.) ihnen nicht. 4. Ein großer Teil von° ihnen (Gen. Pl.) rettete (Perf.) nur sich selbst°. 5. Wer von° euch° konnte (Perf.) die Überreste dieser Stadt schon sehen?

Flucht vor dem Vesuv

Nur wenige Menschen schafften es, der Katastrophe zu entkommen. Der berühmteste Überlebende ist Plinius, der Jüngere. Allerdings erlebte er den Ausbruch des Vesuv nicht in Pompeji, sondern in Misenum, mehr als 30 Kilometer entfernt. In einem Brief beschreibt er, wie er gemeinsam mit seiner Mutter zu fliehen versucht.

„Ego cum matre in villa fui. Ibi iam multas horas terra se movebat. Sed quia motus terrae[1] timorem nostrum magis magisque augebat, oppidum relinquere non iam dubitavimus. Cum ex aedificio in viam properavimus, solem videre non iam potuimus: Nox, umbra, tenebrae
5 erant. Multa pericula spectavimus: Aedificia nutabant[2], caelum fulminibus micabat[3]. Viri, mulieres, liberi clamabant auxiliumque petebant. Statim ex oppido properavimus. In via multi homines erant. Sed nos viam relinquebamus, quia turba nos terrebat. Ad viam sedebamus mortemque exspectabamus. Multi familiam desideraverunt, multi
10 fleverunt. Alii[4] mortem non timuerunt, sed eam desiderabant, alii deos rogaverunt, alii clamaverunt: ‚Mors iam adest! Dei nobis non adsunt!' "

[1] mōtus terrae Erdbeben
[2] nūtāre schwanken
[3] fulminibus micāre von Blitzen aufleuchten
[4] aliī ... aliī die einen ... die anderen

In der Ferne können Plinius und seine Mutter große Feuer erkennen. Diese entstanden aus den „pyroklastischen Wellen" (gewaltigen Lawinen aus bis zu 500° C heißem Gas und vulkanischem Material, die mit fast 100 km/h auf die Städte am Vesuv zurasten); doch die beiden werden nur von Asche bedeckt. Nach einiger Zeit wird es wieder heller, sie kehren nach Misenum zurück, wo sie erfahren, dass der Onkel bei Stabiä umgekommen ist.

Angelika Kauffmann: Plinius der Jüngere mit seiner Mutter beim Ausbruch des Vesuvs in Misenum. 1785. Princeton, The Art Museum.

a) Suche alle Begriffe aus dem Text, die zeigen, wie der Vesuvausbruch auf die Menschen wirkt.

b) Belege, dass sich das Grauen und die Angst im Verlauf des Textes steigern.

c) Informiert euch anhand von Büchern, Filmen oder im Internet über den Vesuvausbruch 79 n. Chr. und stellt seine einzelnen Phasen und die Folgen für die umliegenden Städte vor. Präsentiert eure Ergebnisse in einer kleinen Ausstellung.

IX plus

a) Ad fontes. Nenne jeweils den Nominativ und Genitiv Singular:
homini, regionum, fontibus, soli, magnitudini, dolore, leone, imperatorum, gladiorum, partium, urbibus, mortem, civitatem, servitutem, potestatibus

b) Die Frau ersetzt den Mann.
Ersetze vir durch mulier und verändere das Adjektiv entsprechend:
vir bonus, vir magnus, lacrimae viri miseri, honor viri boni, aedificium viri liberi, multi viri, viri nigri, honor virorum clarorum, viros claros laudamus, cum viris liberis

c) Ordne die Adjektive zu und übersetze:
magnum - magnus - pulchrae - novum - misera - liberi - magna

1. Vita servorum [?] est. 2. Gaudium (Freude) puerorum [?] est. 3. Mulieres [?] sunt. 4. Servi [?] non sunt. 5. Ornamentum templi [?] est. 6. Amor Primigeniae [?] est. 7. Potestas senatorum [?] est.

d) Ergänze im richtigen Kasus:
ex (castra) - sine (arma) - sine (dolor) - sine (salus) - sine (periculum) - ad (amici) - ad (urbs) - cum (amici) - cum (multi homines) - de (murus)

e) Erkläre die Redewendung:
   Nihil sub sole novum (est).

f) Welche lateinischen Wörter erkennst du in den folgenden Fremdwörtern? Was bedeuten diese Fremdwörter?
1. Relikt 2. Monster 3. Vokal

g) Stelle alle bisher gelernten lateinischen Wörter zusammen, die zu den Sachfeldern „Gefahr, Schrecken" und „Rettung, Hilfe" zählen.

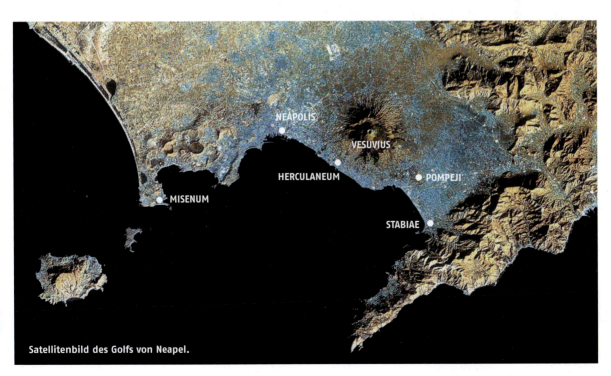

Satellitenbild des Golfs von Neapel.

Eindrücke in Pompeji – Leben und Sterben

Sagenhafte Helden – Herkules und Äneas

Durch den Ausbruch des Vesuvs ging nicht nur Pompeji, sondern auch die Nachbarstadt Herkulaneum zugrunde. In diesem Ort ist die Geschichte der folgenden Kapitel angesiedelt, die allerdings vor dem Unglück spielt: Der junge Valerius besucht in Herkulaneum seinen Onkel Titus, der ihn durch das Städtchen führt, um ihm dessen Sehenswürdigkeiten vorzuführen. Unweigerlich kommt der Onkel dabei auf den sagenhaften Gründervater und Namensgeber von Herkulaneum zu sprechen: Herkules. Mit ihm begegnet ihr einer wichtigen Gestalt aus der Sagenwelt des antiken Mythos.

Mythos — *fundamentum*

Unter Sagen oder Mythen versteht man Erzählungen, mit denen sich Menschen vor dem Aufkommen von Wissenschaft und Geschichtsforschung die Entstehung und das Wesen der Welt, der Götter und Menschen und die Urgeschichte zu erklären versuchten. Es handelt sich dabei also um Erfindungen der Fantasie, nicht um Ereignisse, die tatsächlich stattgefunden haben.

1 Szenenbild aus dem Disney-Trickfilm „Hercules". USA 1997.
2 Pompeo Batoni: Herkules als Kind, die Schlangen erwürgend. 1743. Florenz, Galleria d'Arte Moderna.
3 Herkules bekämpft den dreiköpfigen Riesen Geryoneus. Griech. Vasenmalerei. 6. Jh. v. Chr.
4 Pietro Benvenuti: Herkules am Scheidewege. 1828. Florenz, Palazzo Pitti, Sala di Ercole.
5 Griech. Silbermünze mit dem Porträt Alexanders des Großen als Herkules. Um 300 v. Chr.
6 Herkules nähert sich dem Höllenhund Zerberus, Griech. Vasenmalerei. 6. Jh. v. Chr. Paris, Musée du Louvre.
7 Gianlorenzo Bernini: Äneas flieht mit seinem Vater und seinem Sohn aus dem brennenden Troja. 1618/19. Rom, Galleria Borghese.

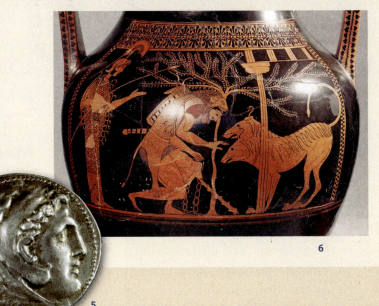

Herkules *fundamentum*

Herkules, so erzählte man sich, sei ein Sohn des Jupiter und der Menschenfrau Alkmene gewesen. Da Juno, die eifersüchtige Frau des Jupiter, den Seitensprung ihres Mannes nicht ertragen konnte, versuchte sie, Herkules zu töten, indem sie ihm an seine Wiege zwei Schlangen schickte. Doch Herkules zeigte seine göttliche Herkunft bereits als Säugling, indem er die Schlangen erwürgte.

Auch später machte Juno dem Herkules das Leben schwer. Im Dienste seines Cousins Eurystheus musste er schwere Arbeiten bewältigen, die als die „Zwölf Arbeiten des Herkules" berühmt geworden sind, wie etwa die Tötung der vielköpfigen Schlange Hydra und die Reinigung des Augiasstalles. Herkules war im Altertum in allen Bevölkerungsschichten ein sehr beliebter Held. Durch die Überwindung von Ungeheuern verschiedenster Art galt er als Wegbereiter für die Ausbreitung der Zivilisation. Aufgrund seiner Stärke und seiner Siege war er auch Vorbild für die Sportler, insbesondere für Schwerathleten wie Ringer oder Faustkämpfer. Seine Doppelrolle als Held und Gott machte ihn zum Vorbild für viele Herrscher, die sich nach Art des unbesiegbaren Helden porträtieren ließen, z.B. für den berühmten Makedonenkönig Alexander den Großen. Bekannt ist die berühmte Geschichte von „Herkules am Scheideweg": Einst soll der junge Herkules an einer Weggabel zwei Frauen begegnet sein. Auf dem einen Weg stand eine Frau, die das Glück verkörperte. Sie trug verführerische Kleidung und prächtigen Schmuck und versprach Herkules ein angenehmes, sorgenfreies Leben ohne Mühen. Die Frau auf dem anderen Weg war die Tugend. Sie trug ein züchtiges Kleid und stellte ihm in Aussicht, durch ein hartes und entbehrungsreiches Leben zu Ruhm und wahrem Glück zu gelangen. Vor die Wahl gestellt, entschied sich Herkules für den steinigen Weg der Tugend.

Äneas *fundamentum*

So wie Herkules als Gründer von Pompeji und Herkulaneum galt, wurde der Trojaner Äneas als der sagenhafte Stammvater des römischen Volkes angesehen. Er floh mit seinem Vater Anchises und seinem Sohn Askanius aus der Stadt Troja, die die Griechen erobert hatten, und segelte nach Italien, um dort für die Flüchtlinge eine neue Heimatstadt zu gründen. Tatsächlich sahen sich die alten Römer als Nachfahren des Äneas und seiner Trojaner.

Doch lest selbst von den Abenteuern des Herkules und des Äneas ...

28

E

1. Popidii in urbe non manserunt.
2. Priscus eos ex urbe duxit.
3. Equi carrum traxerunt.
4. Itaque Popidii vitam non amiserunt.
5. Aulus fratri dixit:
6. „Consilium bonum dedisti."
7. Subito Zosimus: „Auxilium! De carro cecidi."
8. „Brrr!" Iam equi in via steterunt.
9. Etiam Zosimus iam stetit – et risit.

Ü

a) Ergänze und setze die Tabelle fort:
mansi - dixi - risi - duxi - steti - amisi - traxi - dedi - cecidi

Perf.-Stamm	Präs.-Stamm	Inf. Präs.
mans-	mane-	manere
dix-	dic-	...
ris-	...	...

b) Ein, zwei oder drei Buchstaben sind von der Asche des Vesuvs verschüttet. Ergänze sie und übersetze die Formen:
1. ami✱erunt, c✱cidimus, du✱istis, ri✱imus 2. ✱e✱iderunt, di✱✱sti, tr✱✱i, d✱d✱t 3. di✱✱✱unt, tra✱✱✱tis, st✱✱✱mus, man✱✱✱ti

c) Bilde jeweils die verlangte Form im Perfekt und übersetze diese:
amittere (3. Pl.) - ridere (2. Pl.) - dare (1. Sg.) - cadere (1. Pl.) - dicere (1. Sg.) - cadere (2. Pl.) - trahere (3. Sg.) - stare (2. Sg.)

d) Bestimme die Verbform und bilde die entsprechenden Formen in den anderen Tempora:
dico - ridebant - dat - traxisti - tenebamus - audiunt - rogatis - manes - duxerunt - cadit - superavi - scio - praebebamus - amisistis

e) Keine Rettung
1. Magna copia lapillorum (kleiner Steine) de caelo cecidit. 2. Multi Pompeiani periculum timuerunt et in urbe manserunt. 3. Dixerunt: „Multi lapilli in tecta ceciderunt, sed aedificia nos servant." 4. Itaque multi etiam bestias in aedificia duxerunt. 5. Mox autem non solum homines, sed etiam bestiae vitam amiserunt.

Herkulaneum

Herkulaneum war eine kleinere Nachbarstadt von Pompeji, die ihrem Namen und der Sage nach von Herkules gegründet worden sein soll. Tatsächlich aber haben Griechen das Städtchen gegründet und den Kult um den berühmten Halbgott mitgebracht. Anders als Pompeji wurde Herkulaneum beim Vesuvausbruch unter einer dichten Decke aus Lava und Schlamm begraben, sodass selbst leicht verrottende Materialien wie Holz und Papyrus erhalten geblieben sind.

Der Senator Marcus Nonius Balbus – einer der einflussreichsten Einwohner und Förderer von Herkulaneum. 1. Jh. n. Chr. Neapel, Museo Archeologico Nazionale.

Herkules und der gefährliche Löwe

Ein Jahr vor dem Vesuvausbruch ist der junge Valerius zu Besuch bei seinem Onkel Titus, der ihm und einem anderen Gast namens Numerius die Sehenswürdigkeiten des Städtchens Herkulaneum zeigt.

Valerius: „Libenter apud te mansi, quia monumenta oppidi videre volui. Multa monumenta, ut ego sentio, aspeximus. De eis monumentis mihi iam scripsisti. Sed responde mihi, Tite: Cur nos ad oram duxisti?"

Titus: „Magnum studium vestrum sensi. Nonne de consilio meo dixi?
5 Nunc vobis statuam Marci Noni Balbi[1] ostendere volo. Ecce! Is senator clarus oppidum nostrum auxit."

Als sie vor der Statue stehen, weist Titus auf ihre Löwenkopf-Verzierungen hin und erzählt, dass sie auf eine Heldentat des Herkules anspielen:

„In oppido Nemea[2] timor homines miseros torsit, quia magnus leo in silvis errabat. Itaque ad Herculem nuntios miserunt. Is autem
10 hominibus consilium non dedit: In silvas properavit et mox ante monstrum stetit. Statim leo Herculem temptavit. Etsi Hercules primo titubavit[3], in terram non cecidit. Clavam[4] in leonem misit – et monstrum occidit: Leo
15 vitam amisit. Tum Hercules leonem mortuum in oppidum traxit; hominibus dixit: ‚Videte leonem mortuum! Clava mea eum superavi.' Homines responderunt: ‚Gratiam tibi habemus; nos enim ab eo monstro liberavisti.' Riserunt
20 et viro claro libenter honorem praestiterunt."

[1] Marcus Nōnius Balbus: Wohltäter der Stadt Herkulaneum

[2] Nemea Nemea (Stadt in Griechenland)

[3] titubāre taumeln

[4] clāva Keule

Herkules ringt mit dem Nemeischen Löwen. Griechische Vasenmalerei. 6. Jh. v. Chr. Berlin, Antikensammlung.

Titus erklärt, dass die Löwenköpfe auf der Statue den Balbus als zweiten Herkules ehren, weil er durch seine Bauten an den Gründer Herkulaneums erinnerte.

a) 1. In wie viele Teile lässt sich der Text gliedern? Achte dabei auf die am Gespräch beteiligten Personen. 2. Welche Wörter kommen in den verschiedenen Teilen des Textes besonders häufig vor? Versuche, Rückschlüsse auf seinen Inhalt zu ziehen.

b) Nicht vergessen!

Repetitio (Wiederholung) est mater studiorum.

c) *plus* 1. Die Menschen haben das Engagement des Balbus wahrgenommen. 2. Deshalb haben sie ihm große Ehren erwiesen (gewährt). 3. Sie haben nämlich das Forum mit° einer Statue (Abl.) des Balbus ausgestattet. 4. Immer wenn die Menschen das Denkmal erblickten, lachten (Perf.) sie. 5. Auch wenn der bedeutende Mann das Leben verloren hat, ist sein° Ruhm (glōria) niemals untergegangen.

Sagenhafte Helden – Herkules und Äneas

29

E

1. Homines leonem timebant. Itaque Hercules ad eos vēnit.
2. Mox monstrum invēnit et cum eo pugnavit et id interfēcit.
3. Multi homines pugnam Herculis vīderunt.
4. Animus viri homines mōvit.
5. Tum Hercules pellem (Fell) leonis cēpit eamque regionem relīquit.
6. Homines rogabant: „Unde is vir vēnit? Descenditne de caelo?"

Ü

a) Präsens, Perfekt oder beides?
1. veniunt, venit, venerunt, venimus, venio, venisti, veni, venitis
2. descenderunt, descendisti, descendit, descendo, descendimus, descenditis, descendunt, descendi, descendistis, descendis

b) Welche Formen sind Perfektformen und erhalten deshalb im Wortstamm ein Längenzeichen?
movimus - cepimus - videt - vidisti - capiunt - reliquimus - invenerunt - venitis

c) Irrläufer
1. invenis - invenisti - invenistis - invenerunt
2. amavi - intravi - erravi - movi
3. vēnit - audit - sentit - scit
4. descendi - descendistis - descendis

d) Ein berühmter Ausspruch – von wem stammt er?
Veni, vidi, vici.

Eurystheus
Zeus (lat. Iuppiter) hatte mit der Menschenfrau Alkmene einen gemeinsamen Sohn, Herkules. Obwohl Zeus ihn als künftigen König über die griechische Stadt Mykene ausersehen hatte, sorgte seine eifersüchtige Frau Hera dafür, dass Eurystheus, der Halbbruder des Herkules, Herrscher über Mykene wurde. Allerdings musste dieser dafür zeitlebens Herkules als Konkurrenten um den Thron fürchten. Um Herkules loszuwerden, trug Eurystheus ihm die berühmten zwölf Arbeiten auf, unter anderem die Reinigung des Augiasstalles.

e) Tempusreihen. Bilde die verlangte Form im Präsens, Imperfekt und Perfekt:
videre (1. Pl.) - relinquere (2. Pl.) - descendere (3. Sg.) - movere (1. Sg.) - capere (3. Pl.) - invenire (2. Sg.)

f) Gefährliche Vögel

Albrecht Dürer: Herkules erlegt die Stymphalischen Vögel. 1500. Nürnberg, Germanisches Nationalmuseum.

1. Hercules etiam in regionem Stymphaliam (der Stadt Stymphalos) vēnit. 2. Ibi monstra invēnit. 3. Nam aves (Vögel) miras vīdit; eae homines et bestias interficiebant. 4. Timor hominum virum mōvit. 5. Itaque eam regionem non relīquit, sed hominibus adfuit. 6. Aves non cēpit, sed armis eas interfēcit. 7. Homines gaudebant: „Tu ut deus ad nos descendisti et nobis adfuisti."

Perfekt (Dehnung / ohne Stammveränderung)

Herkules und der Stall des Augias

Titus, Valerius und Numerius betreten nun die Basilika von Herkulaneum, die der Senator Balbus mit prächtigen Bildwerken zum Leben des Herkules hat ausstatten lassen.

Amici in basilicam venerunt. Ibi sederunt et verba Titi audiverunt.
Titus: „Ecce imaginem[1], amici! Homines hic Herculem laudant:
‚O Hercules, vir clarus es: Ad leonem venisti, eum vidisti et statim vicisti!'"

5 Valerius: „Profecto Hercules vēnit, vīdit, vīcit – leonem interfecit."
Titus: „Ita est. Et ecce: In ea imagine Herculem et Augiam regem videtis. Augias rex Herculi dixit: ‚Ades mihi, Hercules! Pater multos tauros[2] pulchros mihi reliquit. Sed propter magnam copiam fimi[3] stabulum[4] intrare vix possum. Auxilium nondum inveni. Tu iam multa
10 claraque facta fecisti: Itaque age tauros e stabulo et purga[5] stabulum!'"

Titus deutet auf ein zweites Bild, das den Herkules zeigt, wie er durch einen Graben Wasser von dem Fluss Alpheus abzweigt und in den Stall des Augias einleitet:

Titus: „Comprehendisne? Specta: Hercules primo tauros magna voce e stabulo egit, tum ad Alpheum[6] descendit. Ibi aquam a fluvio ad stabulum duxit. Comprehendistisne, amici? Hercules
15 primo consilium cepit, tum egit: Aquam in stabulum vertit – ita stabulum purgavit."
Valerius: „Ah ... verba tua me moverunt – et fabulam nunc
20 tandem comprehendi: Hercules non tantum vi[7], sed ingenio vicit."

[1] imāgō, inis Bild
[2] taurus Stier
[3] fimus Mist
[4] stabulum Stall
[5] pūrgāre reinigen
[6] Alphēus Alpheus (Fluss in Griechenland)
[7] vīs Kraft *(Abl. vī)*

Herkules reinigt den Stall des Augias mit Hilfe seiner Schutzgöttin Athene. Figuren vom Zeustempel in Olympia. Um 460 v. Chr. Olympia, Museum.

a) 1. An welchen sprachlichen Auffälligkeiten zeigt sich die Bewunderung der Sprecher für Herkules? 2. In Z. 5 wird auf einen berühmten Ausspruch angespielt. Wie heißt er im Original? 3. Herkules erscheint auf Bildern meist als muskelbepackter Kraftprotz. Wie wird er in T dargestellt?

b) *plus* 1. Die Taten des Herkules haben uns immer beeindruckt. 2. Denn er hat mit großer Tapferkeit viele Ungeheuer getötet. 3. Warum hat er oft gesiegt? 4. Jetzt habe ich es° begriffen: Herkules hat zuerst die Angst besiegt. 5. Dann hat er einen Plan gefasst.

Sagenhafte Helden – Herkules und Äneas

30

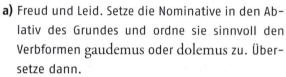

E
1. Augias rex auxilio Herculis gaudebat.
2. Augias stabulo (Stall) dolebat.
3. Hercules tauros (Stiere) e stabulo egit.
4. Iam stabulum a tauris liberum fuit.
   Sed stabulum nondum fimo (Mist) liberum fuit.
5. Primo Hercules aquā caruit, tum fluvium ad stabulum vertit.
6. Augias: „Diu dolui. Nunc tandem gaudeo. Eā horā laetitia mea magna est."

Ü

a) Freud und Leid. Setze die Nominative in den Ablativ des Grundes und ordne sie sinnvoll den Verbformen gaudemus oder dolemus zu. Übersetze dann.
salus amicorum - auxilium deorum - nuntii mali - magnus animus - lacrimae amicarum - magna iniuria - donum pulchrum

b) Wahr oder falsch? Übersetze und entscheide:
1. Augias auxilio caruit. 2. Augias laetitia caruit. 3. Augias tauris (Stiere) non caruit. 4. Augias tauris caruit. 5. Augias stabulis (Ställe) caruit. 6. Augias bono consilio caruit.

c) Stimmt diese Erfahrung?
   Nocte latent fures.

d) Bilde je einen Ablativ der Zeit und übersetze:
1. annus novus 2. ea hora 3. multae horae
4. ceteri anni 5. eae noctes

e) Menschenfresser
1. Diomedes rex equos miros habuit: Monstra erant. 2. Nam quia cibo carebant, homines interficiebant. 3. Ita equi cibo non iam caruerunt. 4. Rex autem iis equis gaudebat. 5. Hercules morte hominum doluit. 6. Equos e stabulo (Stall) ad oram duxit: Ibi Diomedem interfecit eumque equis dedit. 7. Eā horā dominus equorum cibus eorum fuit.

Charon bringt die Seelen der Verstorbenen in die Unterwelt. Römisches Relief. Um 250 n. Chr. Rom, Vatikanische Museen.

I

Die Unterwelt
Die Römer glaubten, dass die Menschen nach dem Tod in die Unterwelt kämen. Zunächst mussten sie am Ufer des Unterweltsflusses Styx warten, bis der Fährmann Charon sie an das andere Ufer ins Totenreich brachte. Dort mussten sie sich vor drei Unterweltsrichtern für ihre Taten verantworten. Brave Menschen durften dann im sog. Elysium, dem Reich der Seligen, ein glückliches Leben führen, während die Menschen, die zu Lebzeiten Böses getan hatten, in den Tartarus verbannt wurden, wo sie schwere Strafen verbüßten.

Herkules im Reich der Toten

Titus erzählt weiter: Einmal hatte der König Eurystheus Angst, dass Herkules ihm die Herrschaft streitig machen werde …

Eurystheus rex gaudebat, quod magnum imperium tenebat. Sed ingenio Herculis non gaudebat, immo¹ ingenio eius laborabat. Quia gloriā² Herculis doluit, amicis dixit: „Potestatem eius delere debeo."
Diu rex consilio carebat, tandem dolum invenit: Consilium cepit
5 Herculem in pericula nova mittere et virum ita interficere. Itaque dixit: „Audi, Hercules! Visne cunctis laboribus liber esse? Tum praesta mihi novum officium!"

Eurystheus beauftragt Herkules, den Höllenhund Zerberus zu holen.

Hercules eo anno iam clarus erat; tamen regi paruit et nocte cum Mercurio deo ad inferos³ descendit. Paulo post ad Plutonem venit.
10 Is autem Herculem ab inferis prohibere voluit. Itaque Cerberum misit. Etsi bestia magnos dentes⁴ ostendit, Hercules liber a timore fuit: Cerberum non interfecit, sed monstrum in vincula dedit⁵ et ex inferis traxit. Sic se a periculo servavit. Prima luce cum Cerbero ante Eurystheum regem stetit.
15 Statim magnus timor Eurystheum cepit – sed eā horā comprehendit: Hercules cuncta officia praestare potest.

¹ immō
  im Gegenteil
² glōriā
  Ruhm
³ īnferī, ōrum
  Unterwelt
⁴ dēns, dentis
  Zahn
⁵ in vincula dare
  fesseln

Herkules bringt den Zerberus zu Eurystheus.
Unteritalische Vasenmalerei.
Um 540 v. Chr. Paris, Musée du Louvre.

a) 1. Schreibe vor der Übersetzung von T die Subjekte und Prädikate aus jedem Satz von Z. 1–5 heraus (mit Ausnahme der Formen von esse). Versuche daraus den Handlungsverlauf zu erschließen. 2. Erschließe aus T, wovor sich König Eurystheus fürchtet. Wie versucht er sein Problem zu lösen?

b) Schreibe alle Ablative aus T in dein Heft und bestimme, ob es sich um einen Ablativ der Zeit, des Grundes oder der Trennung handelt.

c) *plus* 1. Bei Tagesanbruch ruft die Mutter: „Eilt in die Schule, Jungen und Mädchen!" 2. Die Kinder aber sagen: „Nachts haben wir nicht schlafen (dormīre) können. 3. Immer nämlich ermahnen uns die Lehrer. 4. Niemals sind wir frei von Pflichten und Arbeiten." 5. Mutter hat gelacht und gesagt: „Freut euch über° die Schule (Abl.)! Dort erwarten euch die Freunde!"

Die Hydra von Lerna

T

Herkules tötete nicht nur den Nemeischen Löwen und reinigte den Stall des Augias, sondern bekam es zusammen mit seinem Gefährten Iolaos auch mit einer Wasserschlange (Hydra) zu tun:

Quia Hercules leonem interfecit, Eurystheus rex statim novum negotium invenit. Itaque nocte Herculem vocavit et imperavit: „Audi, Hercules! Regionem Lernaeam[1] petere debes! Nam ibi Hydra latet et regionem terret et torquet. Iam multi homines miseri vitam
5 amiserunt. Tu bestiam interficere et homines a timore liberare debes."

[1] Lernaeus lerneisch, von Lerna (griech. Stadt)

Diese Hydra, so erklärt Eurystheus, sei eine Wasserschlange. Sie habe mehrere Köpfe, angeblich neun, von denen einer unsterblich sei. Die Hydra spucke giftigen Atem und töte alle, die ihr zu nahe kämen, durch ihren Gifthauch.

Hercules statim bestiam superare voluit. Itaque ea nocte cum Iolao amico in regionem Lernaeam
10 properavit. Paulo post Hydram invenerunt; nam monstrum non latebat. Sine timore Hercules arma cepit, Iolaus in monte equos
15 tenuit; tum Hercules bestiam gladio temptavit. Sed quamquam Hercules monstrum saepe temptabat, Hydram neque superare
20 neque interficere poterat. Cum enim caput[2] monstri percutiebat[3], nova capita apparebant[4]. Hercules clamavit: „Iolae! Ades mihi! Non solum virtute, sed etiam dolo pugnare debemus: Tu capita flammis[5] delere debes!" Iolaus paruit et ita capita Hydrae interfecit. Tandem Hydra occidit.

Herkules und die Hydra von Lerna. Griechische Vasenmalerei. Um 480 v. Chr. Palermo, Archäologisches Nationalmuseum.

[2] caput, itis *n* (*Pl.* capita) Kopf
[3] percutere abschlagen
[4] appārēre erscheinen
[5] flamma Flamme

Herkules schlug der Hydra die Köpfe ab, Iolaos brannte mit einer Fackel die Wunden aus, sodass keine neuen Köpfe nachwachsen konnten.

V

a) Suche vor der Übersetzung von T die Subjekte und Prädikate der Hauptsätze heraus und stelle eine Liste zusammen mit den Überschriften „Wer handelt?" und „Was tut er?" An welchen Stellen musst du die Objekte mit hinzunehmen? Erschließe anhand dieser Liste den Inhalt des Textes.

b) Eurystheus hat dem Herkules diese Arbeit nicht angerechnet. Wie könnte er das begründet haben? Diskutiert, ob er dies zu Recht getan hat.

a) Übersetze und entscheide an den unterstrichenen Stellen jeweils, ob ein Ablativ des Grundes, der Trennung oder der Zeit vorliegt:
1. Eurystheus rex dixit: „Eo anno Hercules multa monstra vicit. 2. Numquam virtute carebat. 3. Semper se a periculis servavit. 4. Laboribus eius non gaudeo. 5. Timeo Herculem et virtute eius doleo."

b) Doppelpass. Spielt euch Perfektformen zu, indem einer eine Perfektform von ridere und dann der Partner die entsprechende von ducere bildet. Spielt ebenso Doppelpass mit dare - praestare und videre - venire.

c) Ein- oder zweideutig? Welche Formen stehen nur im Perfekt, welche können auch Präsens sein?
vicit - vertit - sedit - sensit - descendit - descendistis - egerunt - descendimus

d) Perfekt oder Imperfekt? In jedem Satz muss eine Form des Perfekts und eine Form des Imperfekts stehen. Entscheide und übersetze:
1. Hercules Cerberum (vincebat / vicit), quia pericula magna non (timebat / timuit).
2. Quamquam monstrum (valebat / valuit), Hercules id (superabat / superavit).
3. Cerberus tenebras (amabat / amavit), sed Hercules eum ad lucem (trahebat / traxit).

e) Buchstabensalat! Bilde mit folgenden Buchstaben so viele Formen von esse wie möglich. Mehrfachverwendung ist erlaubt.
A - U - F - R - I - S - T - E - N

f) Erkläre die Begriffe und ihre Herkunft.
1. Fontäne 2. Reliquie 3. Paternoster 4. Fabel 6. etc. (et cetera) 6. A. D. (Anno Domini)

g) Freie Auswahl! Bilde zu jeder Art der Perfektbildung zwei Perfektformen:

h) Unterwegs in Italien, Frankreich und Spanien. Nimm die folgenden Vokabeln mit auf die Reise:
amare - bonus, a, um - annus - multus, a, um - gratia - te

1. Wann hört man in Frankreich den Ausspruch *Bonne année*? 2. Wann sagt man in Italien *Ti amo*? 3. Und was bedeutet in Spanien *Muchas gracias*?

i) Viele Herrscher haben sich als Herkules darstellen lassen. Überlege dir Gründe dafür und suche weitere Beispiele (auch mit Hilfe des Internets).

Der Sonnenkönig Ludwig der XIV. (König von Frankreich 1643-1715) als Herkules. Relief 1674. Paris, Porte Saint-Martin.

Sagenhafte Helden – Herkules und Äneas

31

E 1. Troiani (die Trojaner) vident: Graeci (die Griechen) veniunt.
   Troiani Graecos venire vident.
2. Troiani vident: Graeci urbem temptant.
   Troiani Graecos urbem temptare vident.
3. Troiani sciunt: Murus urbem servat.
   Troiani murum urbem servare sciunt.
4. Troiani sciebant: Murus urbem servat.
   Troiani murum urbem servare sciebant.
5. Audimus: Graeci urbem dolo superaverunt.
   Audimus Graecos urbem dolo superavisse.
6. Audivimus: Graeci urbem dolo superaverunt.
   Audivimus Graecos urbem dolo superavisse.

Ü a) Priamus, der König von Troja, sieht von der Stadtmauer herab.
   Verwandle jeweils in einen AcI und übersetze.
   Priamus videt:
   1. Graeci e castris veniunt.
   2. Troiani urbem reliquerunt.
   3. Graeci cum Troianis pugnant.
   4. Periculum magnum est.

b) Kampfgetümmel! Ordne die Wörter so, dass Sätze mit AcI entstehen, und übersetze.
   1. properare ex Troianos vident urbe Graeci.
   2. Troianos rex Graecos gaudet urbis temptare.

c) Achill und sein Freund Patroklos
   1. Troiani viderunt Achillem (Achillēs, is: Achill) non iam pugnare. 2. Itaque consilium ceperunt Graecos temptare. 3. Scimus Troianos multos Graecos interfecisse et ad castra eorum venisse. 4. Tum Patroclus, amicus Achillis, arma eius cepit et Troianos temptavit; primo ii nesciverunt Patroclum pugnare; itaque Achillem falsum (falsch) timuerunt. 5. Mox autem viderunt eum virum Achillem non esse eumque interfecerunt.

d) Bedenkenswert:
   Scio me nihil scire.

I **Der Krieg um Troja**
Der griechische Dichter Homer erzählt in der *Ilias* von den Kämpfen um die Stadt Troja, die im Nordwesten der heutigen Türkei lag. Grund für den Krieg war der Raub der schönen Griechin Helena durch den Trojanerprinzen Paris. Menelaos, der betrogene Ehemann der Helena, trommelte eilends ein riesiges Heer der Griechen zusammen und segelte mit einer Flotte nach Troja, um sich an Paris zu rächen. Mit dabei auf Seiten der Griechen waren berühmte Helden wie Agamemnon, der Bruder des Menelaos, sowie Odysseus und Achill. Zehn Jahre tobte der Krieg vor den Mauern Trojas schon, als es zur entscheidenden Wende kam …

Der Anfang vom Ende Trojas

Tag für Tag fürchten die Trojaner einen Großangriff der Griechen. Doch eines Morgens …

Subito Troiani virum clamare audiunt: „Venite ad muros, Troiani! Video oram a Graecis vacuam[1] esse. Videte! Graeci non iam adsunt. Nonne videtis Graecos non iam adesse? Puto Graecos nunc in patriam properare. Certe sciunt Troianos semper victores in bello esse. Quin
5 ad oram descenditis?"
Troiani paulatim ex urbe cesserunt et oram petiverunt. Paulo post in ora constiterunt.

Dort sehen sie das verlassene Lager der Griechen und ein riesiges hölzernes Pferd. Einer der Trojaner ruft:

„Puto Graecos nobis id donum pulchrum reliquisse. Quin equum in urbem trahimus?" Subito aliam vocem audiverunt: „Ei monstro urbem
10 nostram intrare non licet!" Troiani animadverterunt Laocoontem, virum honestum, ea verba dixisse. Laocoon: „Nonne dolos et iniurias Graecorum scitis? Timeo Graecos, etsi dona nobis relinquunt. Sentio in eo equo dolum latere." Constat verba Laocoontis Troianos non movisse. Scimus eos equum in urbem traxisse. Nesciebant enim in equo viros
15 Graecos latere.

[1] vacuus ā *m. Abl.* frei von

Die griechischen Soldaten verließen nachts das Pferd, lockten mit Feuerzeichen ihre Landsleute herbei, die sich in der Nähe versteckt hielten, und öffneten die Stadttore. So schafften die Griechen das, was ihnen zehn Jahre lang nicht gelungen war: Sie eroberten Troja – in einer einzigen Nacht!

Szenenbild aus dem Spielfilm „Troja". USA 2004.

a) 1. Wo sind überraschende Momente im Text? Wie werden sie sprachlich ausgedrückt?
2. Was versteht man im Computerbereich unter einem „Trojanischen Pferd"? Wie kam es wohl zu diesem Begriff?

b) *plus* 1. Laokoon glaubte (Perf.) zu Recht, dass das Pferd eine List der Griechen war (Inf. Präs.). 2. Es ist bekannt, dass die Trojaner ihn ausgelacht haben. 3. Plötzlich aber bemerkten (Perf.) sie, dass eine Schlange (serpēns, serpentis) das Wasser verließ (Inf. Präs.) und den Laokoon tötete (Inf. Präs.). 4. Da glaubten alle Trojaner, dass die Götter diese Schlange geschickt haben.

Sagenhafte Helden – Herkules und Äneas

32

E Während Troja in Flammen stand, floh Äneas (Aenēās) mit seinem Vater Anchises (Anchīsēs, -ae), seinem Sohn Askanius (Ascanius) und seiner Gattin Krëusa (Creūsa) aus der Stadt.

1. Aeneas se e periculo servavit.
2. Novam patriam sibi petivit.
3. Secum etiam filium suum eduxit.
4. Ita vitam suam et vitam eius servavit.
5. Sed scimus eum Creusam amisisse.
6. Tamen Aeneas se filium servavisse gaudebat.
7. Aeneas et Ascanius se etiam avum servavisse gaudebant.

Ü

a) Zerlege die Wort-Säule weiter in ihre Bestandteile.

b) In welchen Verben ist das deutsche „sich" bereits enthalten? Bei welchen muss se noch ergänzt werden?
studere - movere - properare - surgere - liberare - gaudere - laborare - desiderare - servare - consistere - delectare

c) Großvater, Sohn und Enkel: Anchises, Äneas und Askanius – sie sind gerettet; nur Krëusa, die Frau des Äneas, fehlt. Übersetze und gib jeweils in Klammern an, wer mit suus, -a, -um und eius gemeint ist.
1. Ascanius matrem suam desiderat.
2. Aeneas matrem eius flet; uxorem suam flet. 3. Anchises uxorem eius ut filiam suam amavit. 4. Ascanius patrem suum et patrem eius, avum suum, delectat.
5. Aeneas patrem suum, avum eius, curat.
6. Anchises, pater eius, non valet. Mortem suam exspectat.

d) Äneas – glücklich und unglücklich zugleich. Übersetze und entscheide jeweils, welches Pronomen richtig ist:
1. Aeneas se/eum urbem reliquisse gaudebat.
2. Se/Eum in aquis terrisque errare non gaudebat. 3. Dei se/eum dolere sciebant.
4. Se/Eum novam patriam desiderare videbant. 5. Aeneas deos se/eum ducere sciebat.
6. Constat deos sibi/ei semper adfuisse.
7. Aeneas deos sibi/ei adesse gaudebat.

I

Äneas

Nach dem Sieg der Griechen über Troja und der Zerstörung der Stadt begann die Heimreise. Homer beschreibt in der *Odyssee* die Irrfahrten des griechischen Helden Odysseus auf seiner zehn Jahre dauernden Rückkehr in seine Heimat. Zur gleichen Zeit wie Odysseus befand sich ein Flüchtling aus Troja mit Namen Äneas auf dem Meer, um eine neue Stadt, ein zweites Troja, zu gründen, was ihm nach vielen Abenteuern auch gelang: Äneas gilt als Vorfahre des späteren Romgründers Romulus. Bevor Äneas allerdings nach Italien kam, verschlug es ihn an die nordafrikanische Küste, wo er sich in Dido, die Königin der Stadt Karthago, verliebte und so den göttlichen Auftrag, eine neue Stadt in Italien zu gründen, zunächst vergaß.

Äneas und Dido – eine unglückliche Liebe

Jupiter zeigt vom Himmel herab auf die nordafrikanische Stadt Karthago und beklagt vor dem Götterboten Merkur das merkwürdige Verhalten des Äneas und der Dido.

Dido und Äneas. Französische Buchmalerei. 15. Jh. Paris, Bibliothèque Nationale.

„Ecce! Dido diu urbem aedificiis et templis ornabat. Nunc autem neque aedificia neque cives curat. Aeneam amat. Itaque se tantum et Aeneam curat. Salutem sibi tantum quaerit. Non iam de officiis et
5 de civitate, sed de se et de magno amore suo narrat. Et vide Aeneam! Is non iam gladium secum habet, non iam de patria nova cogitat. Didonem semper convenire, videre, audire desiderat.
Etiam multi homines dicunt Aeneam et Didonem
10 bene convenire. Regina[1] existimat se maritum invenisse; et Aeneas putat se apud eam manere posse. Nunc amore gaudent. Putant se sibi tantum et amori vivere posse. Puto te id scire: Vita ab officiis libera non est. Descende de caelo et conveni Aeneam!
15 Oportet eum Carthaginem et reginam relinquere, oportet eum amori finem facere. Aeneas enim officia sua praestare debet; Didonis autem officium est Carthaginem curare. Sic ego volo. Indica Aeneae summum deum te misisse!"
Et Mercurius statim in fines Carthaginis descendit.

[1] rēgīna Königin

Merkur überbringt Äneas den Befehl des Göttervaters, unverzüglich von Karthago abzureisen. Als Äneas aufbricht, stürzt Dido sich aus Kummer in ein Schwert.

---

a) 1. Welche Vorwürfe gegen Dido und Äneas spiegeln sich in den wiederholt verwendeten Wörtern nunc, non iam, tantum?
2. Welches Sachfeld ist im zweiten Abschnitt vorherrschend? Ziehe Rückschlüsse auf den Inhalt. 3. Welche Verhaltensänderungen bewirkt die Verliebtheit bei Dido, welche bei Äneas? Sammle Belege aus T, Z. 1–8. 4. Weshalb ist ihre Liebe zum Scheitern verurteilt?

b) Setze jeweils das richtige Pronomen ein. Übersetze anschließend:
se – sibi – eos – eum – eam
1. Dido diu putabat [?] sine marito vivere posse. 2. Aeneas mox sensit [?] se amare. 3. Constat [?] de patria nova non iam cogitavisse. 4. Aeneas et Dido [?] tantum vivere volebant. 5. Sed Iuppiter existimabat [?] officia praestare debere.

c) *plus* 1. Die Bürger Karthagos schrien: 2. „Warum sorgt Dido nicht mehr für° unsere Stadt (Akk.)? 3. Warum sorgt sie nur für° sich (Akk.)? 4. Sie erzählt nur über sich und ihre Liebe. 5. Es gehört sich nicht, dass sie nur für° sich (Dat.) lebt. 6. Sie glaubt, dass sie einen neuen Ehemann gefunden hat. 7. Deshalb trägt sie immer die Geschenke des Mannes bei sich."

33

1. Aeneas Didonem reliquit. Nam Mercurius id antea imperaverat.
2. Aeneas ad Mercurium: „Ego tibi parui. Nam tu id imperaveras."
3. Mercurius: „Id fecisti, quia sic imperaveram."
4. Dei: „Id imperaveramus; itaque tu Didonem reliquisti."
5. Aeneas: „Non dubitavi. Nam vos, di magni, id imperaveratis."
6. Aeneas ita egit, ut dei imperaverant.

a) Ordne die Buchstaben so an, dass Plusquamperfektformen entstehen. Übersetze dann:
1. laboravAREM 2. cogitavERTNA
3. studuMUERAS 4. scivESAR
5. invenTERA 6. vidASERMU
7. duxTIERAS 8. dubitavRANET
9. fuSERA 10. audivARET
11. habuRATEIS 12. dedEMRA

b) Sortiere nach der Art der Perfektbildung:
amaverat - monueramus - conveneratis - manseras - descenderant - dederam - fueratis - comprehenderam - fecerant - traxeram - cecideras - habueras

c) Setze ins Plusquamperfekt:
mittit - venimus - rogas - doceo - sumus - aspicis - vident - tenes - errat - terremus - possumus - verto - stant - ducitis - sentitis - descendo - est - moveo - dat - scio

d) Entscheide, ob Perfekt oder Plusquamperfekt verwendet werden muss, und übersetze.
1. Quia dei Aeneam antea (monuerunt / monuerant), is consilium cepit Carthaginem relinquere. 2. Dido consilium Aeneae audivit et (flevit / fleverat). 3. Aeneas dixit: „Novam patriam peto, quia dei me (monuerunt / monuerant)." 4. Vix vir Troianus ea verba (dixit / dixerat), cum Dido clamavit: „Neque te teneo neque te amittere volo." 5. Sed Aeneas, quamquam ea verba Didonis (audivit / audiverat), oram petivit.

e) Ein stolzer Ausspruch:
Civis Romanus sum.

Vergils Äneis

Die *Ilias* und die *Odyssee* nahm sich der römische Dichter Vergil zum Vorbild, als er im 1. Jh. v. Chr. sein berühmtes Epos, die *Äneis*, verfasste. Sie erzählt in der sog. „Odysseehälfte" von den Irrfahrten des Äneas (u.a. nach Karthago), bis er endlich nach Italien kam. Die sog. „Iliashälfte" berichtet von den Kämpfen, die Äneas in Italien gegen die Ureinwohner zu führen hatte, die ihn und seine Trojaner als Eindringlinge empfanden und vertreiben wollten.

Der Zweikampf zwischen Turnus und Äneas

Vor der belagerten Latinerstadt Laurentum kommt es zur Entscheidung zwischen den Anführern beider Völker …

¹ fossa Graben

Latini urbem muniebant et fossas¹ altas circum muros ducebant, ut Latinus rex eis antea imperaverat. Sed Troiani fossas superaverunt et mox in muris urbis steterunt. Dum Latini iam de salute desperant, subito vocem Turni audiunt: „Finite² pugnam, Latini! Speraveram nos
5 Troianos vincere posse. Sed nunc ego civitatem servare debeo. Audi, Troiane: Demonstra audaciam tuam et pugna mecum!" Vix ea verba dixerat, cum Aeneas de muro alto descendit et ad Turnum properavit.

² finīre beenden

Der Zweikampf beginnt …

³ adōrāre anflehen

Profecto Aeneas Turnum violavit, quia ferrum eius in terram ceciderat. Tamen
10 Turnus Aeneae diu non cessit. Paulo post Latini animadverterunt Turnum in terra iacere. Is non iam surrexit, sed Aeneam adoravit³: „Antea ego semper victor fueram, nunc tu victor es:
15 Impera tu Italiae! Me caedere tibi licet. Sed rogo te: Dona mihi vitam! Veniam a te peto." Aeneas quidem Turno veniam non dedit, sed eum occidit.

Niccolò dell' Abbate: Der Zweikampf zwischen Turnus und Äneas. 16. Jh. Modena, Galleria Estense.

Turnus hatte nämlich einst Pallas, einen Freund des Äneas, getötet. Nun übte Äneas grausame Rache.

a) 1. Vergleiche beide Reden des Turnus. Wie hat sich seine Haltung verändert? 2. Inwiefern wird Turnus seiner Rolle als Anführer gerecht?

b) Entscheide dich für die passende Verbform und übersetze dann.
1. Aeneas Turno veniam non dedit, quia Turnus amicum eius interfecit / interfecerat.
2. Quamquam Turnus bene pugnabat / pugnaverat, Aeneam superare non poterat.
3. Quia Turnus antea semper victor fuerat / fuit, Latini eum mortuum esse primo non comprehenderunt.

c) *plus* 1. Jupiter: „Liebe Ehefrau, oft hattest du die Trojaner durch alle Länder getrieben. 2. Immer hattest du den Äneas und die Trojaner erschreckt. 3. So hatten sie schon die Hoffnung auf Rettung aufgegeben. 4. Aber zu Recht hatte ich gehofft, dass du den Trojanern verzeihen (Verzeihung geben) kannst." 5. Seine° Ehefrau antwortete (Perf.): „Lange waren die Trojaner unglücklich gewesen. 6. Jetzt aber können sie frei von Angst sein."

d) Überlege, was die Wendung ad oculos demonstrare bedeutet.

Sagenhafte Helden – Herkules und Äneas

Wunderbare Rettung

Nach dem Tod des Äneas übernahm sein Sohn Askanius die Nachfolge. Er verlegte die Hauptstadt seines Reiches in eine andere Stadt: Alba Longa.
Drei Jahrhunderte nach Äneas herrschte in Alba Longa der König Procas, der zwei Söhne hatte. Dem Älteren, Numitor, übergab er die Herrschaft. Doch damit war Amulius, der jüngere, nicht zufrieden: Er stieß seinen Bruder Numitor vom Thron und tötete dessen Sohn. Doch Numitor hatte auch eine Tochter, Rea Silvia. Amulius machte sie zur Vestapriesterin. So konnte sie, glaubte Amulius, nie Kinder haben, denn Vestapriesterinnen mussten unverheiratet bleiben. Doch sie wurde schwanger – von Gott Mars, behauptete sie – und brachte die Zwillinge Romulus und Remus zur Welt.

Amulius sciebat imperium suum in magnum periculum venisse. Nam audiverat Ream Silviam pueros geminos[1] peperisse[2]. Itaque servis suis imperavit:
5 „Interficite liberos Reae Silviae!" Servi Amulii liberos comprehenderunt et cum pueris miseris ad fluvium descenderunt. Sed Tiberis[3] magnam copiam aquae secum duxerat et regionem aqua com-
10 pleverat. Servi diu quaerebant, tandem viam inveniebant et ad fluvium venire poterant. Sed pueros parvos interficere dubitabant, nam morte liberorum dolebant. Servus dixit: „Amulius rex homo
15 malus est! Liberos tam parvos interficere non oportet."
Sed alius clamavit: „Ego regem timeo, quia homo malus est. Itaque scio nos imperio eius parere debere. Quid facere vis?" Tertius[4] servus respondit: „Si pueri, ut homines narrant, profecto filii dei sunt, auxilium a patre
20 petere possunt! Constat deum eos servare posse." Ea vox cunctis servis placuit, itaque pueros non interfecerunt, sed ad fluvium reliquerunt.

Sie legten die Zwillinge in ein Körbchen und setzten sie am Rand des Flusses aus. Doch das Körbchen verfing sich in den Zweigen eines Feigenbaumes, der am Ufer stand, eine Wölfin zog die Kinder an Land und säugte sie.

[1] pueri gemini Zwillinge
[2] parere (*Perf.* peperi) zur Welt bringen
[3] Tiberis der Tiber
[4] tertius der dritte, ein dritter

Hirten entdecken Romulus und Remus. Detail eines römischen Altarreliefs aus dem 2. Jh. n. Chr. Rom, Museo Nazionale Romano.

a) Zeige, welchen Einfluss die Informationen, die in diesem Text im Plusquamperfekt ausgedrückt sind, auf den Fortgang der Handlung haben.

b) Wie wird in dieser Geschichte die wunderbare Rettung der Zwillinge erklärt?

c) 1. Informiere dich über vergleichbare Erzählungen, in denen ein „Königskind" ausgesetzt und gerettet wird (Moses, Ödipus, Kyros). Stelle Gemeinsamkeiten und Unterschiede zusammen.
2. Vergleiche die Abbildung zu Moses (rechts) mit dem Text.

XI plus

a) Was Askanius wahrnimmt …
   Verwandle jeweils in einen AcI und übersetze diesen:
   1. Ascanius videt: Pater ad Turnum properat.
   2. Ascanius videt: Turnus in terram cecidit.
   3. Ascanius audit: Turnus veniam petit.
   4. Ascanius sentit: Pater dubitat.
   5. Ascanius nescit: Pater arma amici mortui vīdit.

b) Äneas oder Turnus – wer liebt Prinzessin Lavinia, die Tochter des Königs Latinus, mehr? Übersetze und entscheide jeweils, welches Pronomen richtig ist.
   1. Latinus rex scit Aeneam et Turnum filiam (eius / suam) amare.
   2. Rex scit (eos / se) Laviniam amare.
   3. Aeneas dicit (eum / se) Laviniam magis amare quam Turnum.
   4. Sed Turnus dicit (eum / se) Laviniam magis amare quam (eum / se).
   5. Lavinia (cum eo / secum) cogitat: „Quis me magis amat?"

Sir Lawrence Alma-Tadema: Die Auffindung des Moses. 1904. Privatsammlung.

c) Zerteilt! Verbinde die Teile so, dass sich für jede Übersetzung eine Form findet:

pos-	sum	sie kann
pot-	eratis	du konntest
potu-	est	sie können
	i	ich kann
	sunt	wir können
	eras	ihr konntet
	eramus	wir hatten gekonnt
	sumus	ich habe gekonnt

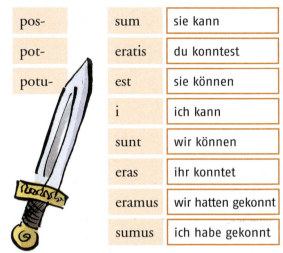

d) Verwandle die Formen von esse in solche von velle:
   sum - sumus - fuit - fuerant - estis - eram - es - fueras - fuimus - eratis - est

e) Welche Wörter, die aus dem Lateinischen stammen, kannst du im folgenden Text entdecken? Was bedeuten sie?
   „Irgendwo in einer kleinen Provinzstadt versammelten sich in einer alten Villa, deren Wohnräume komplett mit wunderschönen Antiquitäten ausgestattet waren und deren Zimmerdecken Ornamente schmückten, fünf Vokalisten aus drei Nationen, um ein neues Lied zu proben, das sie bei einer Benefiz-Veranstaltung für in Not geratene Familien vortragen wollten. Jeder sang seinen Part virtuos, zusammen aber sangen sie miserabel."

f) Französisch – ganz einfach! sum heißt auf Französisch: *je suis*. Bringe die folgenden französischen Ausdrücke in die richtige Reihenfolge:
   je suis – nous sommes – tu es – ils / elles sont – il / elle est – vous êtes

Sagenhafte Helden – Herkules und Äneas

Roms Frühzeit –
Ein Staat aus vielen Völkern

„753: Rom kroch aus dem Ei" – diesen alten Merkvers habt ihr vielleicht schon einmal gehört. Da über die römische Frühgeschichte kein gesichertes Geschichtswissen existiert, haben schon die antiken Geschichtsschreiber die Frühzeit Roms aus der Sage rekonstruiert. Wie ihr aus den vorherigen Lektionen wisst, haben Sagen nur wenig mit der tatsächlichen Wirklichkeit zu tun. In den folgenden Lektionen lernt ihr die spannenden Mythen um die Gründung der Stadt Rom kennen, bei denen die Zwillinge Romulus und Remus, der Gott Mars und viele mehr eine wichtige Rolle spielen. Damit ihr diese fantasievoll ausgedachten und von Generation zu Generation überlieferten Geschichten von der geschichtlichen Wirklichkeit unterscheiden könnt, findet ihr im Folgenden das Wesentliche zusammengestellt, was man heutzutage über die Frühzeit Roms weiß.

Die Anfänge Roms *fundamentum*

Das Gebiet des späteren Rom mit seinen sieben Hügeln Kapitol, Palatin, Aventin, Caelius, Esquilin, Viminal und Quirinal wurde bereits seit dem 10./9. Jh. v. Chr. von den Volksstämmen der Latiner und Sabiner besiedelt. Die Latiner gründeten ein kleines Dorf für Bauern und Hirten auf dem Palatin, die Sabiner auf dem gegenüberliegenden Quirinal. Auf den waldigen Hängen konnten Schafe und Rinder in Frieden weiden. Weitere Siedlungen entwickelten sich auf den anderen Hügeln und existierten zunächst isoliert voneinander, bis die Bevölkerung zunahm und sich die Siedlungen um 700 v. Chr. die Hügelhänge hinab ausdehnten.

1 Gründung einer Stadt durch Umfahrung der Stadtgrenzen mit einem Pflug. Röm. Relief. 1. Jh. n. Chr. Aquileia, Museo Archeologico Nazionale.
2 Die Urbesiedlung des Palatin. Rekonstruktion. Rom, Antiquarium del Palatino.
3 Pietro da Cortona: Der Hirte Faustulus übergibt seiner Frau Acca Larentia die Zwillinge Romulus und Remus. 17. Jh. Paris, Musée du Louvre.
4 Giambologna: Der Raub der Sabinerinnen. 16. Jh. Florenz, Loggia dei Lanzi.
5 Diener und Musikant. Etruskische Wandmalerei. Um 475 v. Chr. Tarquinia, Tomba dei Leopardi.

Rom in der Königszeit

fundamentum

Die sieben Dörfer vereinigten sich schließlich zu einem Bund. Die Streitigkeiten, zu denen es beim Zusammenschluss der dörflichen Siedlungen kam, könnten der historische Kern für die Sage vom Bruderzwist zwischen Romulus und Remus sein. Die Geschichten um die sagenhaften Könige Numa Pompilius, Tullus Hostilius und Ancus Marcius, die auf die Königsherrschaft des Romulus folgten, spiegeln die damalige Vorherrschaft der Sabiner wider. Der Siebenerbund verbündete sich mit anderen Völkerschaften gegen die Macht der Stadt Alba Longa. Nach der Zerstörung dieser rivalisierenden Stadt (670–642 v. Chr.) gerieten die latinischen Völker mit dem Siebenerbund über die künftige Oberherrschaft in Streit.

Diese Lage nutzten die Etrusker aus, die in Latium einfielen und die neuen Herrscher wurden. Ihr Kerngebiet war Oberitalien, die heutige Toskana. Dieser Name, abgeleitet von Tusci, der römischen Bezeichnung für die Etrusker, zeugt bis heute von ihrer Macht. Erst die Etrusker vereinigten die verschiedenen Dörfer zu einer echten Stadt, dem uns bekannten Rom am Fluss Tiber. Unter der etruskischen Herrschaft blühte Rom auf und wandelte sich von einer landwirtschaftlich geprägten Stadt in eine Handels- und Verkehrsmetropole.

Die Römer profitierten von den fortgeschrittenen Kenntnissen der Etrusker in vielerlei Hinsicht. Sie wurden von den Etruskern nicht nur in der Kunst, der Religion und der Staatsverwaltung beeinflusst, auch in der Architektur lernten sie hinzu. Viele technische Errungenschaften stammten von den Etruskern. So ließ König Tarquinius Priscus in Rom unter dem Namen Cloaca maxima ein ausgeklügeltes Kanalisationssystem bauen.

Selbst Dinge, die wir heute für typisch römisch halten, wie Toga, Gladiatorenspiele oder Triumphzüge siegreicher Feldherren, führen ihren Ursprung auf die Etrusker zurück.

Wie Rom im Streit, aber auch in Zusammenarbeit mit seinen Nachbarvölkern zum mächtigen Weltreich wurde, lest ihr am besten selbst nach …

34

E

1. Gladius acer est. Pugna acris est. Bellum acre est.
   Saepe gladii acres sunt, etiam bella acria sunt.
2. Quis bellum acre non timet? Quis pugnam acrem non timet?
3. Aeneas Turnum gladio (pugnā) acri superavit.
   Romani multos populos bellis acribus superaverunt.
4. Magnitudo gladii acris (gladiorum acrium) nos terret.
5. Quis auxilium celere in bello non sperat?

Ü

a) Bestimme Kasus, Numerus und Genus des Substantivs und suche die passende Adjektivform heraus:
1. gladium (acrium / acrem / acres) 2. fugā (celere / celeria / celeri) 3. auxilium (celer / celere / celerium) 4. equorum (celerium / celerem / celeres) 5. in cibis (acris / acribus / acres) 6. morte (celere / celeria / celeri) 7. ingenii (acre / acri / acris)

b) Bilde jeweils die entsprechende Form des Adjektivs und übersetze den Ausdruck.
1. oculis (acer) videre 2. mortem (celer) exspectare 3. voce (acer) clamare 4. equis (celer) ad castra properare 5. consilium (celer) capere 6. arma (acer) timere 7. fugā (celer) patriam petere

c) Dekliniere:

d) Formentelefon.
Wandle die folgenden „Telefonnummern" in entsprechende Formen von acer und celer um. Die erste Ziffer steht für den Kasus (1 = Nom., 2 = Gen., 3 = Dat., 4 = Akk., 5 = Abl.), die zweite für den Numerus (1 = Sg., 2 = Pl.) und die dritte für das Genus (1 = m, 2 = f, 3 = n).
112 – 222 – 321 – 523 – 413 – 512 – 422 – 213 – 311

e) Die Soldaten des Turnus beobachten den Zweikampf:
1. Videte! Imperatores gladiis acribus pugnant. 2. Arma eorum acria sunt et pugna acris est. 3. Di boni, adeste imperatori nostro! Adeste ei auxilio celeri! 4. Turnus gladium iam amisit. Nunc serva te fuga celeri, Turne! 5. Aeneas Turnum superavit; sed adhuc dubitat. 6. Aeneas oculis acribus Turnum aspicit. Quid videt?

I

Von Äneas zu Romulus und Remus

Nachdem Äneas den Turnus besiegt hatte, gründete er die Stadt Lavinium und gab seinem aus Trojanern und Italikern gemischten Volk den Namen „Latiner". Nach dem Tod des Äneas gründete sein Sohn Askanius (auch Julus genannt) die Stadt Alba Longa und machte sie zur Hauptstadt von Latium. Zehn seiner Nachfahren regierten als Könige von Alba Longa, bevor Prokas an die Herrschaft kam, um die sich später seine Erben Numitor und Amulius stritten. Schließlich wurde der ältere Bruder Numitor von Amulius gestürzt, seine Tochter Rea Silvia zur Vestalin gemacht und so zur Kinderlosigkeit gezwungen. Als Rea Silvia durch den Gott Mars schwanger geworden war und Zwillinge geboren hatte, ließ Amulius die Kinder in einem Körbchen auf dem Fluss Tiber aussetzen …

Adjektive: 3. Deklination (dreiendige) • Substantive: 3. Deklination (auf –es, itis)

Kindheit und Jugend von Romulus und Remus

Das Weidenkörbchen mit den Zwillingen hatte sich in den weit herabhängenden Zweigen eines am Tiber stehenden Feigenbaums verfangen. Eine Wölfin zog die Kinder an Land und säugte sie, als der Hirte Faustulus des Weges kam ...

[1] lupa Wölfin
[2] famēs, is Hunger

Faustulus liberos a lupa[1] servare voluit. Itaque consilium cepit lupam gladio acri temptare. Sed mox vir sensit parvos pueros bibisse tantum et sic famem[2] acrem pepulisse. Cum lupa sonum audivit, fuga celeri silvam petivit. Faustulus ad liberos properavit eosque comprehendit et
5 secum portavit. Uxor Faustuli pueris gaudebat, mox eos tamquam filios curabat. Saepe uxor dicebat: „Aspice oculos puerorum, marite! Scio oculos tam acres signa magni ingenii esse."

Tatsächlich wurden aus Romulus und Remus kluge junge Männer.

[3] pāstor, ōris Hirte

Pastores[3] eius regionis a Romulo et Remo auxilium petiverunt: „Adeste nobis, fratres! Fures nos temptant." Iam saepe iuvenes comitibus
10 adfuerant. Etiam tum acre ingenium suum ostenderunt. Arma acria comprehenderunt, fures in silva exspectaverunt. Iam fures cum equis
15 celeribus adfuerunt. Tum iuvenes ut milites boni pugnaverunt et fures reppulerunt.

Die Kapitolinische Wölfin.
Bronzestatue aus dem 5. Jh. v. Chr. Die Figuren der Zwillinge wurden im 15. Jh. hinzugefügt. Rom, Museo Capitolino.

a) 1. Achte auf die zwei verschiedenen Vergangenheitstempora in der ersten Hälfte. Welche Schlüsse auf die Dauer der jeweils geschilderten Handlung kannst du daraus ziehen?
2. Stelle anhand von Schlüsselwörtern aus der zweiten Texthälfte Vermutungen über die Handlung an.

b) Finde die im jeweiligen Zusammenhang treffende Übersetzung der Adjektive acer bzw. celer. auxilium celere - vox acris - equi acres - animus celer - cibus acer - dolore acri - arma acria - mors celeris

c) *plus* 1. Die Gefährten des Romulus und Remus haben mit energischer Stimme geschrien: 2. „Helft uns! 3. Verbrecher greifen uns mit° schnellen Pferden (Abl.) an!" 4. Sie fassten (Perf.) einen schnellen Entschluss: Sofort sind die Brüder zu den Freunden geeilt. 5. Dann zeigten (Perf.) die jungen Männer ihre° scharfen Waffen. 6. Wenig später haben sie die Verbrecher vertrieben.

35

E 1. Omnes viri, omnes mulieres fures malos timebant.

2. Omnis vir, omnis mulier fures malos timebat.

3. Omne consilium bonum eis deerat. Omnia consilia bona eis deerant.

4. Sed Romulus et Remus, fratres fortes, amicis tristibus aderant.

5. Fratres fures turpes et crudeles in silvis temptabant.

6. Dum fratres pugnant, Faustulus et uxor eius timent.

   Dum fratres pugnant, Faustulus et uxor eius timebant.

7. Postquam fratres pugnaverunt, Faustulus et uxor eius a timore liberi sunt.

   Postquam fratres pugnaverunt, Faustulus et uxor eius a timore liberi erant.

8. Auxilio fratrum amici vitam dulcem vivebant.

Ü a) Welches Adjektiv passt zu welchem Substantiv? Übersetze die Verbindungen.

b) Bilde die passende Form des Adjektivs:
dominos (crudelis) - mercatorem (tristis) - (omnis) negotium - (omnis) hominum - filia (fortis) - gladiatoris (crudelis) - dolis (turpis) - servus (fortis) - amori (dulcis) - ludi (crudelis) - (omnis) deae

c) Die Verbrecher geben nicht auf. Ergänze jeweils die passende Verbform und übersetze:
1. Scelerati convēnerunt, postquam Romulus et Remus eos (vincere). 2. Dum scelerati (convenire), de Romulo et Remo dixerunt. 3. Postquam diu de fratribus (dicere), consilium malum ceperunt.
4. Dum consilium novum (capere), magna voce riserunt.

Annibale Carracci: Remus wird gefesselt vor König Amulius geführt. 1590-92. Bologna, Palazzo Magnani.

Adjektive: 3. Deklination (zweiendige) • Tempora nach Subjunktionen

Die Untat des Amulius

Die Rache der Räuber ließ nicht lange auf sich warten. Romulus und Remus saßen mit befreundeten Hirten friedlich auf dem Palatin, als plötzlich ...

[1] sermōnēs habēre sich unterhalten

[2] fātum Schicksal

Dum fratres cum comitibus in loco pulchro sermones habent[1], subito turba virorum adfuit. Unus ex eis acri voce clamavit: „Tandem convenimus, fratres fortes! In silva nos vicistis – nunc autem fatum[2] triste vos exspectat. Comprehendite fratres, viri!" Quia Romulus animo
5 forti se a furibus defendebat, scelerati Remum tantum capere poterant.

[3] falsō Adv. fälschlich

[4] pūnīre bestrafen

Statim eum ad Amulium regem duxerunt et falso[3] accusaverunt: „Is iuvenis cum amicis turpibus agros fratris tui delevit. Puni[4] eum!"

Amulius lässt den gefangenen Remus zu seinem Bruder Numitor bringen, damit er dort bestraft wird. Als Remus bei einem Verhör dem Numitor sagt, er habe einen Zwillingsbruder, kommt Numitor ins Nachdenken. Das königliche Auftreten des Remus war ihm gleich aufgefallen, und schlagartig wird ihm klar, dass es sich bei beiden Brüdern um seine längst totgeglaubten Enkel handeln muss. Nun weiß er, dass Bruder Amulius beide einst als Babys hatte aussetzen lassen. Voller Zorn eilt er zum Palast seines Bruders, um ihn zur Rede zu stellen:

Postquam Numitor ad Amulium venit, is dulci voce dixit: „Gaudeo, quod te video, frater bone!" Numitor: „Tace, vir crudelis! Non putavi
10 te tam crudelem esse, quamquam omnes amici me monuerant. Nunc

[5] expōnere aussetzen

mala et turpia consilia tua scio. Turpe est parvos liberos exponere[5]."

Wenig später trat Numitor vor das Volk und klärte es über die Untat des Amulius und die edle Abkunft des Romulus und Remus auf. Als beide Brüder plötzlich erschienen, um ihren Großvater als neuen König zu begrüßen, rief auch das Volk einmütig Numitor zum neuen König aus. Den Amulius wollte keiner mehr sehen.

---

a) 1. Um welche Männer handelt es sich bei turba virorum (Z. 2)? Was meint ihr Sprecher mit dem Satz: nunc autem fatum triste vos exspectat (Z. 3 f.)?
2. Weshalb wohl hat König Amulius Romulus und Remus einst aussetzen lassen?

b) Übersetze die Adverbialsätze, bestimme die Sinnrichtung und führe die Satzanfänge sinnvoll auf Deutsch weiter:
1. Quamquam saepe te monui ...
2. Dum cenamus, subito ... 3. Quia caelum clarum est ... 4. Postquam te vidi ... 5. Si amicos in urbe convenio ...

c) *plus* 1. Nachdem die Wölfin (lupa) die Jungen verlassen hatte (!), brachte (Perf.) Faustulus diese zu seiner Ehefrau. 2. Die Ehefrau des Faustulus sagte: „Sieh da, die kräftigen Jungen (Akk.)! 3. Bis jetzt war deren Leben traurig. 4. Nun aber verteidigen wir die Jungen vor (von) allen Gefahren. 5. Zuerst bereite ich den Jungen eine angenehme Mahlzeit, während du den Tisch deckst (schmückst)."

d) Wie ist das gemeint?
1. Omnes una nox manet.
2. Vince omnem laborem virtute!

36

E

1. Numitor ad Amulium venit. Numitor avus Romuli et Remi erat.
   Numitor, qui avus Romuli et Remi erat, ad Amulium venit.
2. Numitor iniuriam Amulii sciebat. Ea iniuria diu latuerat.
   Numitor iniuriam, quae diu latuerat, sciebat.
3. Numitor consilium turpe, quod diu latuerat, sciebat.
4. Numitor ad fratrem suum, cuius consilium nunc sciebat, venit.
5. Etiam Romulus et Remus, quorum avus Numitor erat, ad Amulium venerunt.
6. Romulus et Remus, quibus Amulius iniuriam fecerat, ad eum venerunt.
7. Numitor, cui Amulius iniuriam fecerat, ad fratrem suum venit.
8. Statim turba virorum, qui de iniuria Amulii audiverant, aderat.
9. Numitor turbae omnia consilia, quae Amulius ceperat, narravit.

Ü

a) Formenstaffel
1. quem → Pl. → n → Gen. → f → Sg. → Akk. → n
2. quā → m → Dat. → Pl. → n → Abl. → Sg. → Nom.
3. quas → Nom. → n → m → Sg. → Gen. → n → Dat.

b) Entscheide, welche Form des Relativpronomens passt, und übersetze:
1. Amulius, (qui / quem) consilium turpe ceperat, veniam petivit. 2. Amulius, (qui / quem) Numitor accusabat, veniam petivit. 3. Numitor, (ad quem / a quo) Amulius veniam petebat, dixit: 4. „Consilium, (quem / quod) tu cepisti, turpe est. 5. Hic sunt fratres, (qui / quos) tu interficere studuisti. 6. Fratres, (cuius / quorum) vitae in periculo erant, vivunt."

c) Ein Retter in der Not
1. Amulius, qui familiam Numitoris timebat, etiam Ream Silviam, filiam Numitoris, interficere temptabat. 2. Vocavit ad se servos, quibus dixit: „Interficite eam!" 3. Servi Ream Silviam, cuius lacrimae eos non movebant, ad Tiberim (zum Tiber) fluvium duxerunt. Ibi eam interficere voluerunt. 4. Sed subito deus, qui in fluvio vivebat, ex aqua surrexit et Ream Silviam servavit.

I

Die Vogelschau
Romulus und Remus führten die erste Vogelschau der römischen Geschichte durch. Darunter verstanden die Römer die genaue Beobachtung des Fluges von Vögeln in einem bestimmten Himmelsabschnitt. Sie glaubten, daraus ablesen zu können, ob die Götter einer geplanten Handlung zustimmten oder nicht. Dafür gab es eigene Priester (Auguren), die vor wichtigen Staatsentscheidungen, z.B. über Krieg und Frieden, aus dem Vogelflug den Willen der Götter erschlossen. Aber auch vor Hochzeiten nutzte man diesen Brauch, um herauszufinden, ob die Ehe den Segen der Götter erhielt.

Augur. Römisches Relief.

Tödlicher Streit unter Brüdern

Romulus, qui consilium ceperat urbem novam aedificare, diu cum fratre locum idoneum non inveniebat. Nam is locus, quem Romulus laudabat, Remo non placebat; ea autem regio, quam Remus delegerat, Romulo non placebat. Subito Romulus: „Quin condimus urbem in
5 eo loco, ubi lupa¹ nos invenit?" Et Remus, cui consilium placebat: „Id consilium est, quod maxime probo. Nam invenisti locum opportunum, cuius natura mihi placet."

Nun aber stritten die Brüder darum, wer von beiden den Namen der Stadt aussuchen und wer über sie herrschen durfte. Eine Vogelschau sollte entscheiden.

Tum petebant consilium deorum, quorum potestas apud fratres multum valebat. Remus cum viris, quos secum habebat, ad Aventinum
10 montem contendit; Romulus cum comitibus Palatium montem petivit. Dum Romulus signum deorum exspectat, subito adfuerunt nuntii celeres, qui magna voce clamaverunt: „Remus iam sex vultures² vidit." Tum
15 comites Romuli, quibus ea verba non placebant, dixerunt: „Sed nos duodecim³ vultures aspeximus! Remus Romulo cedere debet!" Tum fratres fortes arma acria ceperunt. Livius, a quo fabu-
20 lam de Romulo et Remo accepimus, narrat in ea pugna Remum cecidisse.

¹ lupa
Wölfin

² vultur, uris
Geier

³ duodecim
zwölf

Romulus und Remus bei der Vogelschau. Buchillustration aus dem 14. Jh. Paris, Bibliothèque Ste Geneviève.

a) 1. Stelle vor der Übersetzung von **T** die Substantive der ersten Texthälfte zusammen, die am häufigsten wiederholt werden. Welche Schlüsse auf die behandelte Thematik kannst du ziehen? 2. Welche vergleichbare Geschichte eines Streits unter Brüdern kennt ihr? 3. Erklärt, worin das consilium deorum (Z. 8) besteht. Wie reagieren die Brüder darauf?

b) Schreibe aus **T** alle Sätze mit einem Relativpronomen heraus. Unterstreiche dann alle Relativpronomina und das jeweilige Bezugswort im Hauptsatz. Bestimme Kasus, Numerus und Genus des Relativpronomens.

c) _plus_ Die Weitsicht von Städtegründern
1. Männer, die eine Stadt gründen wollen, handeln niemals ohne Plan. 2. Zuerst wählen sie einen geeigneten Ort aus. 3. Dann bauen sie hohe Mauern, welche die Feinde (hostēs) nicht überwinden können. 4. Ein wenig später bauen sie schöne Tempel, die die Bürger gerne betreten. 5. In den Tempeln sind Statuen, die auch den Göttern gefallen.

Romulus – von den Göttern gesandt?

T

Romulus – der Sage nach ein Sohn des Kriegsgottes Mars – war der erste und wichtigste von insgesamt sieben Königen, die in Rom herrschten. Doch nach seinem Tod war seine Rolle umstritten:

Multi Romani, qui eius virtutem laudabant, contenderunt: „Recte Romulus, qui urbem Romam condidit, postea rex Romanorum fuit. Nam deos Romulum nobis misisse constat: Mars pater, qui Romulum iam antea ex aqua servaverat, filio suo duodecim[1] vultures[2] misit.
5 Constat id consilium deorum fuisse, qui numquam errant."

Sed multi cives Romulum crudelem et sceleratum fuisse putaverunt: „Turpe est Romulum fratrem suum interfecisse. Etiam Remus filius dei erat. Et signum deorum certum[3] non fuit; nam Romulus plures[4] vultures vidit, Remus autem primus erat, qui vultures vidit."

10 Alii etiam narraverunt Remum post consilium deorum fratri imperium urbis dedisse. Postea autem, dum Romulus muros urbis novae aedificat, Remus vocavit: „Muri, quos video, parvi sunt. Ita
15 milites fortes ab urbe non prohibes." Remus, postquam muros fratris verbis turpibus risit, eos
20 tandem transiluit[5]. Romulus autem fratrem interfecit et clamavit: „Ii, qui muros Romae tran-
25 siliunt, poenas dare[6] debent!"

[1] duodecim zwölf
[2] vultur, uris Geier
[3] certus eindeutig
[4] plūrēs mehr
[5] trānsilīre überspringen
[6] poenās dāre bestraft werden

Severino Baraldi: Der Zorn des Romulus. 20 Jh.

V

a) Zeige, dass die drei Absätze von T jeweils ähnlich eingeleitet werden. Leite daraus eine Vermutung darüber ab, worum es in dem gesamten Text gehen könnte.

b) Welche verschiedenen Sichtweisen von Romulus werden in diesem Text dargestellt? Welche Sichtweise trifft am ehesten zu? Begründe deine Meinung.

XII plus

a) Formenstaffel
1. acer (Nom. Sg. *m*) → Pl. → *n* → Abl. → Sg. → Akk.
2. celerem (Akk. Sg. *f*) → Dat. → Pl. → *m* → Sg.
3. dulcibus (Dat. Pl. *n*) → Akk. → *m* → Gen. → Sg. → *f*
4. crudeles (Akk. Pl. *m*) → Sg. → *n* → Abl. → Pl. → Akk.

b) Kampf und Streit! Bilde jeweils die passende Form des Adjektivs und übersetze:
1. Romulus et Remus viri (fortis) erant.
2. Nam multos fures (turpis) vicerunt.
3. Arma (acris) fratrum viros malos terruerunt.
4. Fures fugā (celer) silvam reliquerunt.
5. Sed paulo post consilium (turpis) ceperunt.
6. Magna virtus fratrum (omnis) amicis eorum placuit.
7. Amici animum fratrum (fortis) laudabant.
8. Sed Livius etiam fabulam (tristis) narrat:
9. Pugnā (crudelis) comites Romuli cum comitibus Remi pugnaverunt.

c) Versteckt! Welche Formen von qui, quae, quod findest du im Buchstaben-Raster?

Q	F	B	Q	G	Q
U	A	Q	U	N	U
A	Q	U	O	P	E
Q	U	A	R	U	M
E	I	S	U	V	D
X	B	B	M	M	Q
C	U	I	U	S	C
G	S	Q	U	O	D

d) Unterscheide:
1. Romulus cum Remo de imperio contendebat. 2. Remus in Aventinum, Romulus in Palatium contendit. 3. Multi cives contenderunt Romulum virum clarum esse.

e) Ergänze die passende Subjunktion und übersetze.
cum - dum - etsi - postquam - quod - si

1. Romulus et Remus: „[?] dei regem indicant, parere volumus." 2. [?] Remus Aventinum montem petit, Romulus ad Palatium montem contendit. 3. Remus vix in monte constiterat, [?] signum deorum vidit. 4. [?] Remus signum deorum vidit, nuntium ad fratrem misit. 5. [?] etiam Romulus signum deorum viderat, comites eius gaudebant. 6. Fratres: „[?] dei signa dederunt, voluntatem eorum nescimus."

f) Große Verwirrung! Ordne die Wörter so, dass Sätze mit AcI entstehen, und übersetze:
1. Remi Romulo dedisse audiunt amici deos signum etiam.
2. dicunt regem Romuli amici esse eum.

g) Englisch – ganz einfach. Ergänze die Lücken in der Übersetzung:

1. *Romulus und Remus climbed two mountains and expected a sign of the gods.*
Romulus und Remus bestiegen zwei [?] und [?] ein [?] der Götter.
2. *First the gods sent six big vultures to Remus and then twelve to Romulus.*
Zuerst schickten die Götter [?] große [?] zu [?] und dann zwölf zu [?].

h) Stimmt das?
1. Nihil agere delectat.
2. Si vis pacem (Frieden), para bellum!
3. Amor vincit omnia.

i) Welche Bedeutung von probare könnte passen?
Qui nimium (zuviel) probat, nihil probat.

Roms Frühzeit – Ein Staat aus vielen Völkern

37

E

1. Romulus ad Remum: „Mox ego imperabo, non tu."
2. Remus: „Erras. Tu non imperabis."
3. Romulus secum: „Remus numquam imperabit."
4. Remus: „Signum deorum exspectabimus."
5. Romulus ad deos: „Di magni, vos regem indicabitis."
6. Remus: „Dei nobis respondebunt et nos iis parebimus."
7. Romulus: „Non tu rex eris, sed ego rex ero."
8. Remus: „Dei non tibi, sed mihi aderunt."

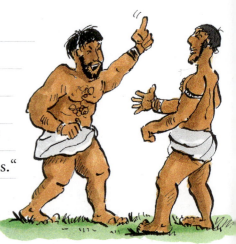

Ü

a) Ergänze dort, wo die Geierfedern liegen, die passenden Buchstaben, damit Futurformen entstehen. Übersetze dann.
vide ♦♦ tis, vide ♦♦ nt, vide ♦♦ , tace ♦♦ nt, ama ♦♦ s, porta ♦♦ mus, pare ♦♦ , mane ♦♦ t, impera ♦♦ tis, delecta ♦♦ , comple ♦♦ nt, saluta ♦♦ mus

b) Zerteile das Wort-Ungetüm in seine Bestandteile und übersetze diese.

eriteriseritiseruntereoerimus

c) Bilde die in Klammern angegebene Form im Futur und übersetze dann:
clamare (3. Pl.), rogare (3. Sg.), gaudere (2. Sg.), laudare (1. Pl.), imperare (2. Sg.), portare (1. Pl.), respondere (2. Pl.), ridere (1. Sg.), parare (3. Sg.), parere (3. Pl.), narrare (1. Sg.), liberare (2. Pl.), esse (1. Sg.), posse (1. Pl.), adesse (3. Sg.)

d) Versteckt! Suche alle Futurformen heraus und übersetze sie dann:
liberabunt - liberabant - liberis - liberabis - probo - probabo - probabam - habebis - habes - habebitis - praebent - praebebit - erit - erat - ero - erro - errabo - amamus - animus - amabimus - amabamus

e) Willkommen, Verbrecher!
1. Romulus: „Adhuc urbs mea parva est, sed mox magna erit. 2. Nunc ea civibus caret, sed mox mercatores in basilicis clamabunt, senatores curiam intrabunt, servi in aedificiis laborabunt." 3. Sed quia homines honesti dubitabant in urbem novam venire, Romulus consilium mirum cepit: 4. „Fures, sceleratos, servos rogabo et iis viris turpibus urbem complebo."

I

Rom in seinen Anfängen
Um die Einwohnerzahl Roms zu steigern, öffnete Romulus die neue Stadt für jedermann, sodass auch Verbannte, Heimatlose und Verfolgte von überallher kamen. Romulus nahm sie alle als Bürger auf. Obwohl die fleißigen Zuwanderer dafür sorgten, dass neben der Landwirtschaft auch Handel und Gewerbe aufblühten, wurde schnell klar, dass der neuen Stadtgemeinde Frauen fehlten. Aus Sorge um die Zukunft schickte Romulus Gesandte zu den Nachbarvölkern, um mit ihnen Eheschließungen zu vereinbaren. Voller Verachtung aber wiesen die Nachbarn diesen Vorschlag zurück, weil sie mit Menschen, die ihrer Ansicht nach Verbrecher und Ausgestoßene waren, nichts zu tun haben wollten.

Romulus sorgt sich um die Zukunft Roms

Primo Romulus gaudebat, quod et urbem pulchram aedificaverat et multis hominibus eam compleverat. Tum autem animadvertit Romanis mulieres deesse. Itaque apud cives, quos arcessiverat, dixit: „Hodie cives fortes sumus, mox autem urbs nostra magna non iam erit. Quia mulieres
5 urbi nostrae desunt, etiam liberis carebimus. Sic salutem communem non servabimus. Tecta nostra non iam tuta erunt, vita nostra non iam tuta erit. Quis hostes a muris prohibebit? Aliae nationes Romam primo ridebunt; mox autem urbem, cuius magnitudinem adhuc timent, occupare temptabunt. Quemadmodum sine copia iuvenum fortium urbem servare pote-
10 rimus? Sine mulieribus, sine liberis fortuna urbis bona non erit. Gloria nostra inanis erit. Itaque mulieres nationum aliarum arcessere debebitis. Consilium idoneum vobis mox dabo. Credite mihi: Vobis adero."

Als die Menge sich schon zerstreut hatte, stand Romulus immer noch da und überlegte, von Sorgen um Rom gequält, hin und her. Zu sich selbst gewandt sagte er schließlich:

„Romule, non eris magnus rex, non diu potestatem tuam tenebis, si liberi urbi deerunt. Arcesse mulieres!"

Annibale Carracci: Romulus zieht mit dem Pflug die Grenze der neuen Stadt. 1590–92. Bologna, Palazzo Magnani.

a) 1. Welche Zeitstufe herrscht in der Rede des Romulus (Z. 3–12) vor? Versuche, aus dem Befund Rückschlüsse auf das Thema seiner Rede zu ziehen. 2. Worin sieht er das Hauptproblem? Welche Lösung schwebt ihm vor? 3. Überlege: Verursacht seine Idee möglicherweise neue Probleme?

b) Vorfreude auf den Strandurlaub.
Ergänze die richtige Verbform im Futur und übersetze dann:
1. Ego mox ad oram (properare) 2. Ibi ego et frater in arena (Sand) parva castra (aedificare). 3. Pater et mater (gaudere), si nos ludos facere (videre). 4. Ii nos (monere): „Mox hora cenae (adesse). Itaque vos finem ludi facere (debere)."

c) *plus* 1. Die Mutter sagt°: „Heute werden wir Freunde zum Essen einladen (rufen). 2. Wer wird mit mir zum Marktplatz eilen?" 3. Claudia: „Gerne werde ich dir helfen, Mutter! 4. Wir werden dort süße Weine und verschiedene Speisen erwerben." 5. Die Mutter sagt°: „Und ihr, Kinder, werdet den Tisch decken (schmücken). 6. Glaubt mir! Eine gemeinsame Mahlzeit wird alle Freunde erfreuen. 7. Bald werden wir gut essen können!"

38

E 1. Romulus: „Adhuc mulieres nobis desunt, sed mox multas mulieres in urbem ducam.

2. Mox multas mulieres in urbe aspiciētis, Romani!

3. Si mulieres in urbem venient, Roma vivet.

4. Roma, tu semper vivēs et nos semper vivēmus."

Ü **a)** a oder e? Setze dort, wo ein Tuch liegt, den passenden Buchstaben ein, um eine Futurform zu erhalten. Übersetze dann:
audiet, audiam, audiēmus, audient, audiēs, audiētis, condēs, condāmus, condātis, condam, condet, condent, facient, faciātis, faciet, faciēmus, faciēs, faciam

b) Verwandle ins Futur und übersetze dann:
defendit, defendunt, defendo, scio, sciunt, scit, mitto, mittunt, mittit, vincis, vinco, vincimus, capiunt, capit, capio, venio, veniunt, venis, educo, educimus, educis, caditis, cado, cadunt

c) Formenpaare. Bilde zu jeder Form von narrare die entsprechende von dicere:
narrabo, narrabit, narrabimus, narrabis, narrabunt, narrabitis

d) Frauenraub
1. Romulus: „Magnos ludos faciemus et multi cives aliorum oppidorum venient.
2. Si multitudo eorum cum filiis et uxoribus veniet, omnis iuvenis Romanus unam ex iis mulieribus oculis deliget. 3. Tum signum dabo. 4. Statim nos mulieres comprehendemus et in aedificia nostra ducemus, trahemus, portabimus."

Luca Cambiaso: Der Raub der Sabinerinnen. 16. Jh. Genua, Villa Imperiale.

I **Der Raub der Sabinerinnen**
Romulus hatte eine Idee, wie er seinen Untertanen Frauen verschaffen konnte. Er ließ ein Fest zu Ehren des Gottes Neptun ausrichten und lud die Nachbarvölker dazu ein. Voller Neugier auf die neue Stadt strömten die Menschen herbei. Besonders die Sabiner kamen in großer Zahl mit ihren Familien. Sie wurden zunächst gastfreundlich von den Römern aufgenommen und durch die Stadt geführt. Dann begann das Fest. Alle saßen gespannt um den Kampfplatz herum. Plötzlich, auf ein Zeichen von Romulus hin, schleppten die Römer die jungen Frauen, die sie sich zuvor unter den Zuschauern ausgesucht hatten, mit sich fort. Das geschah so schnell und überraschend, dass die sabinischen Männer keinerlei Widerstand leisten konnten.

Die Klagen der geraubten Sabinerinnen

Für Romulus schien die Welt wieder in Ordnung. Doch hatte er nicht mit der Unzufriedenheit seiner sabinischen Ehefrau Hersilia gerechnet:

„Audi, Romule! Magnae curae et me et alias mulieres torquent. Nam patriam desideramus. Quando patres et matres caras conveniemus? Quando ego patriam pulchram aspiciam? O amicae beatae, quibus licet in patria vivere! Aestas mox veniet. Vae![1] Tum sine nobis montes altos
5 petetis, e fontibus claris aquam bibetis, bene cenabitis. Nos autem hic vitam tristem agemus: Vivemusne hic in honore? Licebitne nobis liberos linguam nostram docere? An familiae vestrae pueros et puellas a nobis deducent? Scientne liberi etiam mores Sabinorum? An mariti Romani nos e tectis pellent, si liberis nostris de moribus Sabinis narrabimus?"

10 Romulus risit, tum voce dulci uxorem confirmavit: „Omitte curas, uxor! Numquam te e tecto pellam, numquam liberos tuos amittes. Consilium meum tibi aperiam: Liberi nostri mores et
15 Romanorum et Sabinorum scire volent et profecto scient. Et tu, Hersilia, magno in honore hic vives."

[1] vae! O weh!

a) 1. In Hersilias Rede (Z. 1–9) treten zwei Schlüsselbegriffe wiederholt auf. Suche sie und ziehe daraus Rückschlüsse auf das, was Hersilia am meisten bewegt. 2. Untersuche nun die Antwort des Romulus (Z. 11–17) auf beide Schlüsselbegriffe. Was fällt dir auf? Welche Schlüsse lassen sich daraus ziehen? 3. Versuche, Hersilias Gefühl in den Z. 3–6 mit einem treffenden Begriff zu bezeichnen.

b) Bilde jeweils das Futur und übersetze dann:
1. Puer puellam aspicit. 2. Patri semper parere debes. 3. Clamorem audio. 4. Servi equos ducunt. 5. Amici tibi adsunt. 6. Libenter beneficia accipimus. 7. Finem ludi facitis. 8. Id scio. 9. Hostes murum delent. 10. Amicam non invenis.

c) *plus* Ein Junge schmiedet Ferienpläne:
1. „Wann wird der schöne Sommer da sein? 2. Ich werde euch° meinen Plan aufdecken: Ich werde viele Freunde besuchen. 3. Dann werden wir ein glückliches Leben führen. 4. Denn wir werden berühmte Städte ansehen. 5. Endlich werde ich die Bräuche anderer Menschen begreifen. 6. Warum werdet ihr nicht mit uns kommen?"

39

E

1. Romulus ad Hersiliam: „Sine cura eris, si verba mea audiveris."
2. Romulus ad Sabinas: „Sine cura eritis, si verba mea audiveritis."
3. Romulus: „Narrate omnibus ea verba, quae mox dixero!"
4. Sabinae: „Narrabimus ea verba, quae audiverimus."
5. Sabinae omnibus ea verba narrabunt, quae Romulus antea dixerit.
6. Sabinae ea verba narrabunt, quae audiverint.
7. Hersilia: „Liberi nostri non solum unam patriam habebunt."
   Hersilia: „Liberis nostris non solum una patria erit."

Ü

a) Ordnung muss sein. Ordne die Buchstaben so an, dass Formen des Futur II entstehen:
   1. laudavTIERN 2. monuREIS
   3. dedUSEMIR 4. vidEISRIT
   5. accepTIER 6. defendRESI
   7. petivTREIN 8. invenMERIUS

b) Bestimme folgende Verben nach Person, Numerus und Tempus:
   erit - fuerit - erat - fuit - fuero - ero - erro - eratis - fuimus - fuerimus

c) Aus I wird II. Verwandle die Formen des Futur I in die entsprechenden des Futur II:
   temptabit - vincemus - tenebo - audiam - cadent - mittes - parebunt - relinquam - scribet - facies - sedebo - sentiemus - venient - aedificabis - capietis - amabit

d) Dasselbe mit anderen Worten sagen. Wandle um wie im Beispiel.
   Beispiel: Romulus magnum animum habebat.
   → Romulo magnus animus erat.

   1. Romulus uxorem bonam habebat.
   2. Hersilia maritum bonum habebat.
   3. Hersilia: „Fortunamne malam habebo?"
   4. Romulus: „Fortunam bonam habebis."

e) Die Sabinerinnen denken über ihre Zukunft nach:
   1. „Quid faciemus, si patres et fratres nostri consilium ceperint cum maritis nostris pugnare?" 2. „Quid patres et fratres facient, si liberos nostros viderint?" 3. „Quid dicent, si audiverint maritos nos et nos maritos amare?"

Guercino: Hersilia wirft sich zwischen Romulus und Tatius. 1645. Paris, Musée du Louvre.

Das Schicksal einer Verräterin

Etsi mulieres Sabinae tandem beatae in urbe Roma vivebant, Sabini bellum cum Romanis gerere parabant. Saepe dicebant: „Romam capiemus. Bellum crudele geremus, dum omnes Sabinas liberaverimus." Tatius, rex Sabinorum, magna voce eos monuit: „Tacete, viri fortes!
5 Stultum est bellum sine consilio gerere! Sed Romanos superabimus, si antea consilium bonum ceperimus. Audite ergo consilium meum! Spurius Tarpeius cum copiis Capitolium montem tenet. Si Spurium superaveritis, si Capitolium ceperitis, Romani non diu vobis resistent. Si id bellum gesseritis, urbem certe capietis."

Zufälligerweise trifft der sabinische Befehlshaber Tatius wenige Tage später vor den Mauern Roms Tarpeia, die Tochter des römischen Feldherrn Spurius. Er versucht, sie dazu zu überreden, ihn mit seinen Leuten heimlich in die Stadt einzulassen.

10 Tatius: „Magnum praemium tibi erit, si nobis nocte portam aperueris. Dic mihi: Quid appetis?" Tarpeia: „Vobis libenter adero, si mihi erunt ea ornamenta, quae in bracchiis¹ vestris geritis." Tatius rex id praemium puellae libenter concessit. Tarpeia iam gaudebat; secum enim cogitavit:
15 „Armillae² aureae, quas Sabini in bracchiis gerunt, mox mihi erunt!"

¹ bracchium Arm
² armilla Armreif

Tarpeia öffnete den Sabinern das Tor und freute sich auf die goldenen Armreife. Aber die Sabiner drückten mit den Schilden, die sie auch am Arm trugen, Tarpeia zu Boden und töteten sie so.

Die Bestrafung der Tarpeia. Gemälde aus dem 16. Jh. Rom, Palazzo Spada (heute Sitz des italienischen Staatsrates).

a) 1. Woran zeigt sich in Z. 4–9 die Entschlusskraft und das Planungsgeschick des Tatius? Achte vor allem auf den Satzbau und das Tempusprofil.
2. Versuche zu erklären, warum die Sabiner Tarpeia töteten, obwohl sie ihnen doch geholfen hatte.

b) Tu villam habes. → Tibi villa est.
Forme die folgenden Sätze nach dem Beispiel um:
1. Senatores saepe villas pulchras habent.
2. Ego nihil habeo. 3. Quid vos habetis?

c) *plus* 1. Ein guter König wird einem schlechten Rat niemals nachgeben. 2. Freunde des Königs werden oft sagen: „Wenn du Kriege geführt hast (Fut. II), wirst du große Belohnungen erhalten (werden dir große B. zu Eigen sein). 3. Aber der gute König wird antworten: „Wenn ihr diese schändlichen Pläne gefasst habt (Fut. II), werde ich euch aus der Heimat vertreiben."

Roms Frühzeit – Ein Staat aus vielen Völkern

Kampf um das Kapitol

Postquam Tarpeia portam aperuit, Sabini Capitolium tenebant. Romulus eos pugna superare et e Capitolio pellere volebat. Sed Romani, qui ad Capitolium contendere debebant, multitudini Sabinorum resistere non poterant. Tum Romulus bracchia[1] et arma
5 ad caelum tetendit[2] et rogavit: „Iuppiter, ades nobis! Semper tibi parui, semper templum tuum ornavi, semper tibi gratiam habui. Sed nunc Sabini nos superabunt et ex urbe pellent, nisi tu nobis adfueris. Magna virtus nobis est, sed nunc tu solus[3] Sabinos pellere et nobis victoriam[4] dare potes. Hic tibi templum aedificabo, si urbem servaveris!"

In der Tat gelang es nun Romulus, seine Soldaten aufzuhalten. Er stellte sich in die erste Schlachtreihe und erwartete die Sabiner. Es entwickelte sich ein erbitterter Kampf. Als die Sabinerinnen dies sahen, warfen sie sich zwischen die Kämpfenden:

10 Mulieres rogabant: „Facite tandem finem belli! Beatae sumus; nam cum maritis in urbe Roma vivimus et maritos novos amamus. Quid autem faciemus, si frater maritum aut[5] maritus fratrem eo bello interfecerit? Quid faciemus, si liberi nostri patrem aut avum
15 amiserint? Si profecto tam crudeles estis, etiam nos interficite, nam sine marito aut fratre vivere non iam volumus." Statim et Romani
20 et Sabini tacuerunt, nam fortuna mulierum omnes movit.

[1] bracchium Arm
[2] tetendit er streckte (aus)
[3] sōlus allein, als einziger
[4] victōria Sieg
[5] aut oder

Jacques-Louis David: Die Sabinerinnen. 1799. Paris, Musée du Louvre.

a) 1. Beide Hälften des Textes enthalten jeweils eine Bitte. Welche Unterschiede, welche Gemeinsamkeiten zwischen beiden Bitten erkennst du?
2. Beide Bitten richten sich an ganz unterschiedliche „Adressaten". Wie äußert sich das in der sprachlichen Gestaltung der Bitten?

b) Das Gebet des Romulus (Z. 5–9) ist typisch für das Verhältnis der Römer zu ihren Göttern. Informiert euch über wichtige Aspekte der römischen Religion (Gebete, Opfer, Tempel, Priester) und präsentiert die Ergebnisse in einem selbst gestalteten „Lexikon der römischen Religion".

XIII plus

a) Ungewöhnliche Berufswünsche:
1. „Cum viris fortibus pugnabo. Omnes ad ludos properabunt et virtutem meam laudabunt. Clamorem populi audiam eoque gaudebo. Mortem non timebo. Ego [?] ero."
2. „In villa magna et aurea vivam et multi servi mihi erunt. Populum meum bene curabo et multis hominibus adero; nam ego valebo. Ego [?] ero."
3. „Bona (Hab und Gut) aliorum hominum petam et capiam. In silvis latebo et ibi homines exspectabo. Multi homines me timebunt. Vita mea sine honoribus, sed plena periculorum erit. Ego [?] ero."

b) Bilde die fehlenden Formen:

Präsens	Futur I	Futur II
imperat	?	?
?	comprehendemus	?
gero	?	?
?	?	monueritis
?	cadent	?
audis	?	?

c) Ein verhängnisvolles Missverständnis.
1. Tarpeia: „Sabinis ornamenta aurea sunt."
2. Tarpeia ad Sabinos: „Amo ea, quae vobis sunt." 3. Sabini ad Tarpeiam: „Mox ea tibi erunt." 4. Tarpeia secum: „Magnum praemium mihi erit." 5. Sabini secum: „Malum praemium ei erit."

d) Verwandle jeweils in einen AcI und übersetze diesen dann:
1. Tarpeia videt: Sabinis pulchra ornamenta sunt. 2. Sabini sciunt: Tarpeia ornamenta magis quam patriam amat. 3. Romani nesciunt: Tarpeia Sabinis adesse vult. 4. Livius narrat: Tarpeia Sabinis portam aperuit. 5. Audivimus: Sabini Tarpeiam interfecerunt.

e) Setze jeweils ins Imperfekt, Perfekt und Plusquamperfekt:
aperit - capio - gerunt - salutat - clamas - tenetis - animadvertunt - exspectatis

f) Substantiv-Domino. Lege die Täfelchen so aneinander, dass jeder Wortstamm die passende Endung erhält und eine geschlossene Kette entsteht.

g) Italienisch – ganz einfach!
1. Tarpeia: „Vado (ich gehe) ad aprire la porta."
2. Tarpeius, suo padre, dice: „Mia figlia! Dove vai (Wohin gehst du)?"
3. Tarpeia dice: „Vado dalla (zu) mia amica Claudia."

h) Berühmte Aussagen:
1. Fortunam sibi quisque (jeder) parat.
2. Honores mutant (verändern) mores.

Roms Frühzeit – Ein Staat aus vielen Völkern

40

E

1. Tarpeia ad portam ire studet.
2. Tarpeia: „Praemium exspecto; itaque ad portam eo."
3. Milites Romani Tarpeiam vident et ad eam eunt.
4. Milites: „Cur nocte per urbem is, Tarpeia?"
5. Tarpeia: „Fontem peto. Etiamne vos ad fontem itis, milites?"
6. Milites: „Nos ad forum imus, Tarpeia."
7. Tandem Tarpeia ad portam it.
8. Sabini: „Iam ad portam iimus, mox in urbem ibimus."
9. Sabini portam adeunt.

Tarpeia portam aperit et exit et dicit: „Inite, Sabini!"

Ü

a) Präsens oder Perfekt? Entscheide und übersetze:
it - iit - īstī - īstis - ītis - īs - iī - iimus - īmus - eō - eunt - iērunt

b) Formenstaffel
1. eo → Pl. → 3. Pers. → Perf. → Sg. → 1. Pers.
2. eunt → Sg. → Fut. → 2. Pers. → Pl. → 1. Pers.
3. ii → Pl. → 3. Pers. → Sg. → Plusqpf. → Pl.
4. adeo → 2. Pers. → Pl. → Impf. → Sg. → 1. Pers.
5. exit → Perf. → Pl. → 1. Pers. → Sg. → Plusqpf.

c) Zu welchem Tor geht Tarpeia? Folge den Formen von ire. ↓

e	u	m	i	u	s	i	e
o	i	b	a	m	a	i	e
s	b	o	b	i	m	i	o
t	i	s	i	t	i	b	i
i	o	t	e	g	b	e	n
e	r	a	m	e	u	n	e
u	n	h	e	u	s	t	u
p	o	l	t	s	s	i	m

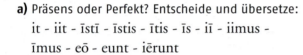

porta I   II   III   IV

d) Kapitol, Aventin, Palatin, Caelius, Esquilin, Viminal, Quirinal – die sieben Hügel Roms
1. „In Capitolium imus. Ite nobiscum!"
2. „In Capitolium heri iimus. Hodie in Aventinum ibimus." 3. „Ego, si in Palatium iero, in Caelium ibo." 4. „I nobiscum in montem Esquilinum, amice!" 5. „Quis mecum in montem Viminalem ibit?"
6. „Ecce, multi cives in montem Quirinalem eunt."

I

Wagenrennen in Rom
Schon lange vor den Römern gab es Wagenrennen bei den Hethitern, den Griechen und Etruskern. Zunächst standen diese Spiele in religiösem Zusammenhang, wurden aber bald um der bloßen Unterhaltung willen aufgeführt. In Rom wurde eigens dafür zwischen dem Palatin und dem Aventin der 600 m lange und 200 m breite Circus Maximus angelegt, eine Pferderennbahn, die in der Kaiserzeit bis zu 250.000 Zuschauern Platz bot. Ein römisches Wagenrennen bestand normalerweise aus sieben Runden zu je 1.200 m um die Wendepfeiler. Die Wagen waren meist Zwei- oder Viergespanne. Auf den geraden Strecken erreichten die Gespanne bis zu 75 km/h, vor den Wendepfeilern wurde das Tempo auf ungefähr 25-30 km/h reduziert. Ein Rennen dauerte circa acht bis neun Minuten.

Aufregung auf der Pferderennbahn

König Tarquinius Priscus hatte den Circus Maximus erbauen lassen und lud das Volk zu einem Wagenrennen ein.

[1] spectāculum
Schauspiel

[2] quaesō
bitte

Parvus puer patrem rogavit: „Quin imus ad spectaculum[1], pater? I mecum, quaeso[2]!" Pater respondit: „Etsi multi homines ad spectaculum eunt, ego tecum ire non possum: Nam Publius mercator me exspectat."

Zum Glück für den Jungen hat ein Freund des Vaters das Gespräch mitbekommen und schlägt vor, den Jungen mitzunehmen:

„Ego cum puero Circum Maximum adibo, amice! Tu ad mercatorem
5 ibis." Id consilium patri placuit. Iam amicus et puer abibant. Paulo post locum spectaculi adierunt. Amicus: „Is locus, quem nunc iniimus, Circus Maximus est. Mox equos celeres videbis, puer. Ecce! Iam

[3] quadrīgae, ārum
Viergespann

[4] carcer, carceris
Startbox

10 quadrigae[3] e carceribus[4] exeunt. Videsne equos properare, audisne multitudinem hominum clamare? Ecce! Iam quadri-
15 gae quadrigas praetereunt. Sed quid id est? Equi ceciderunt! Di boni!"

Wagenrennen im Circus Maximus. Aquarell von Peter Connolly.

Voller Spannung sieht der Junge zu, wie die übrigen Wagenlenker am Unfallgespann vorbeizukommen versuchen.

a) 1. Untersuche, mit welchen Mitteln der Freund das Interesse des Jungen an den Zirkusspielen zu wecken sucht. 2. Mit welchem heutigen Sportereignis lässt sich das Geschehen im Circus Maximus vergleichen? Führe die Parallelen auf, indem du von den Details in T ausgehst.

b) Ein aufdringlicher Kaufmann. Ergänze die verlangten Formen und übersetze dann:
1. Mercator magna voce clamat: „(adire, Imp. 2. Pl.), viri et mulieres! 2. Cur meam tabernam (Laden) pulchram (praeterire, Präs. 2. Pl.)? 3. Credite mihi: Si (inire, Fut. II, 2. Pl.), diu non iam (exire, Fut. I, 2. Pl.) 4. Iam multi tabernam (inire, Perf. 3. Pl.)."

c) _plus_ 1. Ein Jahr ist schon vergangen (vorbeigegangen). 2. Ich kann die süße Erinnerung (memoria) nicht übergehen. Sind wir etwa nicht glücklich gewesen, als wir durch die Wälder der Heimat gegangen sind? 3. Ich freute mich, weil wir gemeinsame Freunde aufsuchten. 4. Auch in diesem Sommer werden wir in die Wälder (hinein)gehen und Freunde aufsuchen.

Roms Frühzeit – Ein Staat aus vielen Völkern

Hinweise zur Konzeption und zur Arbeit mit dem Wortschatz- und Grammatikteil

Der Wortschatz- und Grammatikteil enthält – übersichtlich und lernfreundlich aufbereitet – zu den einzelnen Lektionen die folgenden Bestandteile:

a) Wortschatz (W)

Dieser Teil bietet unter dem Stichwort „**Lernwörter**" alle in der Lektion neu zu lernenden Wörter und Wendungen, und zwar in der Reihenfolge, wie sie in T vorkommen.

Im **Graudruck** (eingerückt) stehen Wendungen, die nicht gelernt werden müssen, weil sie nur zur Verdeutlichung grammatischer Eigenschaften und Bedeutungen dienen (z.B. ad basilicam properare beim Erstvorkommen der Präposition ad oder populis imperare beim Erstvorkommen von imperare).

Im **Graudruck** (bündig) erscheinen Wörter, die nicht mehr gelernt werden müssen, weil sie beim Nachtrag einzelner Formen oder Bedeutungen noch einmal angeführt werden (z.B. scribere, scribo bei der Einführung von scripsi).

Als Zusatzangebot erscheinen ab Lektion 7 „**Wiederholungswörter**", d.h. in T verwendete Vokabeln, deren Erlernen bereits einige Lektionen zurückliegt und die nun aufgefrischt werden sollten.

Die **Tabellen**, die mit einem ✳ gekennzeichnet sind, enthalten alle Wörter der Lektion, die den neuen Grammatikstoff repräsentieren; dabei erscheinen manche Vokabeln im **Blaudruck**: Diese werden im Text- und Übungsteil bereits auf der linken Hälfte der Doppelseite eingeführt, weil sie beispielhaft den neuen Grammatikstoff darbieten (z.B. rogare, parare, vocare, intrare bei der Einführung der a-Konjugation).

b) Grammatik

Die grammatischen Erläuterungen sind einheitlich gegliedert nach Formenlehre (F) und Satzlehre (und / oder Semantik) (S).

Die Darbietung ist konsequent auf das für den Schüler Wichtige beschränkt, wobei Leseverstehen und Sprachreflexion als Hauptziele des Sprachunterrichts Auswahl und Umfang bestimmen.

Die sprachlichen Phänomene der Formenlehre werden in übersichtlichen Tabellen vorgeführt, die Stoffe der Satzlehre zumeist in induktiver Weise an Beispielsätzen erläutert. Diese Beispielsätze enthalten – soweit es der Stoff erlaubt – keine neuen Vokabeln, sodass die Grammatik vor der Behandlung des Lektionstextes besprochen werden kann.

c) Methodentraining (M)

Diese Teile schulen mit konkreten und praxisbezogenen Tipps reflektiertes und ökonomisches Lernen und Arbeiten. Sie zielen auf fachspezifische Methoden (z.B. Abfragen von Satzgliedern, Anwenden der Wortbildung, Unterscheiden von mehrdeutigen Formen) ebenso ab wie auf überfachliche Kompetenzen (z.B. Lerntechniken, Lernplanung, Methoden der Texterschließung).

Der Wortschatz- und Grammatikteil – Auf einen Blick

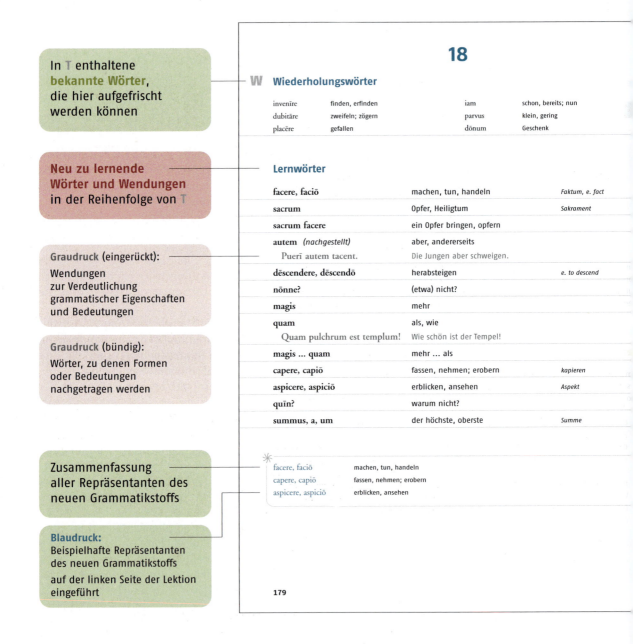

In T enthaltene bekannte Wörter, die hier aufgefrischt werden können

Neu zu lernende Wörter und Wendungen in der Reihenfolge von T

Graudruck (eingerückt):
Wendungen zur Verdeutlichung grammatischer Eigenschaften und Bedeutungen

Graudruck (bündig):
Wörter, zu denen Formen oder Bedeutungen nachgetragen werden

Zusammenfassung aller Repräsentanten des neuen Grammatikstoffs

Blaudruck:
Beispielhafte Repräsentanten des neuen Grammatikstoffs auf der linken Seite der Lektion eingeführt

Der Wortschatz- und Grammatikteil – Auf einen Blick

18

erben: Konsonantische Konjugation (i-Erweiterung) F

i-Erweiterung

Infinitiv	cape-re	nehmen		
	Singular		**Plural**	
1. Person	capi-ō	ich nehme	capi-mus	wir nehmen
2. Person	capi-s	du nimmst	capi-tis	ihr nehmt
3. Person	capi-t	er (sie, es) nimmt	capi-u-nt	sie nehmen
Imperativ	cape	nimm!	capi-te	nehmt!

ei einigen Verben, die zur konsonantischen onjugation gezählt werden, endet der Wortstamm uf ein kurzes -i-. Daher gleichen viele Formen enen der i-Konjugation.

Vor -r (z.B. im Infinitiv) und im Imperativ Singular steht statt des kurzen -i- ein kurzes -e-. Um die Verben mit i-Erweiterung zu erkennen, muss man zusätzlich zum Infinitiv die 1. Pers. Sg. wissen.

> **Formenlehre (F) und / oder Satzlehre (S)**

exte erschließen: Wort- und Sachfelder beachten M

m – ggf. auch vor der Übersetzung – einen Text zu rschließen, genügt es oft, zu überprüfen, welche ort- bzw. Sachfelder dieser enthält.

Ein **Wortfeld** wird gebildet von sinnverwandten Wörtern derselben Wortart.
Beispiel: Wortfeld „reden, sprechen, sagen": vocare, respondere, rogare, monere

Ein **Sachfeld** wird gebildet von sinnverwandten Wörtern verschiedener Wortarten. (vgl. 11 M)
Beispiel: Sachfeld „Lernen": discipulus, ludus, tabula, lingua, audire, scire, nescire, docere,

laborare, rogare, probare, studere, laudare, scribere, ostendere
Weitere Beispiele für Sachfelder: „Handel", „Politik", „Religion", „Leben in der Stadt", „Leben auf dem Land", „Reisen".

Die zu einem Wort- oder Sachfeld gehörenden Wörter können zwar unterschiedliche Bedeutungen haben, sie werden aber dadurch auf eine Bedeutung festgelegt, dass sie zusammen mit anderen Wörtern in einem bestimmten Kontext verwendet werden.

> **Praktische Tipps** zum Erwerb von fachlichen und überfachlichen **Methoden und Kompetenzen**

180

> Auf den Grammatikseiten ist nur die Behandlung der Lernwörter **(W)**, der Formenlehre **(F)** und der Satzlehre **(S)** obligatorisch. Die anderen Elemente – hier grün unterlegt – stellen ein Angebot dar, aus dem die Lehrkraft eine Auswahl nach entsprechenden methodischen und didaktischen Kriterien treffen wird.

1

W Lernwörter

puella	Mädchen, Freundin	
serva	Sklavin, Dienerin	
silva	Wald	
via	Weg, Straße	
vīlla	Haus, Landhaus	*Villa, e./i./s. villa, f. ville*
avus	Großvater	
campus	Feld, freier Platz	*Camping, e. camp*
equus	Pferd	
mūrus	Mauer	*f. mur, i./s. muro*
servus	Sklave, Diener	*„Servus!"*
vīcus	Dorf, Gasse	
et	und, auch	*f. et, i./s. e*

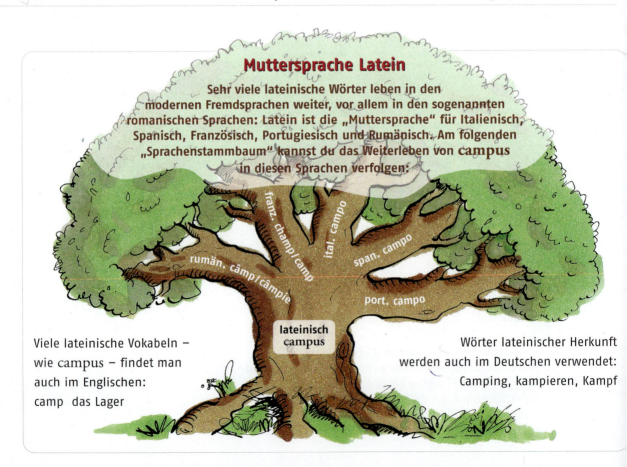

Muttersprache Latein

Sehr viele lateinische Wörter leben in den modernen Fremdsprachen weiter, vor allem in den sogenannten romanischen Sprachen: Latein ist die „Muttersprache" für Italienisch, Spanisch, Französisch, Portugiesisch und Rumänisch. Am folgenden „Sprachenstammbaum" kannst du das Weiterleben von campus in diesen Sprachen verfolgen:

franz. champ — ital. campo — span. campo — port. campo — rumän. câmp/câmpie

lateinisch campus

Viele lateinische Vokabeln – wie campus – findet man auch im Englischen: camp das Lager

Wörter lateinischer Herkunft werden auch im Deutschen verwendet: Camping, kampieren, Kampf

Substantive: a- / o-Deklination (Nominativ)

a-Deklination	Singular		Plural	
Nominativ	serv-a	die Sklavin	serv-ae	die Sklavinnen

o-Deklination	Singular		Plural	
Nominativ	serv-us	der Sklave	serv-ī	die Sklaven

a) Die lateinischen Wörter, die in diesem Kapitel vorkommen, sind **Substantive** (Namen- oder Hauptwörter).

b) Da es im Lateinischen keinen **Artikel** (Begleiter) gibt, muss man bei der Übersetzung entscheiden, ob der bestimmte Artikel (z.B. *der* Sklave, *die* Sklavin), der unbestimmte Artikel (z.B. *ein* Sklave, *eine* Sklavin) oder kein Artikel (z.B. Sklaven) einzusetzen ist. In den Tabellen steht nur der bestimmte Artikel.

c) Jedes lateinische Substantiv hat – wie auch jedes deutsche – ein bestimmtes **Genus** (grammatisches Geschlecht); wir unterscheiden:

Maskulinum	m	männliches Substantiv
Femininum	f	weibliches Substantiv
Neutrum	n	sächliches Substantiv

d) Jedes lateinische Substantiv kann einer **Deklinationsklasse** zugeordnet werden; wir unterscheiden zunächst zwei Deklinationsklassen, die a-Deklination (1. Deklination) und die o-Deklination (2. Deklination). Zur a-Deklination gehören Substantive mit der **Endung** -a, zur o-Deklination Substantive mit der Endung -us.

e) Im Deutschen erkennt man das Genus am Artikel, im Lateinischen oft an der Endung des Substantivs. Die Substantive der a-Deklination sind meist Feminina, die der o-Deklination auf -us meist Maskulina.
Das Genus eines lateinischen Substantivs kann mit dem des entsprechenden deutschen Substantivs übereinstimmen, z.B. serva *f* – die Sklavin *f*. Es kann aber auch davon abweichen, z.B. silva *f* – der Wald *m*.

f) Substantive treten im **Singular** (in der Einzahl) und im **Plural** (in der Mehrzahl) auf. Der Überbegriff zu Singular und Plural lautet **Numerus** (Zahl).

g) Man kann lateinische Substantive – wie auch deutsche – **deklinieren** (beugen), d.h. in verschiedene **Kasus** (Fälle) setzen, z.B. *der Sklave, des Sklaven, dem Sklaven, den Sklaven*.
In diesem Kapitel kommen die lateinischen Substantive nur im **Nominativ** vor; der Nominativ bezeichnet den 1. Fall.

h) Der Numerus, der Kasus und die Deklinationsklasse sind im Lateinischen an der Endung des Substantivs zu erkennen, z.B. -a oder -us.

2

W Lernwörter

esse	sein, sich befinden	
est	er (sie, es) ist	
sunt	sie sind	
rīdēre	lachen, auslachen	f. rire, i. ridere
nōn	nicht	e. no, f./i. non
cūr?	warum?	
pārēre	gehorchen	
monēre	mahnen, ermahnen	
dēbēre	müssen, sollen	
quid?	was?	
timēre	fürchten, Angst haben	
oculus	Auge	
dolēre	schmerzen, wehtun	
Homīlia serva	die Sklavin Homilia	
nunc *Adv.*	nun, jetzt	
tacēre	schweigen, verschweigen	

140

esse	sein, sich befinden	pārēre	gehorchen
rīdēre	lachen, auslachen	dēbēre	müssen, sollen
tacēre	schweigen, verschweigen	timēre	fürchten, Angst haben
monēre	mahnen, ermahnen	dolēre	schmerzen, wehtun

Verben: e-Konjugation / esse (3. Person, Infinitiv) F

e-Konjugation

	Infinitiv	rīdē-**re**	lachen		
		Singular		**Plural**	
	3. Person	rīde-**t**	er (sie, es) lacht	rīde-**nt**	sie lachen

Hilfsverb esse

	Infinitiv	es-**se**	sein		
		Singular		**Plural**	
	3. Person	es-**t**	er (sie, es) ist	su-**nt**	sie sind

a) Auch **Verben** (Zeitwörter) bilden Formen im Singular und Plural. Zunächst treten die Verbformen nur im **Präsens** (in der Gegenwart) auf.
Man kann die Verben **konjugieren** (beugen), d.h. in die verschiedenen Personen setzen, z.B. *ich lache, du lachst, er (sie, es) lacht.*

b) Lateinische Verben können verschiedenen **Konjugationsklassen** zugeordnet werden; wir lernen zunächst nur die e-Konjugation kennen; sie ist benannt nach dem -ē- am Ende des **Wortstamms** (rīdē-).

Die Formen des Hilfsverbs (esse) lassen sich keiner Konjugationsklasse zuordnen und müssen eigens gelernt werden.

c) Person und Numerus sind an der Endung der Verben zu erkennen. In diesem Kapitel kommen die lateinischen Verben nur im **Infinitiv** (in der Grundform) und in der 3. **Person** vor. Die 3. Person Singular endet auf **-t**, die 3. Person Plural auf **-nt**.
Der Infinitiv Präsens hat in der Regel die Endung **-re**.

S1 Subjekt und Prädikat

Serv*us* ride*t*.
Der Sklave lacht.

Serv*i* ride*nt*.
Die Sklaven lachen.

Der einfache lateinische Satz besteht – wie der deutsche – aus zwei Satzgliedern, nämlich aus **Subjekt** (Satzgegenstand) und **Prädikat** (Satzaussage). Nach dem Subjekt fragt man „*wer oder was?*", nach dem Prädikat „*was wird ausgesagt?*". Das Prädikat richtet sich im Numerus nach dem Subjekt. Diese Übereinstimmung nennt man **Kongruenz**.

S2 Substantiv als Prädikatsnomen und als Attribut

Cornelia *puella est*.
Cornelia *ist ein Mädchen*.

Cornelia puella ridet.
Das Mädchen Cornelia lacht.

Ein lateinisches Substantiv (im Nominativ) kann zusammen mit einer Form des Hilfsverbs das Prädikat bilden (hier: puella est). Das Substantiv wird in diesem Fall als **Prädikatsnomen** verwendet.
Ein Substantiv kann durch ein **Attribut** (eine Beifügung) erweitert werden. Das Substantiv puella erläutert als Attribut den Namen Cornelia.

Wörter lernen: Lerntechniken kennen

Es gibt verschiedene Techniken, wie du dir lateinische Wörter einprägen kannst:

1. Lernen mit dem Buch
Decke die lateinische Spalte des Wortschatzes ab. Lies die Bedeutungen des ersten Wortes und versuche, das lateinische Wort laut zu sagen. Durch Aufdecken kannst du überprüfen, ob die Lösung stimmt. Nun ist das nächste Wort an der Reihe. Übe so lange, bis du in einem Durchgang alle lateinischen Wörter nennen kannst. Mache es dann mit der deutschen Spalte genauso. Wenn du alle Wörter kannst, solltest du dich „durcheinander" abfragen lassen.

2. Lernen mit dem Vokabelheft
Die lateinischen Wörter und ihre deutschen Bedeutungen werden zweispaltig in ein Vokabelheft übertragen. Dann lässt sich dieselbe Abdecktechnik anwenden wie für das Lernen mit dem Buch. Ein Vorteil ist, dass du dir geschriebene Wörter leichter einprägst. Dann kannst du dich selber „durcheinander" abfragen: Du hakst z.B. die Vokabeln ab, die du kannst, und übst die übrigen weiter. Wörter, die gar nicht in deinen Kopf wollen, kannst du farbig markieren.

3. Lernen mit Vokabelkarten
Jede Vokabel eines Kapitels wird auf eine Karte übertragen (Vorderseite: lateinisches Wort, rechts oben: Kapitelnummer; Rückseite: deutsche Bedeutungen). Dabei lassen sich die Wörter z.B. nach Wortarten sortieren, wenn man verschiedenfarbige Karten verwendet (vgl. S. 142 unten). Präge dir die Vokabeln der Reihe nach ein wie bei Technik 1. Ob die von dir genannte Lösung richtig ist, ermittelst du durch Umdrehen der Karten. Besonders leicht kannst du dich hier „durcheinander" abfragen: Mische die Karten einfach und sortiere dann Wörter, die du nicht kannst, für einen zweiten Durchgang aus. Wenn du schon Wörter mehrerer Kapitel gelernt hast, empfiehlt sich die Benutzung einer Vokabelkartei, die eine fünfmalige Wiederholung verlangt (vgl. 8 M).

4. Lernen mit dem Computer
Bei der Verwendung eines Vokabelprogramms richtest du dich nach den Anweisungen dieses Programms.

Lernen mit	Material	Vorteil	Nachteil
dem Buch		wenig Aufwand	Selbstkontrolle nicht möglich
dem Vokabelheft	Vokabelheft	geringe Kosten; Einprägen durch Schreiben; Selbstkontrolle möglich	eventuell Fehler beim Abschreiben
Vokabelkarten	Karteikarten und Kasten	Einprägen durch Schreiben; Selbstkontrolle auch langfristig gut möglich	eventuell Fehler beim Abschreiben; eventuell Unvollständigkeit der Karten
dem Computer	Computerprogramm	Selbstkontrolle auch langfristig gut möglich	hohe Kosten

3

W Lernwörter

hīc *Adv.*	hier	
dominus	Herr	
ibī *Adv.*	dort	
sedēre	sitzen	*e. to sit, i. sedere*
sed	aber, sondern	
respondēre	antworten	*Kor-respondenz*
quis?	wer?	
augēre	vergrößern, vermehren	*Auktion*
neque	und nicht, auch nicht	
neque … neque	weder … noch	
terrēre	erschrecken	*Terrorist, e. terror, f. terreur*
lingua	Sprache, Rede	*e. language, f. langue, i. lingua, s. lengua*
nam	denn, nämlich	

M Übersetzen: Satzbauplan beachten

Avus	Corneliam et Iuliam	monet.
Der Großvater	ermahnt	Cornelia und Julia.

Beim Übersetzen musst du die unterschiedliche Satzstellung im Deutschen und Lateinischen beachten. Im Deutschen steht das Prädikat eines Aussagesatzes immer als zweites Satzglied, im Lateinischen meist an letzter Stelle.

Ziehe also bei der Übersetzung vom Lateinischen ins Deutsche das Prädikat nach vorne.
Zum Übersetzen vom Deutschen ins Lateinische kannst du das Prädikat vorläufig auf einem Zettel notieren und dann am Ende des Satzes einfügen.

Substantive: a- / o-Deklination (Akkusativ)

a-Deklination	Singular		Plural	
Nominativ	serv-a	*die Sklavin*	serv-ae	*die Sklavinnen*
Akkusativ	serv-**am**	*die Sklavin*	serv-**ās**	*die Sklavinnen*

o-Deklination	Singular		Plural	
Nominativ	serv-us	*der Sklave*	serv-ī	*die Sklaven*
Akkusativ	serv-**um**	*den Sklaven*	serv-**ōs**	*die Sklaven*

Der **Akkusativ** bezeichnet den 4. Fall.

Akkusativ als Objekt

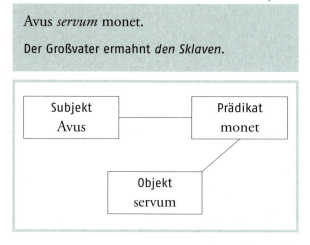

Avus *servum* monet.

Der Großvater ermahnt *den Sklaven*.

Der Akkusativ hat – wie im Deutschen – die Satzgliedfunktion des **Objekts** (der Satzergänzung). Objekte hängen vom Prädikat ab und ergänzen es. Nach dem **Akkusativobjekt** fragt man *„wen oder was?"*.

Subjekt im Prädikat

Ride*nt*.

Sie lachen.

Im Lateinischen kann das Subjekt auch im Prädikat (Endung!) enthalten sein. Bei der Übersetzung werden im Deutschen entsprechende Pronomina (Fürwörter) eingesetzt.

Wer oder was gemeint ist (z.B. *die Sklaven*, *die Mädchen*), ist aus dem Textzusammenhang bzw. dem vorausgehenden Satz zu erschließen.

4

W Lernwörter

gaudēre, gaudeō	sich freuen	*Gaudi*
amīcus	Freund	*f. ami, i. amico, s. amigo*
docēre, doceō	lehren, unterrichten	*dozieren, Dozent*
studēre, studeō	sich bemühen, studieren	*studieren, Student, e. to study*
tabula	(Schreib-)Tafel, Gemälde	*Tabelle, e./f. table, i. tavola*
tenēre, teneō	halten, festhalten, besitzen	
praebēre, praebeō	geben, hinhalten	
iam *Adv.*	schon, bereits; nun	
prīmō *Adv.*	zuerst	
tum *Adv.*	da, dann, darauf, damals	
rēctē *Adv.*	richtig, zu Recht	
nōn iam	nicht mehr	
saepe *Adv.*	oft	
numquam *Adv.*	niemals	*s. nunca*

Verben: e-Konjugation / esse (1. und 2. Person)

e-Konjugation	Singular		Plural	
1. Person	rīde-ō	ich lache	rīdē-mus	wir lachen
2. Person	rīdē-s	du lachst	rīdē-tis	ihr lacht
3. Person	rīde-t	er (sie, es) lacht	rīde-nt	sie lachen

Hilfsverb esse	Singular		Plural	
1. Person	su-m	ich bin	su-mus	wir sind
2. Person	es	du bist	es-tis	ihr seid
3. Person	es-t	er (sie, es) ist	su-nt	sie sind

Lernen planen: Grundsätze beachten

Ob du dir neue Wörter einprägst, einen neuen Grammatikbaustein oder sonst irgendeinen neuen Inhalt lernst, in jedem Fall solltest du die folgenden Grundsätze beachten, um Gelerntes dauerhaft im Gedächtnis zu verankern:

1. Lerne mit verschiedenen Sinnen.
Du behältst die Wörter oder Stoffe leichter, wenn du mehrere Kanäle, d.h. Sinne, am Lernprozess beteiligst. Präge dir z.B. Wörter nicht nur über die Augen ein, sondern nimm sie auch über die Ohren auf: **Lies** sie also nicht nur, sondern **sprich** sie laut. Stoffe, die du dir schlecht merken kannst, solltest du auch **schreiben**. Zusätzlich ist es vorteilhaft, wenn du mit ihnen etwas **tust**: Hefte sie z.B. an eine Pinnwand, zeichne einzelne Vokabeln, gestalte ein Plakat oder lerne, indem du anderen den Stoff noch einmal erklärst.

2. Teile dir den Stoff in Portionen ein.
Unser Gedächtnis kann eine größere Menge an Stoff leichter speichern, wenn wir ihn in kleinere Portionen einteilen. Wenn du z.B. zehn neue Vokabeln lernen musst, solltest du zwei Gruppen daraus machen und diese nacheinander lernen, mit einer kurzen Pause dazwischen.
Bis zu sieben Stoffbausteine, also z.B. Vokabeln, kann das Gedächtnis auf einmal speichern.

3. Lerne konzentriert.
Um zügig und erfolgreich zu lernen, brauchst du einen ruhigen Arbeitsplatz, der es dir ermöglicht, dich ganz auf deine Aufgaben zu konzentrieren. Räume also alles, was dich ablenken könnte, von deinem Schreibtisch weg. Auch Musik beeinträchtigt die Konzentration. Auf keinen Fall solltest du deine Hausaufgaben auf den Abend verschieben; wenn du müde bist, ist konzentriertes Arbeiten nicht möglich.

5

W Lernwörter

sonus	Ton, Klang, Geräusch	*Sonate, Re-sonanz*
latēre, lateō	verborgen sein	*latent*
subitō *Adv.*	plötzlich	
gladius	Schwert	*Gladiole, Gladiator*
torquēre, torqueō	drehen; quälen	
scelerātus	Verbrecher	
flēre, fleō	weinen, beweinen	
placēre, placeō	gefallen	
cui?	wem?	
statim *Adv.*	sofort	
etiam	auch, sogar	
iterum *Adv.*	wiederum, zum zweiten Mal	
itaque	deshalb	
tantum *Adv. (nachgestellt)*	nur	
Lingua tantum servōs terret.	Nur die Sprache erschreckt die Sklaven.	

Substantive: a- / o-Deklination (Dativ)

a-Deklination	Singular		Plural	
Nominativ	serv-a	die Sklavin	serv-ae	die Sklavinnen
Dativ	serv-**ae**	der Sklavin	serv-**īs**	den Sklavinnen
Akkusativ	serv-am	die Sklavin	serv-ās	die Sklavinnen

o-Deklination	Singular		Plural	
Nominativ	serv-us	der Sklave	serv-ī	die Sklaven
Dativ	serv-**ō**	dem Sklaven	serv-**īs**	den Sklaven
Akkusativ	serv-um	den Sklaven	serv-ōs	die Sklaven

Der **Dativ** bezeichnet den 3. Fall.

Dativ als Objekt

Servus *domino* respondet.
Der Sklave antwortet *dem Herrn*.

Nach dem **Dativobjekt** fragt man „wem?".

Servus *domino* tabulam praebet.
Der Sklave gibt *dem Herrn* die Tafel.

Der Dativ ergänzt als Objekt auch Verben, die schon ein Akkusativobjekt bei sich haben (z.B. praebet). Welche und wie viele Objekte stehen können oder müssen, wird durch das Prädikat festgelegt.

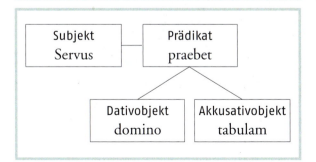

6

W Lernwörter

cibus	Nahrung, Speise, Futter	
habēre, habeō	haben, halten	e. to have
complēre, compleō	anfüllen, auffüllen	komplett, e. to complete
cōpia	Menge, Vorrat	Kopie, kopieren, e. copy
aqua	Wasser	Aquarium, i. acqua
ventus	Wind	Ventil, Ventilator
dēlēre, dēleō	zerstören, vernichten	
adhūc *Adv.*	bis jetzt, noch	
populus	Volk	populär, e. people
Aeolus	Äolus *(Herr über die Winde)*	
deus	Gott, Gottheit	f. dieu, i. dio, s. dios
profectō *Adv.*	sicherlich, tatsächlich	
grātia	Dank	Grazie, i. grazie
grātiam habēre	danken	
semper *Adv.*	immer	i. sempre, s. siempre

F1 Verben: e-Konjugation / esse (Imperativ)

e-Konjugation	Singular	Plural
Imperativ	rīdē *lache!*	rīdē-**te** *lacht!*

Hilfsverb *esse*	Singular	Plural
Imperativ	es *sei!*	es-**te** *seid!*

Der **Imperativ** ist die Befehlsform.

Lateinische Verbformen geben außer der Person und dem Numerus (Sg. bzw. Pl.) u.a. auch den **Modus** (die Aussageweise) an.

Nach dem **Indikativ** (der sog. Wirklichkeitsform, z.B. *er lacht*) lernst du nun den **Imperativ** (die Befehlsform, z.B. *lache!*) kennen.

Substantive: a- / o-Deklination (Vokativ)

Respondē, puell-**a**!
Antworte, *Mädchen!*

Respondēte, puell-**ae**!
Antwortet, *Mädchen!*

Respondē, serv-**e**!
Antworte, *Sklave!*

Respondēte, serv-**ī**!
Antwortet, *Sklaven!*

Der **Vokativ** (5. Fall) ist ein eigener Kasus, um jemanden anzureden.
Die Formen sind im Allgemeinen denen des Nominativs gleich.

Ausnahme: Bei Substantiven der o-Deklination auf -us hat der Vokativ Sg. die Endung -**e**.
Der Vokativ wird in den Deklinationstabellen nicht eigens aufgeführt.

Wörter lernen: an Bekanntes anknüpfen

Ein neuer Stoffbaustein wird leichter behalten, wenn man an Bekanntes anknüpfen kann:

1. Von deutschen Fremd- und Lehnwörtern ausgehen

Die lateinische Sprache lebt im Deutschen weiter, und zwar in Fremd- und Lehnwörtern.
Die lateinischen Wörter, die als **Fremdwörter** in das Deutsche eingedrungen sind, haben ihre ursprüngliche lateinische Form weitgehend beibehalten, z.B. *die Villa* (lat. villa). Zu den Fremdwörtern gehören etwa auch *Student* (vgl. lat. studere) oder *Dozent* (vgl. lat. docere).
Die **Lehnwörter** wurden zusammen mit den Dingen, die sie bezeichneten, in die deutsche Sprache „entlehnt". Man erkennt ihre fremde Herkunft nicht gleich, da sie ihre Form und ihre Laute an das Deutsche angeglichen haben, z.B. *Tafel* (vgl. lat. tabula) oder *Mauer* (lat. murus).
Da dir viele Fremd- und Lehnwörter bekannt sind, kannst du dir mit ihrer Hilfe die lateinischen Herkunftswörter leicht merken. Sie werden im Wortschatz als Lernhilfe immer angegeben.

2. Vokabeln anderer Sprachen nutzen

Da sehr viele Wörter der „Muttersprache Latein" (vgl. S. 138) in anderen Sprachen weiterleben, lassen sich Bezüge zu Vokabeln dieser Sprachen nutzen, um sich lateinische Wörter zu merken. Vielleicht hast du in Italien an Straßenschildern das Wort *via* (vgl. lat. via) schon einmal gelesen oder du hast gehört, wie sich jemand im Restaurant *acqua* (vgl. lat. aqua) bestellt und nach Erhalt *grazie* (vgl. lat. gratia) gesagt hat.

3. Eselsbrücken erfinden

Wenn dir keine Verwandtschaft zwischen einem deutschen oder fremdsprachlichen Wort mit einer lateinischen Vokabel einfällt, kannst du dir mit Eselsbrücken helfen: copia kannst du dir z.B. mit dem Ausdruck „eine *Menge Kopien*" merken, monere vielleicht mit dem Satz: „Her mit den *Moneten!*", *mahnt* der Räuber. – Oder: Herr *Semper* geht *immer* spazieren.
Deiner Fantasie sind keine Grenzen gesetzt …

7

W Wiederholungswörter

flēre	weinen, beweinen	itaque	deshalb
praebēre	geben, hinhalten	dēbēre	müssen, sollen
subitō	plötzlich	augēre	vergrößern, vermehren

Lernwörter

valēre, valeō	gesund sein, stark sein, Einfluss haben	
valē! valēte!	Leb wohl! Lebt wohl!	
lacrima	Träne	*i. lacrima, s. lágrima*
vidēre, videō	sehen	*Video*
movēre, moveō	bewegen, beeindrucken	*e. to move*
tandem *Adv.*	endlich	
mox *Adv.*	bald	
turba	(Menschen-)Menge	*Trubel*
patēre, pateō	offenstehen	
īnsula	Insel; Wohnblock	*f. île, i. isola, s. isla*
Rōma	Rom	
amīca	Freundin	*amīcus, f. amie, s. amiga*
laetitia	Freude	

Anhand dieser Rekonstruktion der Insula 6, Region I, in Pompeji ist gut zu erkennen, warum die Römer einen Wohnblock mit dem Begriff „insula" gleichsetzten: Der Gebäudekomplex ist ringsum von Straßen umgeben – wie eine Insel im Meer.

Substantive: a- / o-Deklination (Genitiv)

a-Deklination	Singular		Plural	
Nominativ	serv-a	*die Sklavin*	serv-ae	*die Sklavinnen*
Genitiv	serv-**ae**	*der Sklavin*	serv-**ārum**	*der Sklavinnen*
Dativ	serv-ae	*der Sklavin*	serv-īs	*den Sklavinnen*
Akkusativ	serv-am	*die Sklavin*	serv-ās	*die Sklavinnen*

o-Deklination	Singular		Plural	
Nominativ	serv-us	*der Sklave*	serv-ī	*die Sklaven*
Genitiv	serv-**ī**	*des Sklaven*	serv-**ōrum**	*der Sklaven*
Dativ	serv-ō	*dem Sklaven*	serv-īs	*den Sklaven*
Akkusativ	serv-um	*den Sklaven*	serv-ōs	*die Sklaven*

Der **Genitiv** bezeichnet den 2. Fall.

Genitiv als Attribut

Serva *amicae* equum *avi* timet.

Die Sklavin *der Freundin* fürchtet das Pferd *des Großvaters*.

Als **Attribut** (Beifügung) bezeichnet der Genitiv die Zugehörigkeit zu einer Person oder Sache (Genitiv der Zugehörigkeit).

Nach dem **Genitiv** fragt man „*wessen?*".

Das Attribut kann als Satzgliedteil z.B. zum Subjekt oder Objekt hinzutreten.

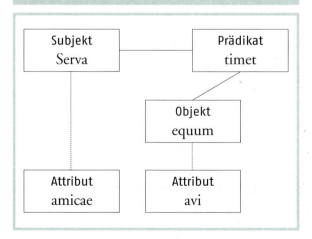

M Lernen planen: Hausaufgaben machen

Grundsätzlich gilt:

1. Hausaufgaben beginnen im Unterricht!
Je mehr du dir vom Lernstoff durch aufmerksame Teilnahme am Unterricht bereits in der Schule einprägst, desto leichter und schneller gehen dir die Hausaufgaben von der Hand.

2. Planung ist alles!
→ Trage alle Hausaufgaben, die bis zu einem bestimmten Tag gemacht werden müssen, in einen Wochenplan (Beispiel: s.u.) ein.
→ Räume deinen Hausaufgaben täglich genügend Zeit ein.
→ Teile deine Hausaufgaben in überschaubare Portionen ein.

3. Abwechslung macht Spaß!
→ Wechsle ab zwischen mündlichen und schriftlichen Aufgaben.
→ Beginne mit etwas Leichtem, spare dir aber das Schwierige nicht bis zum Ende auf.

Für Latein gilt außerdem:

4. Genauigkeit ist angesagt!
→ Lerne bei den Vokabeln jeden Buchstaben.
→ Lerne alle ergänzenden Angaben im Vokabelteil mit, z.B. bei den Verben die 1. Pers. Sg.

5. Übung macht den Meister!
→ Wiederhole die im Unterricht übersetzten und verbesserten Texte so gut, dass du sie flüssig wiedergeben kannst; so schleifen sich Wendungen ein und du gewinnst Sprachsicherheit. Außerdem sorgst du durch regelmäßiges Wiederholen dafür, dass dir das Lernen immer leichter fällt; denn die Leistungsfähigkeit des Gedächtnisses lässt sich trainieren.
→ Erledige schriftliche Hausaufgaben besonders sorgfältig; notiere dir alles, was du dabei nachschlagen musstest, und präge es dir anschließend nochmals ein.

Mo	Do
Latein: 6T wiederholen, 4-6W	Mathe:
Mathe: S.22 Regeln!	Nu T: Buch S. 17
Deutsch: Kommaregeln!	Latein:

Die	Fr
Musik: Flöte!	
Latein: 7W-7F-7Ü, b und d	
Geogr.: Atlas! Hefteintrag	

Mi	Mitteilungen
Deutsch: Aufsatz verbessern	
Mathe: S.24, Übung a-c	
Sport: Turnschuhe!	

8

Wiederholungswörter

lingua	Sprache, Rede	statim	sofort
cibus	Nahrung, Speise, Futter	prīmō	zuerst
itaque	deshalb	profectō	sicherlich, tatsächlich

Lernwörter

domina	Herrin, Dame	*dominus*
rogāre, rogō	bitten, fragen	
amāre, amō	lieben	*Amateur, f. aimer, i. amare, s. amar*
parāre, parō	(vor)bereiten, vorhaben *(m. Inf.)*; erwerben	*parat, prä-parieren, re-parieren*
labōrāre, labōrō	arbeiten, sich anstrengen	*Labor*
vocāre, vocō	nennen, benennen, rufen	*Vokal, Vokativ*
properāre, properō	eilen, sich beeilen	
cēna	Mahlzeit, Essen	
fīlia	Tochter	
intrāre, intrō	betreten, eintreten	
mēnsa	(Ess-)Tisch	*Mensa*
ōrnāre, ōrnō	ausstatten, schmücken	
sīc *Adv.*	so	
dēlectāre, dēlectō	erfreuen, unterhalten	

parāre, parō	(vor)bereiten, vorhaben *(m. Inf.)*; erwerben	amāre, amō	lieben
		labōrāre, labōrō	arbeiten, sich anstrengen
vocāre, vocō	nennen, benennen, rufen	properāre, properō	eilen, sich beeilen
intrāre, intrō	betreten, eintreten	ōrnāre, ōrnō	ausstatten, schmücken
rogāre, rogō	bitten, fragen	dēlectāre, dēlectō	erfreuen, unterhalten

F Verben: a-Konjugation

a-Konjugation				
Infinitiv	rogā-re	bitten, fragen		
	Singular		**Plural**	
1. Person	rog-ō	ich bitte	rogā-mus	wir bitten
2. Person	rogā-s	du bittest	rogā-tis	ihr bittet
3. Person	roga-t	er (sie, es) bittet	roga-nt	sie bitten
Imperativ	rogā	bitte!	rogā-te	bittet!

Die a-Konjugation ist benannt nach dem -ā- am Ende des Wortstamms (rogā-).

Die Endungen sind die gleichen wie bei den Verben der e-Konjugation. Beachte: rog-ō aus roga-ō.

M Wörter wiederholen

Dass man gelernten Stoff schnell wieder vergisst, wenn man nicht wiederholt, zeigt folgende Kurve:

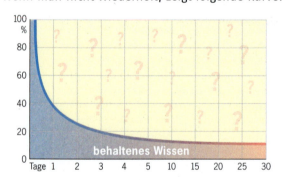

Vor allem Wörter muss man gezielt wiederholen. Beachte dabei Folgendes:

1. Erst wenn du ein Wort auch nach der fünften Wiederholung noch beherrschst, kannst du dir sicher sein, dass es im Gedächtnis verankert ist. Sinnvoll sind deshalb **fünf Wiederholungen** in immer größeren Zeitabständen, z.B.:

1. WH	am Abend des ersten Lernens
2. WH	am nächsten Tag
3. WH	nach weiteren zwei Tagen
4. WH	am Wochenende
5. WH	vor der Prüfungsarbeit

2. Alle Wörter, die du bei einer der fünf Wiederholungen nicht kannst, musst du **aussortieren**: Du kannst diese aus dem Kapitelwortschatz herausschreiben, im Vokabelheft markieren oder die Vokabelkarte aussortieren. Diese Wörter werden wieder neu gelernt und müssen noch einmal fünf Wiederholungen „überstehen".

Zusätzlich zu dieser systematischen Art der Wiederholung musst du Vokabeln, die dir beim Übersetzen nicht einfallen, notieren und ebenfalls wiederholen. Nimm dir jeden Tag zusätzlich zu dem, was du als Hausaufgabe bekommen hast, etwa 15 Minuten Zeit, um „alte" Vokabeln „aufzufrischen".

9

Wiederholungswörter

complēre	anfüllen, auffüllen	gladius	Schwert
studēre	sich bemühen, studieren	populus	Volk
respondēre	antworten	adhūc	bis jetzt, noch

Lernwörter

familia	Familie	e. family, f. famille, i. famiglia, s. familia
bene *Adv.*	gut	f./s. bien, i. bene
cēnāre, cēnō	essen	*cēna*
spectāre, spectō	betrachten, anschauen, hinsehen	
unde?	woher?	
diū *Adv.*	lange (Zeit)	
dubitāre, dubitō	zweifeln; zögern *(m. Inf.)*	e. to doubt
Rōmānus	Römer, Einwohner Roms	
pūgna	Kampf	
pūgnāre, pūgnō	kämpfen	
superāre, superō	besiegen, überwinden, übertreffen	i. superare, s. superar
Syria	Syrien	
patria	Heimat	f. patrie, i./s. patria
prōvincia	Provinz	Provence, e./f. province, i./s. provincia
Eurōpa	Europa	
Asia	Asien	
Āfrica	Afrika	
dolus	List, Täuschung	
iniūria	Unrecht, Beleidigung	
captīvus	Kriegsgefangener	
filius	Sohn	*fīlia*, f. fils, i. figlio

F Substantive: a- / o-Deklination (Ablativ)

a-Deklination	Singular		Plural	
Nominativ	cēn-a	die Mahlzeit	cēn-ae	die Mahlzeiten
Genitiv	cēn-ae	der Mahlzeit	cēn-ārum	der Mahlzeiten
Dativ	cēn-ae	der Mahlzeit	cēn-īs	den Mahlzeiten
Akkusativ	cēn-am	die Mahlzeit	cēn-ās	die Mahlzeiten
Ablativ	cēn-ā	mit der Mahlzeit, durch die Mahlzeit	cēn-īs	mit den Mahlzeiten, durch die Mahlzeiten

o-Deklination	Singular		Plural	
Nominativ	vent-us	der Wind	vent-ī	die Winde
Genitiv	vent-ī	des Windes	vent-ōrum	der Winde
Dativ	vent-ō	dem Wind	vent-īs	den Winden
Akkusativ	vent-um	den Wind	vent-ōs	die Winde
Ablativ	vent-ō	mit dem Wind, durch den Wind	vent-īs	mit den Winden, durch die Winde

Der **Ablativ** bezeichnet den 6. Fall. Er ist ein Kasus, den es im Deutschen nicht gibt. Die Übersetzung erfolgt oft mit Hilfe einer Präposition (eines Verhältniswortes), z.B. *mit* oder *durch*.

Das -ā wird als Ablativendung lang gesprochen; zunächst wird in den Texten und Übungen die Länge durch einen Querstrich markiert (-ā).

S Ablativ als Adverbiale: Ablativ des Mittels

Aeolus servos *vento* terret.

Äolus erschreckt die Sklaven *durch den Wind (mit dem Wind)*.

In einem Satz kann neben Subjekt, Prädikat und Objekt als Satzglied noch das **Adverbiale** (die Umstandsbestimmung) auftreten. Das Adverbiale hängt vom Prädikat ab und erläutert es.

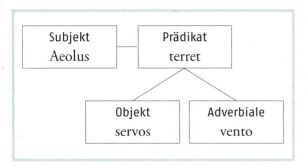

In der Satzgliedfunktion des Adverbiales kommt häufig der Ablativ vor.
Als **Ablativ des Mittels** (Ablativus instrumentalis) gibt er an, womit etwas getan wird.
Man fragt *„womit?"* oder *„wodurch?"*.

Lernen planen: Prüfungen vorbereiten

Der Stoff, der in einer Schulaufgabe oder Klassenarbeit geprüft wird, erstreckt sich über einige Kapitel. Für spätere Prüfungen muss zusätzlich das Grundwissen „aufgefrischt" werden:

1. Wiederhole alle **Vokabeln**. Sortiere dabei die Wörter aus, die du nicht kannst, und übe sie so lange, bis du sie sicher beherrschst.
2. Wiederhole die aktuelle **Grammatik**.
3. Bearbeite alle **Übersetzungen** und **Übungen**, die verbessert im Heft stehen, noch einmal, am besten schriftlich. Vergleiche deine Lösung sorgfältig mit der richtigen Lösung im Heft und versuche die Art des Fehlers, den du gemacht hast, zu erkennen.

Da in deinem Kopf ein heilloses Durcheinander herrschen würde, wenn du alles auf einmal wiederholen würdest, solltest du spätestens eine Woche vor dem Termin der Arbeit mit einer gezielten Vorbereitung beginnen: Erstelle dir dazu einen **Zeitplan**. Plane für jeden Tag ein bestimmtes Pensum aus 1., 2. und 3. ein. Beginne dabei mit dem zuletzt gelernten Stoff, da dieser erfahrungsgemäß noch am wenigsten im Gedächtnis verankert ist. Für den Tag vor der Schulaufgabe solltest du dir nichts Neues mehr vornehmen.

Beispiel:

	1. Wortschatz	2. Grammatik	3. Übersetzung und Übung
1. Tag	9, 8	Ablativ	9 T, 9 Ü d, 9 V c, 8 Ü f, 8 V c
2. Tag	7, 6	a-Konjugation, Genitiv	8 T, 7 T, 7 Ü e, 7 V c
3. Tag	5, 4	Vokativ, Imperativ, Dativ	6 T, 5 T, II *plus* T
4. Tag	3–1	alle Personen (e-Konjug. / esse)	4 T, 6 V c, 5 V c
5. Tag	9–7	Akkusativ	3 T, 5 V d, 4 V c
6. Tag	6–4	Nominativ, Subjekt und Prädikat	2 T, 4 Ü d, I *plus* T, 3 V d, 2 V d
7. Tag	3–1	------	9 T, 8 T

10

W Wiederholungswörter

patēre	offenstehen	vidēre	sehen
monēre	mahnen, ermahnen	quis?	wer?
cūr?	warum?	tantum	nur

Lernwörter

exspectāre, exspectō	warten (auf), erwarten	*spectāre, e. to expect*
venīre, veniō	kommen	*f./s. venir, i. venire*
audīre, audiō	hören	*Audienz, „Audi"*
nihil	nichts	
lūdus	Spiel; Schule	
scīre, sciō	wissen, kennen, verstehen	*e. science*
Crēta	Kreta *(Insel im Mittelmeer)*	
dēsīderāre, dēsīderō	sich sehnen nach, vermissen	*e. to desire*
patriam dēsīderāre	sich nach der Heimat sehnen	
ubī?	wo?	
nescīre, nesciō	nicht wissen, nicht kennen, nicht verstehen	*scīre*
Sicilia	Sizilien *(Insel im Mittelmeer)*	
Aetna	Ätna *(Vulkan auf Sizilien)*	
Vulcānus	Vulkan(us) *(Gott des Feuers)*	
habitāre, habitō	wohnen, bewohnen	

✳
venīre, veniō	kommen	nescīre, nesciō	nicht wissen, nicht kennen,
audīre, audiō	hören		nicht verstehen
scīre, sciō	wissen, kennen, verstehen		

Verben: i-Konjugation

i-Konjugation

	Infinitiv	venī-re	kommen			

		Singular		Plural		
1. Person		venī-ō	ich komme	venī-mus	wir kommen
2. Person		venī-s	du kommst	venī-tis	ihr kommt
3. Person		veni-t	er (sie, es) kommt	veni-u-nt	sie kommen
Imperativ		venī	komm!	venī-te	kommt!

Die i-Konjugation ist benannt nach dem -ī- am Ende des Wortstamms (venī-).
Die Endungen sind die gleichen wie bei den Verben der a- und e-Konjugation.

In der 3. Pers. Pl. wird zwischen Wortstamm und Endung der Vokal (Selbstlaut) -u- eingefügt, der als Bindevokal bezeichnet wird.

Wörter lernen: Gruppen bilden (1)

Für alle Lerninhalte gilt: Man merkt sie sich leichter, wenn man sie vorher strukturiert. Neue Vokabeln lassen sich nach verschiedenen Kriterien ordnen:

1. **nach Wortarten:** Wortschatz 10 enthält z.B. Verben, Substantive und „unveränderliche Wörter". Sortiere die Wörter nach diesen drei Gruppen und präge dir die Gruppen nacheinander – mit Pausen dazwischen – ein.

2. **nach Wortfamilien:** Auch verwandte Wörter lassen sich finden, z.B. gehören scire und ne-scire derselben Wortfamilie an.

3. **mit Hilfe der Geschichtentechnik:** Eine wirkungsvolle und meist recht unterhaltsame Methode, Ordnung sogar in völlig zusammenhanglose Einzelteile zu bringen, ist die Geschichtentechnik. Erfinde einfach eine möglichst interessante Geschichte, in der die neuen Wörter, vor allem die, die du dir schwer merken kannst, vorkommen:

An einem schönen Sommertag wartet (**exspectare**) Ulrike vor der Schule (**ludus**) auf ihre Freundin Monika. Diese aber kommt (**venire**) nicht. Ulrike denkt: „Ich weiß nicht (**nescire**): Wo (**ubi**) bleibt sie denn? Wahrscheinlich hat sie ihren Wecker nicht gehört (**audire**)!" ...

scire	pugna
ne- scire	pugna -re

11

W Wiederholungswörter

semper	immer	rēctē	richtig, zu Recht
bene	gut	populus	Volk
deus	Gott, Gottheit	iterum	wiederum, zum zweiten Mal

Lernwörter

discipulus	Schüler	
libenter *Adv.*	gerne	
ingenium	Begabung, Talent, Verstand	*Ingenieur, Genie*
cōnsilium	Beratung, Beschluss, Plan, Rat	*f. conseil, i. consiglio*
forum	Forum, Marktplatz	*Forum, e./f. forum, i./s. foro*
aedificium	Gebäude	
cūria	Kurie *(Sitzungsgebäude des Senats)*	
templum	Tempel	*e./f. temple, i. tempio, s. templo*
dea	Göttin	*deus*
Sāturnus	Saturn *(Gott der Saat und der Zeit)*	
Concordia	Concordia *(Göttin der Eintracht)*	
aedificāre, aedificō	bauen	*aedificium*
porta	Tor	*Pforte, Portal, f. porte, i. porta, s. puerta*
beneficium	Wohltat	*bene, Benefiz(spiel)*
frūmentum	Getreide	
dōnum	Geschenk	
verbum	Wort, Äußerung	*Verb, verbal, f. verbe, i./s. verbo*

✳

forum	Forum, Marktplatz	ingenium	Begabung, Talent, Verstand
templum	Tempel	aedificium	Gebäude
cōnsilium	Beratung, Beschluss, Plan, Rat	beneficium	Wohltat
dōnum	Geschenk	frūmentum	Getreide
		verbum	Wort, Äußerung

Substantive: o-Deklination (Neutra auf -um)

o-Dekl. (Neutra)	Singular		Plural	
Nominativ	dōn-um	das Geschenk	dōn-a	die Geschenke
Genitiv	dōn-ī	des Geschenks	dōn-ōrum	der Geschenke
Dativ	dōn-ō	dem Geschenk	dōn-īs	den Geschenken
Akkusativ	dōn-um	das Geschenk	dōn-a	die Geschenke
Ablativ	dōn-ō	mit dem Geschenk, durch das Geschenk	dōn-īs	mit den Geschenken, durch die Geschenke

Bei den Neutra sind die Formen des Nominativs und Akkusativs gleich. Sie enden im Singular auf -**um**, im Plural auf -**a**.

Ansonsten sind die Endungen denen der Maskulina auf -us gleich.

Wörter lernen: Gruppen bilden (2)

Oft lassen sich mit den neuen Wörtern allein oder unter Zuhilfenahme bereits bekannter Vokabeln **Sachfelder** bilden, d.h. Gruppen von Wörtern aus dem gleichen Lebensbereich. Aus Wortschatz 10 lassen sich z.B. die Wörter ludus, audire, scire, nescire dem Sachfeld „Lernen" zuordnen, zu dem aus den vergangenen Lektionen auch tabula, lingua, docere, studere, rogare und laborare passen; in Wortschatz 11 sind noch discipulus und ingenium dazugekommen – und in den nächsten Kapiteln kann das Sachfeld wieder ergänzt werden. Lege am besten für jedes gefundene Sachfeld ein Blatt an, damit es „mitwachsen" kann, oder ordne deine Vokabelkarten nach Sachfeldern.

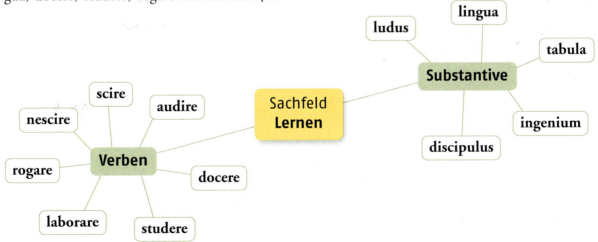

12

W Wiederholungswörter

itaque	deshalb	nam	denn, nämlich
tandem	endlich	sed	aber, sondern
subitō	plötzlich	tum	da, dann, darauf, damals

Lernwörter

basilica	Markthalle, Gerichtshalle	
ad *Präp. m. Akk.*	zu, bei, nach, an	
ad basilicam esse	bei der Markthalle sein	
ad basilicam properāre	zu der Markthalle eilen	
ante *Präp. m. Akk.*	vor	
ante vīllam; ante cēnam	vor dem Landhaus; vor dem Essen	
umbra	Schatten	*e. umbrella*
post *Präp. m. Akk.*	hinter, nach	
post vīllam; post cēnam	hinter dem Landhaus; nach dem Essen	
ōrnāmentum	Schmuck(stück)	*ōrnāre, Ornament*
cum *Präp. m. Abl.*	mit, zusammen mit	*i./s. con*
cum amīcō	mit dem Freund	
pretium	Preis, Wert	*e. price, f. prix, i. prezzo, s. precio*
probāre, probō	prüfen, beweisen, für gut befinden	*probieren, Probe*
indicāre, indicō	anzeigen, melden	*Indikativ, Indiz*
sine *Präp. m. Abl.*	ohne	
sine amīcō	ohne den Freund	
ē / ex *Präp. m. Abl.*	aus, von … her	
ē patriā	aus der Heimat	
ex aedificiō	aus dem Gebäude	
in *Präp. m. Abl.*	in, an, auf, bei *(wo?)*	
in aquā	im Wasser	
manēre, maneō	bleiben, (er)warten	*permanent*
in *Präp. m. Akk.*	in (… hinein), nach *(wohin?)*	
in aquam	ins Wasser	

ad	*Präp. m. Akk.*	zu, bei, nach, an	ē / ex	*Präp. m. Abl.*	aus, von … her
ante	*Präp. m. Akk.*	vor	sine	*Präp. m. Abl.*	ohne
post	*Präp. m. Akk.*	hinter, nach	cum	*Präp. m. Abl.*	mit, zusammen mit
in	*Präp. m. Akk.*	in (… hinein), nach *(wohin?)*	in	*Präp. m. Abl.*	in, an, auf, bei *(wo?)*

Verwendung der Präpositionen   S1

ad vill*am*
zum Haus

Nach einer **Präposition** (einem Verhältniswort) steht im Lateinischen ein bestimmter Kasus, nämlich der Akkusativ (z.B. ad villam) oder der Ablativ (z.B. e silvā). Welcher Kasus jeweils folgt, muss man im Wortschatz mitlernen. Nach einer Präposition entfällt meistens das „Abfragen".

e silvā
aus dem Wald

cum amicō
(zusammen) mit dem Freund

in vill*am*   in vill*ā*
in das Haus   im Haus
(wohin?)   *(wo?)*

Beachte: Bei der Präposition in gibt der Akkusativ die Richtung an (Frage: „*wohin?*"), der Ablativ den Ort (Frage: „*wo?*").

Präpositionalausdruck als Adverbiale   S2

Servi *in villam* properant.
Die Sklaven eilen *in das Haus*.

Servi *in villā* laborant.
Die Sklaven arbeiten *im Haus*.

Die Präpositionalausdrücke (in villam, in villā) haben in diesen Sätzen die Satzgliedfunktion des Adverbiales. Ein Präpositionalausdruck besteht aus einer Präposition (einem Verhältniswort) und dem zugehörigen Substantiv.

Die Bedeutung der Präpositionen lässt sich folgendermaßen veranschaulichen:

... **ad** aedificium properat

... **post** aedificium exspectat

... **ante** aedificium exspectat

... **in** aedificium properat

... **in** aedificio sedet

... **ex** aedificio properat

... **sine** amicis venit

... **cum** amicis venit

M Wörter lernen: Grammatische Eigenschaften behalten

Wie du bei jedem Verb neben dem Infinitiv auch die 1. Pers. Sg. Präsens mitlernen musst, damit du es eindeutig einer Konjugationsklasse zuordnen kannst, musst du dir alle bei einer Vokabel angegebenen **grammatischen Eigenschaften** (Angaben im *Kursivdruck*) merken.

Da z.B. manche lateinischen Präpositionen mit einem anderen Kasus verbunden werden als ihre deutsche Entsprechung, nützt das Abfragen hier nichts.

Also musst du dir den Kasus merken, mit dem sie verbunden sind, damit du beim Übersetzen die zusammengehörigen Wörter schnell finden kannst. Damit dir das Einprägen leichter fällt, findest du bei grammatischen Eigenschaften immer ein einfaches Beispiel (einen Minikontext) im Graudruck (z.B. S. 164). Wenn du dir dieses merkst (z.B. post villam), kannst du die abstrakte Eigenschaft (z.B. *Präp. m. Akk.*) leicht ableiten.

Was sagen dir die bisher bekannten grammatischen Eigenschaften?

Adv.	Es handelt sich um ein Adverb, also ein unveränderliches Wort.
Präp. m. Akk.	Die Präposition wird mit dem Akkusativ verbunden.
Präp. m. Abl.	Die Präposition wird mit dem Ablativ verbunden.

13

Wiederholungswörter

libenter	gerne	nihil	nichts
prīmō	zuerst	numquam	niemals
neque … neque	weder … noch	terrēre	erschrecken

Lernwörter

ego *Nom.*	ich *(betont)*	egoistisch, e. I, f. je, i. io, s. yo
tū *Nom.*	du *(betont)*	f. tu, i./s. tu
-ne	Partikel im dir. Fragesatz (unübersetzt)	
Vidēsne aedificium?	Siehst du das Gebäude?	
vōs *Nom.*	ihr *(betont)*	f. vous, i. voi
mihi *Dat.*	mir	
mē *Akk.*	mich	
tēcum	mit dir	
nōs *Nom.*	wir *(betont)*	f. nous, i. noi
vōbīscum	mit euch	
nōs *Akk.*	uns	
tibi *Dat.*	dir	
nōbīs *Dat.*	uns	
vōbīs *Dat.*	euch	
vōs *Akk.*	euch	
clāmāre, clāmō	laut rufen, schreien	Reklame
errāre, errō	umherirren, (sich) irren	e. error
invenīre, inveniō	finden, erfinden	*venīre*
tē *Akk.*	dich	
sine mē	ohne mich	

F Personalpronomen (Persönliches Fürwort)

1. Person	Singular		Plural	
Nominativ	ego	ich	nōs	wir
Dativ	mihi	mir	nōbīs	uns
Akkusativ	mē	mich	nōs	uns
Ablativ	mēcum sine mē	mit mir ohne mich	nōbīscum sine nōbīs	mit uns ohne uns

2. Person	Singular		Plural	
Nominativ	tū	du	vōs	ihr
Dativ	tibi	dir	vōbīs	euch
Akkusativ	tē	dich	vōs	euch
Ablativ	tēcum sine tē	mit dir ohne dich	vōbīscum sine vōbīs	mit euch ohne euch

Die Verwendung der wenig gebräuchlichen Genitivformen wird später anhand von Wendungen gelernt.

S1 Personalpronomen: Verwendung

Dominus: *Ego* dominus sum, *tu* servus es. Servi *mihi* parere debent.

Ein Herr: *Ich* bin der Herr, *du* bist der Sklave. Die Sklaven müssen *mir* gehorchen.

Im Nominativ steht das Personalpronomen nur, wenn das – bereits im Prädikat enthaltene – Subjekt besonders betont wird. In den anderen Kasus wird das Personalpronomen wie im Deutschen verwendet.

S2 Wort- und Satzfragen

Quis ridet? Ridet*ne* serva?

Wer lacht? Lacht die Sklavin?

Wortfragen werden mit Fragewörtern (z.B. quis, cur) eingeleitet.
In Satzfragen wird -ne an das erste Wort des Satzes angehängt; **-ne** wird nicht übersetzt.

14

Wiederholungswörter

prōvincia	Provinz	rogāre	bitten, fragen
praebēre	geben, hinhalten	tacēre	schweigen, verschweigen
labōrāre	arbeiten, sich anstrengen	pretium	Preis, Wert, Geld

Lernwörter

imperium	Befehl, Herrschaft, Reich	*Imperialismus, e. empire*
novus, a, um	neu, ungewöhnlich	*Novum, renovieren, e. new*
-que *(angehängt)*	und	
servī servaeque	Sklaven und Sklavinnen	
multus, a, um	viel	*multiplizieren, Multivitaminsaft, i. molto*
multī, ae, a	viele	
dē *m. Abl.*	von, von … her, von … weg, von … herab; über	*i. di, f. de*
dē templō	vom Tempel herab	
cūnctī, ae, a	alle (zusammen)	
Rōmānus, a, um	römisch	*e. Roman, i. Romano*
bonus, a, um	gut, tüchtig	*Bon, Bonus, Bonbon*
magnus, a, um	groß, bedeutend	*„Magnum"*
ut	wie	
laudāre, laudō	loben	*Laudatio*
tuus, a, um	dein	
narrāre, narrō	erzählen	*narrativ*
dē lūdō narrāre	vom Spiel / über das Spiel erzählen	
meus, a, um	mein	*e. my*
parvus, a, um	klein, gering	

novus, a, um	neu, ungewöhnlich		meus, a, um		mein
multus, a, um	viel		tuus, a, um		dein
multī, ae, a	viele		bonus, a, um		gut
Rōmānus, a, um	römisch		cūnctī, ae, a		alle (zusammen)
magnus, a, um	groß, bedeutend		parvus, a, um		klein, gering

F Adjektive: a- / o-Deklination (auf –us, a, um)

Beispiel: **magnus, magna, magnum**   *groß, bedeutend*

Singular	m	f	n
Nominativ	magn-us	magn-a	magn-um
Genitiv	magn-ī	magn-ae	magn-ī
Dativ	magn-ō	magn-ae	magn-ō
Akkusativ	magn-um	magn-am	magn-um
Ablativ	magn-ō	magn-ā	magn-ō

Plural	m	f	n
Nominativ	magn-ī	magn-ae	magn-a
Genitiv	magn-ōrum	magn-ārum	magn-ōrum
Dativ		magn-īs	
Akkusativ	magn-ōs	magn-ās	magn-a
Ablativ		magn-īs	

Die **Adjektive** (Eigenschaftswörter) auf -us, a, um werden dekliniert wie die Substantive der a- und o-Deklination.

14

Adjektive: KNG-Kongruenz   S1

> Titus lud*um* nov*um* amat.
> Titus liebt *das neue Spiel*.

> Titus magn*a* templ*a* videt.
> Titus sieht *große Tempel*.

Das Adjektiv richtet sich im **K**asus, **N**umerus und **G**enus nach dem Substantiv, zu dem es gehört (**KNG-Kongruenz**). Die Adjektive stehen im Lateinischen in der Regel hinter dem zugehörigen Substantiv; wenn sie eine Menge, ein Maß oder eine Zahl bezeichnen (z.B. magnus), stehen sie meist davor.

Adjektive als Attribut und als Prädikatsnomen   S2

> *Templum novum* Tito placet.
> *Der neue Tempel* gefällt Titus.

Adjektive werden häufig als **Attribute** verwendet. Ein Adjektivattribut ist – wie auch ein Genitivattribut – kein notwendiger Bestandteil eines Satzes; es kann als Satzgliedteil z.B. zum Subjekt (hier: templum) oder Objekt hinzutreten.
Es gilt im Deutschen und im Lateinischen die KNG-Kongruenz des Adjektivs mit seinem Bezugswort.

> Templum *novum est*.
> Der Tempel *ist neu*.

Ein Adjektiv kann – wie auch ein Substantiv – zusammen mit einer Form des Hilfsverbs das Prädikat bilden (hier: novum est). Das Adjektiv wird hier als **Prädikatsnomen** verwendet.
Beachte: Die KNG-Kongruenz des Adjektivs mit seinem Bezugswort (hier: templum) gilt hier nur für das Lateinische.

> Serv*us* et serv*a* nov*i* sunt.
> Der Sklave und die Sklavin *sind neu*.

Bezieht sich ein adjektivisches Prädikatsnomen auf mehrere Wörter, die maskulin und feminin sind, so steht die maskuline Pluralform des Adjektivs (hier: novi).

15

W Wiederholungswörter

hīc	hier	neque ... neque	weder ... noch
campus	Feld, freier Platz	-ne	*unübersetzte Fragepartikel*
statim	sofort	lūdus	Spiel; Schule

Lernwörter

vir, virī *m*	Mann	*Werwolf*
puer, puerī *m*	Junge	
ager, agrī *m*	Acker, Feld, Gebiet	*Agrar-*
magister, magistrī *m*	Lehrer, Meister	*e. master, i. maestro*
imperāre, imperō	befehlen, herrschen (über)	*imperium*
populīs imperāre	über (die) Völker herrschen	
pulcher, pulchra, pulchrum	schön	
niger, nigra, nigrum	schwarz, dunkel	*i. nero*
līber, lībera, līberum	frei	*Libero, liberal*
miser, misera, miserum	arm, erbärmlich, unglücklich	*Misere*
vīta	Leben	*vital, i. vita, s. vida*
noster, nostra, nostrum	unser	*Paternoster, i. nostro, s. nuestro*
vester, vestra, vestrum	euer	

puer, puerī *m*	Junge	niger, nigra, nigrum	schwarz
vir, virī *m*	Mann	pulcher, pulchra, pulchrum	schön
magister, magistrī *m*	Lehrer, Meister	līber, lībera, līberum	frei
ager, agrī *m*	Acker, Feld, Gebiet	miser, misera, miserum	arm, erbärmlich, unglücklich
		noster, nostra, nostrum	unser
		vester, vestra, vestrum	euer

Substantive: o-Deklination (auf -(e)r)   F1

Beispiel: **puer, puerī**   *Junge*

o-Dekl. (-er)	Singular	Plural
Nominativ	puer	puer-ī
Genitiv	puer-ī	puer-ōrum
Dativ	puer-ō	puer-īs
Akkusativ	puer-um	puer-ōs
Ablativ	(cum) puer-ō	(cum) puer-īs

Beispiel: **magister, magistrī**   *Lehrer, Meister*

o-Dekl. (-er)	Singular	Plural
Nominativ	magister	magistr-ī
Genitiv	magistr-ī	magistr-ōrum
Dativ	magistr-ō	magistr-īs
Akkusativ	magistr-um	magistr-ōs
Ablativ	(cum) magistr-ō	(cum) magistr-īs

Die Formen der Substantive auf -(e)r sind außer im Nom. Sg. denen der Substantive auf -us gleich. Der Vokativ entspricht dem Nominativ (z.B. puer). Ihr Genus ist **maskulin**.

Da bei manchen dieser Substantive das -e- in den deklinierten Formen fehlt (z.B. magister, magistrī), muss man den Gen. Sg. immer mitlernen.

Adjektive: a- / o-Deklination (auf -(e)r)   F2

Beispiele: **miser, misera, miserum**   *arm, erbärmlich, unglücklich*
pulcher, pulchra, pulchrum   *schön*

Die Formen der Adjektive auf -(e)r entsprechen (außer im Nom. Sg. *m*) denen der Adjektive auf -us, a, um. Da bei manchen dieser Adjektive das -e- in den deklinierten Formen fehlt (z.B. pulcher, pulchra, pulchrum), muss man den Nominativ aller drei Genera lernen.

16

Wiederholungswörter

equus	Pferd	mox	bald
complēre	anfüllen, auffüllen	ingenium	Begabung, Talent, Verstand
sedēre	sitzen	nōn tantum	nicht nur

Lernwörter

carrus	Wagen, Karren	e. car
stāre, stō	stehen	e. to stand
dīcere, dīcō	sagen, sprechen	diktieren
nūntius	Bote, Nachricht	Nuntius
mittere, mittō	(los)lassen, schicken, werfen	Mission
scrībere, scrībō	schreiben, beschreiben	Skript
relinquere, relinquō	verlassen, zurücklassen	Relikt, Reliquie
dūcere, dūcō	führen, ziehen	
trahere, trahō	schleppen, ziehen	Traktor, subtrahieren
ostendere, ostendō	zeigen, erklären	
oppidum	Stadt (Kleinstadt)	
Campānia	Kampanien *(fruchtbare Landschaft südlich von Rom)*	
Vesuvius	Vesuv *(Vulkan in Kampanien)*	
ā / ab *Präp. m. Abl.*	von, von … her	
ab oppidō venīre	von der Stadt kommen	
ā basilicā venīre	von der Markthalle kommen	
per *Präp. m. Akk.*	durch, hindurch	
per silvam	durch den Wald	
vīnea	Weinberg, Weinstock	i. vigna

16

scrībere	schreiben, beschreiben	mittere	(los)lassen, schicken, werfen
dīcere	sagen, sprechen	relinquere	zurücklassen, verlassen
ostendere	zeigen, erklären	dūcere	führen, ziehen
		trahere	schleppen, ziehen

Verben: Konsonantische Konjugation

kons. Konjugation

	Singular		Plural	
Infinitiv	scrīb-e-re	schreiben		
1. Person	scrīb-ō	ich schreibe	scrīb-i-mus	wir schreiben
2. Person	scrīb-i-s	du schreibst	scrīb-i-tis	ihr schreibt
3. Person	scrīb-i-t	er (sie, es) schreibt	scrīb-u-nt	sie schreiben
Imperativ	scrīb-e	schreibe!	scrīb-i-te	schreibt!

Die konsonantische Konjugation ist benannt nach dem **Konsonanten** (Mitlaut) am Ende des Wortstamms (scrīb-).
Die Endungen sind die gleichen wie bei den Verben der anderen Konjugationsklassen.

Mit Ausnahme der 1. Pers. Sg. wird zwischen Wortstamm und Endung ein Bindevokal (-e-, -i- oder -u-) eingefügt. Der Bindevokal -e- im Infinitiv der konsonantischen Konjugation wird kurz gesprochen (Unterscheide: scrīb-e-re ↔ monē-re).

Vorsicht – Verwechslungsgefahr

parēre – parāre

dīcere – dūcere

vidēre – rīdēre

monēre – manēre

17

W Wiederholungswörter

silva	Wald	cibus	Nahrung, Speise, Futter
itaque	deshalb	properāre	eilen, sich beeilen
tandem	endlich	movēre	bewegen, beeindrucken

Lernwörter

ēdūcere, ēdūcō	herausführen	*dūcere, e. education*
cōnsistere, cōnsistō	stehenbleiben, haltmachen, sich aufstellen	
dēdūcere, dēdūcō	wegführen, hinführen	
addūcere, addūcō	heranführen, veranlassen	
bibere, bibō	trinken	*f. boire, i. bibere, s. beber*
portāre, portō	bringen, tragen	*Porto*
vīnum	Wein	*vīnea, e. wine, f. vin, i./s. vino*
auxilium	Hilfe	
adesse, adsum	da sein, helfen	
amīcō adesse	dem Freund helfen	
dēesse, dēsum	abwesend sein, fehlen	
mortuus, a, um	gestorben, tot	*f. mort, i. morto, s. muerto*
plēnus, a, um	voll	*Plenum, Plenarsaal*
posse, possum	können	*esse*

ēdūcere, ēdūcō	herausführen	adesse, adsum	da sein, helfen
addūcere, addūcō	heranführen, veranlassen	dēesse, dēsum	abwesend sein, fehlen
dēdūcere, dēdūcō	wegführen, hinführen	posse, possum	können

Verben: Komposita

F1

	ad zu, bei, nach, an	dē von, von … weg, von … herab; über	ē / ex aus, von … her
dūcere führen, ziehen	**ad**-dūcere heranführen, veranlassen	**dē**-dūcere wegführen, hinführen	**ē**-dūcere herausführen
esse sein, sich befinden	**ad**-esse da sein, helfen	**dē**-esse abwesend sein, fehlen	

Komposita nennt man Verben, die aus einem einfachen Verb (**Verbum simplex**) und einer Vorsilbe (einem **Präfix**) zusammengesetzt sind.

Da das Präfix häufig als Präposition bekannt ist, lässt sich die Bedeutung des Kompositums in vielen Fällen leicht erschließen.

Verben: posse

F2

posse		
Infinitiv	pos-se	können

	Singular		Plural	
1. Person	pos-**sum**	ich kann	pos-**sumus**	wir können
2. Person	pot-**es**	du kannst	pot-**estis**	ihr könnt
3. Person	pot-**est**	er (sie, es) kann	pos-**sunt**	sie können

Das Verb posse ist ein Kompositum zu esse. Die Formen sind aus dem Adjektiv potis *(mächtig, fähig)* und dem Hilfsverb esse entstanden. Vor Vokal steht pot-, vor s steht pos-.

M Wörter lernen: Wortbildung anwenden (Verben)

Mit der folgenden Auflistung von wichtigen Präfixen (Vorsilben), die du zum größten Teil schon kennst, kannst du dir die Bedeutung vieler Komposita erschließen: Füge einfach die Bedeutung des Präfixes zur Bedeutung des Verbum simplex hinzu, und du erhältst die Grundbedeutung des Kompositums.

Präfix	Herkunft	Bedeutung
ab- (a-, abs-)	von der Präp. a / ab	weg-, ab-
ad- (ac-, at- und andere Formen)	von der Präp. ad	hinzu-, dabei-
com- (col-, con-, co-)	von der Präp. cum	zusammen-
de-	von der Präp. de	herab-, weg-
ex- (e-, ef-)	von der Präp. e / ex	heraus-
in-	von der Präp. in	hinein-, darin-
per-	von der Präp. per	(hin)durch-
ne-		nicht
re-		zurück-, wieder-

ducere

educere

deducere

18

Wiederholungswörter

invenīre	finden, erfinden	iam	schon, bereits; nun
dubitāre	zweifeln; zögern	parvus	klein, gering
placēre	gefallen	dōnum	Geschenk

Lernwörter

facere, faciō	machen, tun, handeln	*Faktum, e. fact*
sacrum	Opfer, Heiligtum	*Sakrament*
sacrum facere	ein Opfer bringen, opfern	
autem *(nachgestellt)*	aber, andererseits	
Puerī autem tacent.	Die Jungen aber schweigen.	
dēscendere, dēscendō	herabsteigen	*e. to descend*
nōnne?	(etwa) nicht?	
magis	mehr	
quam	als, wie	
Quam pulchrum est templum!	Wie schön ist der Tempel!	
magis ... quam	mehr ... als	
capere, capiō	fassen, nehmen; erobern	*kapieren*
aspicere, aspiciō	erblicken, ansehen	*Aspekt*
quīn?	warum nicht?	
summus, a, um	der höchste, oberste	*Summe*

---

facere, faciō	machen, tun, handeln
capere, capiō	fassen, nehmen; erobern
aspicere, aspiciō	erblicken, ansehen

F Verben: Konsonantische Konjugation (i-Erweiterung)

i-Erweiterung

Infinitiv	cape-**re**	nehmen		
	Singular		**Plural**	
1. Person	capi-**ō**	ich nehme	capi-**mus**	wir nehmen
2. Person	capi-**s**	du nimmst	capi-**tis**	ihr nehmt
3. Person	capi-**t**	er (sie, es) nimmt	capi-**u**n**t**	sie nehmen
Imperativ	cape	nimm!	capi-**te**	nehmt!

Bei einigen Verben, die zur konsonantischen Konjugation gezählt werden, endet der Wortstamm auf ein kurzes -i-. Daher gleichen viele Formen denen der i-Konjugation.

Vor -r (z.B. im Infinitiv) und im Imperativ Singular steht statt des kurzen -i- ein kurzes -e-. Um die Verben mit i-Erweiterung zu erkennen, muss man zusätzlich zum Infinitiv die 1. Pers. Sg. wissen.

M Texte erschließen: Wort- und Sachfelder beachten

Um – ggf. auch vor der Übersetzung – einen Text zu erschließen, genügt es oft, zu überprüfen, welche Wort- bzw. Sachfelder dieser enthält.

1. Ein **Wortfeld** wird gebildet von sinnverwandten Wörtern derselben Wortart.
   Beispiel: Wortfeld „reden, sprechen, sagen": vocare, respondere, rogare, monere

2. Ein **Sachfeld** wird gebildet von sinnverwandten Wörtern verschiedener Wortarten. (vgl. 11 M)
   Beispiel: Sachfeld „Lernen": discipulus, ludus, tabula, lingua, audire, scire, nescire, docere, laborare, rogare, probare, studere, laudare, scribere, ostendere
   Weitere Beispiele für Sachfelder: „Handel", „Politik", „Religion", „Leben in der Stadt", „Leben auf dem Land", „Reisen".

Die zu einem Wort- oder Sachfeld gehörenden Wörter können zwar unterschiedliche Bedeutungen haben, sie werden aber dadurch auf eine Bedeutung festgelegt, dass sie zusammen mit anderen Wörtern in einem bestimmten Kontext verwendet werden.

19

Wiederholungswörter

bibere	trinken	adesse	da sein, helfen
beneficium	Wohltat	turba	(Menschen-)Menge
cōnsilium	Beratung, Beschluss, Plan, Rat	imperāre	befehlen, herrschen (über)

Lernwörter

senātor, senātōris *m*	Senator	
mercātor, mercātōris *m*	Kaufmann, Händler	
vēndere, vēndō	verkaufen	*f. vendre*
clārus, a, um	klar, hell, berühmt	*e. clear*
imperātor, imperātōris *m*	Befehlshaber, Feldherr, Kaiser	*imperāre*
Titus	Titus *(röm. Kaiser 79–81 n. Chr.)*	
Pompēiānus, a, um	pompejanisch; *Subst.* Pompejaner, Einwohner von Pompeji	
honor, honōris *m*	Ehre, Ehrenamt	*Honorar, honorieren*
in honōre esse	in Ehren stehen, angesehen sein	
hodiē *Adv.*	heute	
tantus, a, um	so groß, so viel	
creāre, creō	erschaffen, wählen	*Kreatur, Kreation, e. to create*
petere, petō	aufsuchen, (er)streben, bitten, verlangen	
licet	es ist erlaubt, es ist möglich	*Lizenz*
uxor, uxōris *f*	Ehefrau	
apud *Präp. m. Akk.*	bei	
apud amīcōs	bei Freunden	

---

mercātor, mercātōris *m*	Kaufmann, Händler	uxor, uxōris *f*	Ehefrau
senātor, senātōris *m*	Senator	honor, honōris *m*	Ehre, Ehrenamt
imperātor, imperātōris *m*	Befehlshaber, Feldherr, Kaiser		

F Substantive: 3. Deklination (auf –or, oris)

Beispiel: **senātor, senātōris**   *Senator*

3. Dekl. (–or)	Singular		Plural	
Nominativ	senātor	*der Senator*	senātōr-**ēs**	*die Senatoren*
Genitiv	senātōr-**is**	*des Senators*	senātōr-**um**	*der Senatoren*
Dativ	senātōr-**ī**	*dem Senator*	senātōr-**ibus**	*den Senatoren*
Akkusativ	senātōr-**em**	*den Senator*	senātōr-**ēs**	*die Senatoren*
Ablativ	(cum) senātōr-**e**	*(mit dem) Senator*	(cum) senātōr-**ibus**	*(mit den) Senatoren*

Zur **3. Deklination** gehören mehrere Gruppen von Substantiven, die im Nom. Sg. unterschiedlich enden können; daher muss man den Gen. Sg. immer mitlernen, um den Wortstamm (hier: senātor-) erkennen zu können. Den Wortstamm erhältst du, indem du vom Gen. Sg. die Endung -is wegnimmst.

Die Substantive auf **-or, ōris** haben im Nom. Sg. keine Endung; sie sind meist **Maskulina**.
Bei den Substantiven der 3. Deklination wird das Genus im Wortschatz immer angegeben.
Zunächst kommen nur Substantive vor, die ihre Formen wie senator bilden; diese Kasusformen gelten für die meisten Substantive der 3. Deklination.

impera*tor*   sena***tor***   merca***tor***

Welche deutschen Substantive kennst du, die auf *–tor* enden und eine handelnde Person bezeichnen?

Warum enden wohl auch Substantive wie „Motor" oder „Traktor" auf *–tor*?

Übersetzen: Mehrdeutige Wortenden unterscheiden

> Uxores senatorum mercatori nuntium mittunt: „Vinum bonum habes. Veni et vende vinum!"

Durch das Erlernen der 3. Deklination sind viele Wortenden mehrdeutig geworden. Die Endung -um beispielsweise zeigt den Akkusativ eines Substantivs oder Adjektivs der o-Deklination maskulinum an, den Nominativ oder Akkusativ eines Substantivs oder Adjektivs der o-Deklination neutrum oder den Genitiv Plural eines Substantivs der 3. Deklination.

Um herauszufinden, um welche Formen es sich im Satz handelt (z.B. senator**um**; nunt**ium**; vin**um**; bon**um**), empfiehlt es sich, in folgenden Schritten vorzugehen:

1. Führe die Wörter zuerst auf die gelernte Grundform zurück und bestimme so die Zugehörigkeit zu einer Deklinationsklasse:
   senator, senatoris: 3. Dekl.
   nuntius: o-Dekl. *m*
   vinum: o-Dekl. *n*
   bonus, bona, bonum: o-Dekl. Adj.

2. Wenn du dir das Deklinationsschema der betreffenden Deklinationsklasse vorstellst, erkennst du, dass manche Formen nun eindeutig sind (senatorum: Gen. Pl.; nuntium: Akk. Sg.).

3. Bei den übrigen musst du den Kontext des Satzes beachten:
   vinum (*„Wen oder was hast du?"*): Akk. Sg.
   bonum (KNG-Kongruenz zu vinum): Akk. Sg.

Schematisch kannst du dir diese Technik für vinum und mercatori etwa so vorstellen:

gefundene Form	vinum	mercatori
1. Grundform und Klasse	vinum: o-Dekl. *n*	mercator, oris: 3. Dekl.
2. Mögliche Formen innerhalb dieser Klasse	Nom. Sg. *oder* Akk. Sg.	Dat. Sg.
3. Kontext	*„Wen oder was* hast du?": Akk. Sg.	

20

W Wiederholungswörter

cūnctī, ae, a	alle (zusammen)	tantum	nur
ostendere	zeigen, erklären	plēnus, a, um	voll
gaudēre	sich freuen	scelerātus	Verbrecher

Lernwörter

mulier, mulieris *f*	Frau	*i. moglie*
quia *Subj.*	weil	
sē *Akk./Abl.*	sich	
quod *Subj.*	weil; dass	
dum *Subj.*	während, solange, bis	
animus	Geist, Mut, Gesinnung	*re-animieren*
in animō habēre	im Sinn haben, vorhaben	
velle, volō	wollen	
amor, amōris *m*	Liebe	*amāre, f. amour, i. amore, s. amor*
soror, sorōris *f*	Schwester	*f. soeur*
sī *Subj.*	wenn, falls	*f. si, i. se, s. si*
fūr, fūris *m*	Dieb	
clāmor, clāmōris *m*	Geschrei, Lärm	*clāmāre, Klamauk*
pecūnia	Geld, Vermögen	
quamquam *Subj.*	obwohl	
līberāre, līberō	befreien, freilassen	*līber, e. to deliver*

sī *Subj.*	wenn, falls	dum *Subj.*	während, solange, bis
quod *Subj.*	weil; dass	quamquam *Subj.*	obwohl
quia *Subj.*	weil	velle, volō	wollen

Verben: velle

Infinitiv: vel-**le** *wollen*

	Singular		Plural	
1. Person	v**o**lō	*ich will*	v**o**lumus	*wir wollen*
2. Person	vīs	*du willst*	v**u**ltis	*ihr wollt*
3. Person	v**u**lt	*er (sie, es) will*	v**o**lunt	*sie wollen*

Substantive: 3. Deklination (Erweiterung)

Zur 3. Deklination werden nicht alle Gruppen mit Deklinationstabellen vorgeführt. Viele Substantive kannst du problemlos deklinieren, wenn du im Wortschatz Nom. und Gen. Sg. gelernt hast:

senāto**r**, senātōr-is
mulie**r**, mulier-is
fū**r**, fūr-is

Die Kasusendungen, die an den Wortstamm (mulier-, für-) angehängt werden, sind die gleichen wie bei senātor.

Gliedsätze als Adverbiale

Aulus gaudet, *quia* amicus valet.

Aulus freut sich, *weil* der Freund gesund ist.

Gliedsätze werden – wie auch im Deutschen – durch **Subjunktionen** (unterordnende Bindewörter; hier: quia) eingeleitet und einem Hauptsatz (hier: Aulus gaudet) untergeordnet. Oft haben Gliedsätze die Satzgliedfunktion des Adverbiales.

Aulus, *quod* amicum videt, gaudet.

Weil Aulus seinen Freund sieht, freut er sich.

Bei gleichem Subjekt im Haupt- und Gliedsatz (hier: Aulus) steht die Subjunktion im Lateinischen an zweiter Stelle nach dem gemeinsamen Subjekt.

Gliedsätze: Sinnrichtungen

Die Subjunktionen drücken die Sinnrichtungen der Gliedsätze aus; wir unterscheiden zunächst:

Temporalsätze	Sie enthalten Zeitangaben, z.B. **während** …
Kausalsätze	Sie geben einen Grund an, z.B. **weil** …
Konditionalsätze	Sie enthalten eine Bedingung, z.B. **wenn** …
Konzessivsätze	Sie geben ein Hindernis an, das allerdings für das Geschehen keine Bedeutung hat, einen (unwirksamen) Gegengrund, z.B. **obwohl** …

21

W Wiederholungswörter

parāre	(vor)bereiten, vorhaben; erwerben	dēbēre	müssen, sollen
adhūc	bis jetzt, noch	nōnne?	(etwa) nicht?
relinquere	verlassen, zurücklassen	profectō	sicherlich, tatsächlich

Lernwörter

salūtāre, salūtō	(be)grüßen	salutieren, Salut, f. salut
salvē! salvēte!	sei gegrüßt! seid gegrüßt!	
frāter, frātris m	Bruder	f. frère
pater, patris m	Vater	f. père, i./s. padre
māter, mātris f	Mutter	f. mère, i./s. madre
tam	so	
tam … quam	so … wie	
Capua nōn tam pulchra est quam Rōma.	Capua ist nicht so schön wie Rom.	
cīvitās, cīvitātis f	Gemeinde, Staat	City, e. city, i. città
Caesar, Caesaris m	Cäsar; Kaiser	
lībertās, lībertātis f	Freiheit	e. liberty, f. liberté
Vespasiānus	Vespasian (röm. Kaiser 69–79 n. Chr.)	
potestās, potestātis f	(Amts-)Gewalt, Macht	posse, e. power
voluntās, voluntātis f	Wille, Absicht	f. volonté
cārus, a, um	lieb, teuer, wertvoll	Caritas, f. cher, i. caro
herī Adv.	gestern	f. hier
servitūs, servitūtis f	Sklaverei	servus, serva

pater, patris m	Vater	lībertās, lībertātis f	Freiheit
māter, mātris f	Mutter	cīvitās, cīvitātis f	Gemeinde, Staat
frāter, frātris m	Bruder	potestās, potestātis f	(Amts-)Gewalt, Macht
		voluntās, voluntātis f	Wille, Absicht
		servitūs, servitūtis f	Sklaverei

Substantive: 3. Deklination (auf -er, ris / -as, atis / -us, utis)

Beispiel: **pater, patris** *Vater*

3. Dekl. (-er)	Singular	Plural
Nominativ	pater	patr-ēs
Genitiv	patr-is	patr-um
Dativ	patr-ī	patr-ibus
Akkusativ	patr-em	patr-ēs
Ablativ	(cum) patr-e	(cum) patr-ibus

Die Substantive auf -er, ris sind in der Regel **Maskulina**.
Ausnahme: māter, mātris *f* (natürliches Geschlecht)

Der Wortstamm (patr-) ist auch hier am Genitiv zu erkennen. Die Endungen sind die gleichen wie bei den Substantiven auf -or, ōris.

Beispiel: **lībertās, lībertātis** *Freiheit*

3. Dekl. (-as)	Singular	Plural
Nominativ	lībertās	lībertāt-ēs
Genitiv	lībertāt-is	lībertāt-um
Dativ	lībertāt-ī	lībertāt-ibus
Akkusativ	lībertāt-em	lībertāt-ēs
Ablativ	lībertāt-e	lībertāt-ibus

Die Substantive auf -ās, ātis und -ūs, ūtis sind in der Regel **Feminina**.
Der Wortstamm (lībertāt-, servitūt-) ist auch hier am Genitiv zu erkennen.

Die Endungen sind die gleichen wie bei den Substantiven auf -or, ōris.

22

W Wiederholungswörter

summus	der höchste, oberste		umbra	Schatten
pārēre	gehorchen		exspectāre	warten (auf), erwarten
auxilium	Hilfe		mortuus	gestorben, tot

Lernwörter

antīquus, a, um	alt, altertümlich	antik
Iuppiter, Iovis *m*	Jupiter *(höchster Gott der Römer)*	
caelum	Himmel	*f. ciel, i. cielo*
terra	Erde, Land	*Terrarium, f. terre, i. terra, s. tierra*
Minerva	Minerva *(Göttin der Weisheit)*	
Diāna	Diana *(Göttin der Jagd)*	
bēstia	(wildes) Tier	*Bestie, f. bête*
Neptūnus	Neptun *(Gott des Meeres)*	
Mercurius	Merkur *(Götterbote)*	
cēterī, ae, a	die übrigen	*et cetera (etc.)*
dare, dō	geben	
varius, a, um	bunt, verschieden, vielfältig	*variieren, variabel*
servāre, servō	bewahren, retten; beobachten	*observieren, e. to observe*
sōlum *Adv.*	nur	
nūntiāre, nūntiō	melden	*nūntius*
exīstimāre, exīstimō	meinen, einschätzen	

Nominativ	Iuppiter
Genitiv	Iovis
Dativ	Iovī
Akkusativ	Iovem
Ablativ	Iove

Verben: Imperfekt (a- / e-Konjugation / esse)

a-Konjugation	Singular	Plural
1. Person	rogā-**ba-m**	rogā-**bā-mus**
2. Person	rogā-**bā-s**	rogā-**bā-tis**
3. Person	rogā-**ba-t**	rogā-**ba-nt**

e-Konjugation	Singular	Plural
1. Person	rīdē-**ba-m**	rīdē-**bā-mus**
2. Person	rīdē-**bā-s**	rīdē-**bā-tis**
3. Person	rīdē-**ba-t**	rīdē-**ba-nt**

Die Personalendungen sind im **Imperfekt** (1. Vergangenheit) die gleichen wie im Präsens. Ausnahme: Die 1. Pers. Sg. endet auf -**m** (vgl. sum).

Zusätzlich tritt zwischen Stamm und Endung ein Tempuszeichen. Für das Imperfekt der a- und e-Konjugation lautet es -**ba**-.

Hilfsverb esse	Singular	Plural
1. Person	er-**a-m**	er-**ā-mus**
2. Person	er-**ā-s**	er-**ā-tis**
3. Person	er-**a-t**	er-**a-nt**

Imperfekt zu **posse**: pot-eram, pot-erās, pot-erat, pot-erāmus, pot-erātis, pot-erant.

Verwendung des Imperfekts

Nach dem **Tempus** (der Zeit) Präsens werden nun diejenigen Tempora behandelt, die im Lateinischen für Handlungen und Vorgänge in der Vergangenheit verwendet werden. Die Vergangenheitstempora haben z.T. eine andere Bedeutung als im Deutschen.

Imperfekt	1. Vergangenheit
Perfekt	2. Vergangenheit
Plusquamperfekt	3. Vergangenheit

22

Secundus amicam diu *desiderabat*.

Secundus *sehnte sich* lange nach seiner Freundin.

Das lateinische **Imperfekt** wird im Deutschen meist mit Präteritum wiedergegeben. Es kann vor allem
→ Zustände oder Vorgänge ausdrücken, die die Haupthandlung begleiten oder ein Geschehen erläutern,
→ wiederholte Handlungen oder Ereignisse der Vergangenheit mitteilen,
→ sich entwickelnde oder noch andauernde Handlungen der Vergangenheit ausdrücken.

Sachfeld Religion

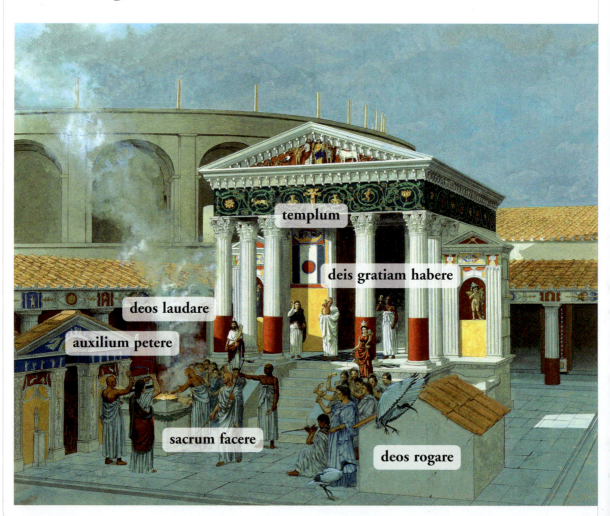

23

Wiederholungswörter

dūcere	führen, ziehen	prīmō	zuerst
clāmor	Geschrei, Lärm	pūgnāre	kämpfen
diū	lange (Zeit)	dēlectāre	erfreuen, unterhalten

Lernwörter

amphitheātrum	Amphitheater	
propter *Präp. m. Akk.*	wegen	
propter amōrem	wegen der Liebe	
gladiātor, gladiātōris *m*	Gladiator	*gladius*
urbs, urbis *f (Gen. Pl. -ium)*	Stadt; die Stadt Rom	*urban, e. suburb*
pars, partis *f (Gen. Pl. -ium)*	Teil, Seite	*Partei, partiell, f. part, i./s. parte*
victor, victōris *m*	Sieger	
exercēre, exerceō	üben, trainieren; quälen	*exerzieren, e. exercise*
mors, mortis *f (Gen. Pl. -ium)*	Tod	*mortuus, Salto mortale, f. mort, i. morte*
dolor, dolōris *m*	Schmerz	*dolēre, i. dolore*
vel	oder	
aqua vel vīnum	Wasser oder Wein	
negōtium	Aufgabe, Geschäft; Angelegenheit	*i. negozio*
interficere, interficiō	töten, vernichten	*facere*
annus	Jahr	*Anno Domini, f. an/année, i. anno, s. año*
virtūs, virtūtis *f*	Tapferkeit, Tüchtigkeit, Leistung	*Virtuose, e. virtue, f. vertu*

---

pars, partis *f (Gen. Pl. -ium)*	Teil, Seite
urbs, urbis *f (Gen. Pl. -ium)*	Stadt; die Stadt Rom
mors, mortis *f (Gen. Pl. -ium)*	Tod

F1 Verben: Imperfekt (i- / Kons. Konjugation)

i-Konjugation	Singular	Plural
1. Person	veni-ēba-m	veni-ēbā-mus
2. Person	veni-ēbā-s	veni-ēbā-tis
3. Person	veni-ēba-t	veni-ēba-nt

kons. Konjugation	Singular	Plural
1. Person	scrīb-ēba-m	scrīb-ēbā-mus
2. Person	scrīb-ēbā-s	scrīb-ēbā-tis
3. Person	scrīb-ēba-t	scrīb-ēba-nt

(i-Erweiterung)	Singular	Plural
1. Person	capi-ēba-m	capi-ēbā-mus
2. Person	capi-ēbā-s	capi-ēbā-tis
3. Person	capi-ēba-t	capi-ēba-nt

Die Personalendungen sind die gleichen wie beim Imperfekt der a- / e-Konjugation.
Das Tempuszeichen für das Imperfekt der i- und der kons. Konjugation ist -ēba-.

Imperfekt zu **velle**: vol-ēba-m, vol-ēbā-s, vol-ēba-t, vol-ēbā-mus, vol-ēbā-tis, vol-ēba-nt.

Substantive: 3. Deklination (auf Konsonant + s)   F2

Beispiel: **pars, partis** *Teil, Seite*

3. Dekl. (Kons + s)	Singular	Plural
Nominativ	pars	part-ēs
Genitiv	part-is	part-ium
Dativ	part-ī	part-ibus
Akkusativ	part-em	part-ēs
Ablativ	part-e	part-ibus

Bei den Substantiven dieser Gruppe endet der Wortstamm auf zwei Konsonanten; der Nom. Sg. endet auf Konsonant + s (pars aus part-s). Diese Substantive haben im Nom. und Gen. Sg. eine unterschiedliche Silbenzahl. Sie sind meist **Feminina**.

Die Endungen sind die gleichen wie bei den Substantiven auf -or, ōris.
Ausnahme: Der Gen. Pl. endet auf **-ium**; er wird im Wortschatz immer eigens angegeben.

Wörter lernen: Wortbildung anwenden (Substantive)   M

Auch beim Erlernen von Substantiven kann die Wortbildung helfen. Viele sind nämlich von einem anderen Wort, meist einem Verb oder einem Adjektiv, mit Hilfe einer Nachsilbe (einem **Suffix**) abgeleitet, das eine bestimmte Bedeutung hat. Wenn du das zugrunde liegende Wort mit dieser Bedeutung in Verbindung bringst, kannst du dir die Bedeutung des neuen Wortes erschließen.
Zum Beispiel bezeichnet das Suffix -ium in der Regel eine Handlung oder ein Ergebnis. *aedific-ium (Gebäude)* ist also das Ergebnis des *Bauens* (aedificare).

Einige wichtige Substantiv-Suffixe sind:

-ium	z.B. aedificium	Handlung oder Ergebnis	von aedificare
-mentum	z.B. ornamentum	Mittel oder Ergebnis	von ornare
-or	z.B. dolor	Zustand oder Eigenschaft	von dolere
-tas	z.B. libertas	Zustand oder Eigenschaft	von liber
-tor	z.B. imperator	handelnde Person	von imperare

24

W Wiederholungswörter

mulier	Frau	dēesse	abwesend sein, fehlen
umbra	Schatten	cūnctī	alle (zusammen)
torquēre	drehen; quälen	vīnea	Weinberg, Weinstock

Lernwörter

sōl, sōlis *m*	Sonne	*solar, i. sole, s. sol*
regiō, regiōnis *f*	Gebiet, Gegend, Richtung	*Region*
nātiō, nātiōnis *f*	Volk, Volksstamm	*Nation*
homō, hominis *m*	Mensch	*human, f. homme, i. uomo, s. hombre*
multitūdō, multitūdinis *f*	große Zahl, Menge	*multus*
mōns, montis *m (Gen. Pl. -ium)*	Berg	*Mount Everest*
fōns, fontis *m (Gen. Pl. -ium)*	Quelle, Ursprung	*Fontäne*
magnitūdō, magnitūdinis *f*	Größe	*magnus*
hōra	Stunde	*e. hour, f. heure*
surgere, surgō	aufrichten; sich erheben, aufstehen	
nisī *Subj.*	wenn nicht	*sī*
āmittere, āmittō	aufgeben, verlieren	*mittere*
leō, leōnis *m*	Löwe	*e. lion*

---

regiō, regiōnis *f*	Gebiet, Gegend, Richtung	magnitūdō, magnitūdinis *f*	Größe
nātiō, nātiōnis *f*	Volk, Volksstamm	leō, leōnis *m*	Löwe
multitūdō, multitūdinis *f*	große Zahl, Menge	homō, hominis *m*	Mensch

Substantive: 3. Deklination (auf -o, onis / -o, inis)

Beispiel: **regiō, regiōnis**   *Gebiet, Gegend, Richtung*

3. Dekl. (-o)	Singular	Plural
Nominativ	regiō	regiōn-**ēs**
Genitiv	regiōn-**is**	regiōn-**um**
Dativ	regiōn-**ī**	regiōn-**ibus**
Akkusativ	regiōn-**em**	regiōn-**ēs**
Ablativ	regiōn-**e**	regiōn-**ibus**

Die Substantive auf -ō, ōnis und -ō, inis sind in der Regel **Feminina**.
Ausnahmen: homō, hominis *m*
           leō, leōnis *m*
Die Endungen sind die gleichen wie bei den Substantiven auf -or, ōris.

Akkusativ als Adverbiale: Akkusativ der zeitlichen Ausdehnung

Gladiator *multos annos* in amphitheatro pugnabat.

Der Gladiator kämpfte *viele Jahre (lang)* im Amphitheater.

Der Akkusativ der zeitlichen Ausdehnung steht auf die Frage *„wie lange?"*.

Wortfamilien

multus	**am**or	**liber**
multitudo	**am**are	**liber**tas
		liberare
magnus	**clam**or	
magnitudo	**clam**are	possum, **pot**es
		potestas
gladius	**dol**or	
gladiator	**dol**ere	mors, **mort**is
		mortuus
imperare		
imperator		**serv**us
imperium		**serv**itus

25

W Wiederholungswörter

subitō	plötzlich	nihil	nichts
hodiē	heute	tenēre	halten, festhalten, besitzen
adhūc	bis jetzt, noch	sonus	Ton, Klang, Geräusch

Lernwörter

mīrus, a, um	erstaunlich, sonderbar	„Miracoli", e. miracle
anteā *Adv.*	vorher, früher	ante
prīmum *Adv.*	erstens, zuerst, zum ersten Mal	
cūrāre, cūrō	pflegen, sorgen für	kurieren
equum cūrāre	das Pferd pflegen	
familiam cūrāre	für die Familie sorgen	
perīculum	Gefahr	i. pericolo
malus, a, um	schlecht, schlimm	i. male
sub *Präp. m. Abl.*	unter *(wo?)*	
sub carrō esse	unter dem Wagen liegen	
sub *Präp. m. Akk.*	unter *(wohin?)*	
sub carrum trahere	unter den Wagen ziehen	
mōnstrum	Ungeheuer	Monster, e. monster
an *(im Fragesatz)*	oder (etwa)	

sub carrō esse

sub carrum trahere

Verben: Perfekt (-v-)

a-Konjugation

Infinitiv	rogā-v-isse	

	Singular	Plural
1. Person	rogā-v-ī	rogā-v-imus
2. Person	rogā-v-istī	rogā-v-istis
3. Person	rogā-v-it	rogā-v-ērunt

i-Konjugation

Infinitiv	audī-v-isse	

	Singular	Plural
1. Person	audī-v-ī	audī-v-imus
2. Person	audī-v-istī	audī-v-istis
3. Person	audī-v-it	audī-v-ērunt

Die Personalendungen für das **Perfekt** (2. Vergangenheit) sind in allen Konjugationsklassen gleich. Sie werden an den **Perfektstamm** angefügt, der auf verschiedene Weise gebildet werden kann. Wir lernen zunächst das **v-Perfekt** kennen, bei dem an den Präsensstamm als Tempuszeichen ein -v- angehängt wird. Die meisten Verben der a- und i-Konjugation bilden ein v-Perfekt.
Ausnahmen (bisher): stāre, dare, venīre, invenīre. Die Perfektbildung zu den Ausnahmen wird später gelernt.

Verwendung des Perfekts

Gladiatores amphitheatrum intra*verunt*; et statim pugna*verunt*.

Die Gladiatoren *betraten* das Amphitheater; und sofort *kämpften* sie (miteinander).

Das lateinische **Perfekt** wird im Deutschen meist mit Präteritum wiedergegeben.
Es drückt im Lateinischen vor allem einmalige Vorgänge aus, die zum Abschluss gelangt sind. Es ist somit das Tempus, in dem die wesentlichen Ereignisse einer vergangenen Handlung erzählt werden.

26

W Wiederholungswörter

iterum	wiederum, zum zweiten Mal	relinquere	verlassen, zurücklassen
unde?	woher?	dēlēre	zerstören, vernichten
ostendere	zeigen, erklären	quamquam	obwohl

Lernwörter

timor, timōris *m*	Angst, Furcht	*timēre*
dī! *Vok.*	(oh) Götter!	*deus*
cum *Subj.*	als (plötzlich); (immer) wenn	
altus, a, um	hoch, tief	*Alt (Stimmlage)*
complēre, compleō, complēvī	anfüllen, auffüllen	
vōx, vōcis *f*	Stimme, Äußerung, Laut	*vocāre, Vokal, e. voice, f. voix, i. voce, s. voz*
magnā vōce	mit lauter Stimme	
flēre, fleō, flēvī	weinen, beweinen	
tēctum	Dach; Haus	
dēlēre, dēleō, dēlēvī	zerstören, vernichten	
lūx, lūcis *f*	Licht, Tageslicht	*„Lux", i. luce, s. luz*
nox, noctis *f (Gen. Pl. -ium)*	Nacht	*f. nuit, i. notte, s. noche*
nōndum *Adv.*	noch nicht	
posse, possum, potuī	können	*potestās*
velle, volō, voluī	wollen	*voluntās*
esse, sum, fuī	sein, sich befinden	
salūs, salūtis *f*	Gesundheit, Rettung, Gruß, Glück	*salūtāre, f. salut, i. salute, s. salud*
fuga	Flucht	*Fuge (Musikstück)*

posse, possum, potuī	können	lūx, lūcis *f*	Licht, Tageslicht
velle, volō, voluī	wollen	nox, noctis *f (Gen. Pl. -ium)*	Nacht
esse, sum, fuī	sein, sich befinden	vōx, vōcis *f*	Stimme, Äußerung, Laut

Verben: Perfekt (-u-)   F1

e-Konjugation

	Infinitiv	tac-**u**-**isse**	

	Singular	**Plural**
1. Person	tac-**u**-**ī**	tac-**u**-**imus**
2. Person	tac-**u**-**istī**	tac-**u**-**istis**
3. Person	tac-**u**-**it**	tac-**u**-**ērunt**

Die Personalendungen für das Perfekt sind bereits bekannt. Das **u-Perfekt** wird mit dem Tempuszeichen **-u-** gebildet.
Die meisten Verben der e-Konjugation bilden ein u-Perfekt.

Ausnahmen (bisher): augēre, gaudēre, manēre, movēre, respondēre, rīdēre, sedēre, torquēre, vidēre. Die Perfektbildung zu diesen Ausnahmen wird später gelernt.
Beachte: complēre (complēvī), dēlēre (dēlēvī), flēre (flēvī) bilden ein v-Perfekt.

Perfekt zu **velle**: vol-u-ī, vol-u-istī, vol-u-it, vol-u-imus, vol-u-istis, vol-u-ērunt.

Verben: Perfekt (esse)   F2

Hilfsverb esse

	Infinitiv	fu-**isse**	

	Singular	**Plural**
1. Person	fu-**ī**	fu-**imus**
2. Person	fu-**istī**	fu-**istis**
3. Person	fu-**it**	fu-**ērunt**

Der Perfektstamm zu esse lautet fu-.

Perfekt zu **adesse**: ad-fuī
Perfekt zu **deesse**: dē-fuī
Perfekt zu **posse**: pot-u-ī, pot-u-istī, pot-u-it, pot-u-imus, pot-u-istis, pot-u-ērunt.

F3 Substantive: 3. Deklination (auf –x)

Beispiel: **vōx, vōcis** *Stimme, Äußerung, Laut*

3. Dekl. (–x)	Singular	Plural
Nominativ	vōx	vōc-ēs
Genitiv	vōc-is	vōc-um
Dativ	vōc-ī	vōc-ibus
Akkusativ	vōc-em	vōc-ēs
Ablativ	vōc-e	vōc-ibus

Die Substantive auf –x (vōx aus vōc-s) sind meist **Feminina**.

Die Endungen sind die gleichen wie bei den Substantiven auf –or, ōris.

M Wörter lernen: Verwechslungen vermeiden

Im Lateinischen gibt es viele ähnlich klingende oder ähnlich geschriebene Vokabeln, die du genau auseinanderhalten musst, da sie unterschiedliche Bedeutungen haben.
Wenn du merkst, dass du solche Wörter verwechselst, solltest du sie dir eigens notieren und die unterschiedlichen Buchstaben besonders markieren. Einige Beispiele:

tum	Adv.	da, damals, dann, darauf	dicere	sagen, sprechen
dum	Subj.	während, solange, bis	ducere	führen, ziehen
cum	Subj.	als (plötzlich); (immer) wenn		
	Präp.	mit, zusammen mit	ibi Adv.	dort
			ubi	wo
debere		müssen, sollen		
delere		zerstören, vernichten	manere	bleiben, (er)warten
dolere		schmerzen, wehtun	monere	mahnen, ermahnen
docere		lehren, unterrichten	movere	bewegen, beeindrucken
parare		(vor)bereiten, vorhaben; erwerben	mons	Berg
			mors	Tod
parere		gehorchen		
patere		offenstehen	liber	frei
			libenter Adv.	gerne

27

Wiederholungswörter

errāre	umherirren, (sich) irren	parvus	klein, gering
flēre	weinen, beweinen	cōnsilium	Beratung, Beschluss, Plan, Rat
manēre	bleiben, (er)warten	oculus	Auge

Lernwörter

līberī, līberōrum *m Pl.*	Kinder	
temptāre, temptō	angreifen; prüfen, versuchen	*e. to attempt*
tenebrae, tenebrārum *f Pl.*	Dunkelheit, Finsternis	
iacēre, iaceō	liegen	
cadere, cadō	fallen	*Kadenz*
castra, castrōrum *n Pl.*	Lager	
arma, armōrum *n Pl.*	Gerät, Waffen	*Armatur*
is, ea, id	dieser, diese, dieses; er, sie, es	
dīc!	sag! sprich!	
dūc!	führe!	
Pompēī, Pompēiōrum *m Pl.*	Pompeji *(Stadt in Mittelitalien)*	
fac!	tu! mach! handle!	
posteā *Adv.*	nachher, später	*post*
reliquiae, reliquiārum *f Pl.*	Überbleibsel, Überrest, Ruine	*relinquere, Reliquie*

---

līberī, līberōrum *m Pl.*	Kinder	tenebrae, tenebrārum *f Pl.*	Dunkelheit, Finsternis
castra, castrōrum *n Pl.*	Lager	reliquiae, reliquiārum *f Pl.*	Überbleibsel, Überrest, Ruine
arma, armōrum *n Pl.*	Gerät, Waffen		
Pompēī, Pompēiōrum *m Pl.*	Pompeji		

F Pronomen is

is, ea, id   *dieser, diese, dieses; er, sie, es*

	Singular			Plural		
	m	f	n	m	f	n
Nominativ	is	ea	id	eī/iī	eae	ea
Genitiv		eius		eōrum	eārum	eōrum
Dativ		eī			eīs/iīs	
Akkusativ	eum	eam	id	eōs	eās	ea
Ablativ	eō	eā	eō		eīs/iīs	

S1 Pronomen is: Verwendung

Das Pronomen is hat mehrere Bedeutungen:

is servus — *dieser* Sklave

a) Das Pronomen is wird oft als **Demonstrativpronomen** (hinweisendes Fürwort) verwendet.

Ubi est gladiator? Quis *eum* videt?
Wo ist der Gladiator? Wer sieht *ihn*?

b) Das Pronomen is kommt auch als **Personalpronomen** (persönliches Fürwort) anstelle einer bereits genannten Person oder Sache vor.

Gladiator pugnat. Populus gladium *eius* videt.
Der Gladiator kämpft. Das Volk sieht *sein (dessen)* Schwert.

c) Im Genitiv werden die Formen von is, ea, id meist als **Possessivpronomen** (besitzanzeigendes Fürwort) verwendet.

S2 Substantive: Pluralwörter

liberi, liberorum *m*	tenebrae, tenebrarum *f*	castra, castrorum *n*
die Kinder	die Dunkelheit, Finsternis	das Lager

Einige lateinische Substantive kommen nur im Plural vor; teilweise müssen sie im Deutschen mit einem Singularwort übersetzt werden (z.B. *die Dunkelheit, das Lager*).

28

Wiederholungswörter

libenter	gerne	timor	Angst, Furcht
oppidum	Stadt (Kleinstadt)	itaque	deshalb
respondēre	antworten	temptāre	angreifen; prüfen, versuchen
ostendere	zeigen, erklären	mortuus	tot, gestorben

Lernwörter

manēre, maneō, **mānsī**	bleiben, (er)warten	*permanent*
monumentum	Denkmal	*monēre, Monument*
sentīre, sentiō, **sēnsī**	fühlen, meinen, wahrnehmen	*sensibel, sentimental*
aspicere, aspiciō, **aspexī**	erblicken, ansehen	
scrībere, scrībō, **scrīpsī**	schreiben, beschreiben	
ōra	Küste	
dūcere, dūcō, **dūxī**	führen, ziehen	*addūcere, dēdūcere*
studium	Beschäftigung, Engagement, Interesse	*studēre, Studium*
dīcere, dīcō, **dīxī**	sagen, sprechen	
statua	Statue	*stāre*
ecce	Schau! Sieh da! Schaut! Seht da!	
augēre, augeō, **auxī**	vergrößern, vermehren	*Auktion*
torquēre, torqueō, **torsī**	drehen; quälen	
Herculēs, is m	Herkules *(berühmtester Held der griechischen Sagenwelt)*	
mittere, mitto, **mīsī**	(los)lassen, schicken, werfen	*āmittere*
dare, dō, **dedī**	geben	
stāre, stō, **stetī**	stehen	*statua, e. to stay*
etsī	auch wenn, obwohl	*et, sī*
cadere, cadō, **cecidī**	fallen	
occidere, occidō, occidī	(zu Boden) fallen, umkommen, untergehen	*Okzident*

Fortsetzung ⇢

28

W āmittere, āmittō, **āmīsī**	aufgeben, verlieren	*mittere*
trahere, trahō, **trāxī**	schleppen, ziehen	
respondēre, respondeō, **respondī**	antworten	
→ **enim** *(nachgestellt)*	nämlich, denn	
rīdēre, rīdeō, **rīsī**	lachen, auslachen	*f. rire, i. ridere*
→ **praestāre, praestō, praestitī** *m. Akk.*	gewähren, leisten, zeigen	*stāre*

---

manēre, maneō, mānsī	bleiben, (er)warten	sentīre, sentiō, sēnsī	fühlen, meinen, wahrnehmen
rīdēre, rīdeō, rīsī	lachen, auslachen		
torquēre, torqueō, torsī	drehen; quälen	mittere, mittō, mīsī	(los)lassen, schicken, werfen
augēre, augeō, auxī	vergrößern, vermehren	āmittere, āmittō, āmīsī	aufgeben, verlieren
respondēre, respondeō, respondī	antworten	scrībere, scrībō, scrīpsī	schreiben, beschreiben
		aspicere, aspiciō, aspexī	erblicken, ansehen
dare, dō, dedī	geben	dīcere, dīcō, dīxī	sagen, sprechen
stāre, stō, stetī	stehen	dūcere, dūcō, dūxī	führen, ziehen
praestāre, praestō, praestitī *m. Akk.*	gewähren, leisten, zeigen	trahere, trahō, trāxī	schleppen, ziehen
		cadere, cadō, cecidī	fallen
		occidere, occidō, occidī	(zu Boden) fallen, umkommen, untergehen

Der griechische Held Herakles (lat. Hercules) mit seinen typischen Attributen: Keule und Löwenfell. Nach dem Sieg über den Nemeischen Löwen trug Herkules dessen Fell als Trophäe stets bei sich. Griechische Vasenmalerei. 575 v. Chr. Paris, Musée du Louvre.

Nach dem **v**-Perfekt (meistens bei Verben der a- und i-Konjugation) und dem **u**-Perfekt (meistens bei Verben der e-Konjugation) werden nun weitere **Arten der Perfektbildung** behandelt, die bei Verben aller Konjugationsklassen gleichermaßen auftreten. Die Personalendungen, die an den Perfektstamm angehängt werden, sind immer die gleichen wie beim v- und u-Perfekt.

Verben: Perfekt (–s–)   F1

Inf. Präs.	1. Sg. Präs.	Präsensstamm	Perfektstamm	1. Sg. Perf.
manēre	mane-ō	manē-	māns-	māns-ī
scrībere	scrīb-ō	scrīb-	scrīps- (aus scrībs-)	scrīps-ī
dūcere	dūc-ō	dūc-	dūx- (aus dūcs-)	dūx-ī
rīdēre	rīde-ō	rīdē-	rīs- (aus rīds-)	rīs-ī

Das **s-Perfekt** wird mit dem Tempuszeichen **-s-** gebildet. Daneben sind im Perfektstamm weitere lautliche Veränderungen gegenüber dem Präsensstamm möglich (z.B. dūx- aus dūcs-).

Verben: Perfekt (Reduplikation)   F2

Inf. Präs.	1. Sg. Präs.	Präsensstamm	Perfektstamm	1. Sg. Perf.
cadere	cad-ō	cad-	**ce**cid-	**ce**cid-ī
dare	dō	da-	**de**d-	**de**d-ī
stāre	stō	stā-	**ste**t-	**ste**t-ī
occidere	oc-cidō	oc-cid-	oc-cid-	oc-cid-ī

Das **Reduplikationsperfekt** wird durch „**Verdoppelung**" (Duplizierung) des Wortanfangs gebildet: Der anlautende Konsonant (z.B. **c** bei cadere) wird mit einem Bindevokal vor den Präsensstamm gesetzt. Daneben sind im Perfektstamm weitere lautliche Veränderungen gegenüber dem Präsensstamm möglich.
Bei den Komposita entfällt meist die Reduplikation im Perfekt (z.B. óc-cid-ī).

Beachte: Um die Perfektformen richtig erkennen und zuordnen zu können, ist künftig im Wortschatz neben dem Infinitiv Präsens und der 1. Pers. Sg. Präsens immer auch die 1. Pers. Sg. Perf. angegeben, die mitgelernt werden muss.
Beispiel: dūcere, dūcō, dūxī

29

W Wiederholungswörter

audīre	hören	propter	wegen
statim	sofort	prīmō	zuerst
profectō	sicherlich, tatsächlich	nōndum	noch nicht

Lernwörter

venīre, veniō, vēnī	kommen	
sedēre, sedeō, sēdī	sitzen	*e. to sit*
vidēre, videō, vīdī	sehen	*Video, wissen, e. to view*
→ vincere, vincō, vīcī	(be)siegen, übertreffen	*victor*
interficere, interficiō, interfēcī	töten, vernichten	*facere*
ita *Adv.*	so	
Augiās, Augīae *m*	Augias *(mythischer König)*	
rēx, rēgis *m*	König	*Tyrannosaurus rex, i. re, f. roi*
→ relinquere, relinquō, relīquī	verlassen, zurücklassen	*e. to relinquish*
→ vix *Adv.*	kaum, (nur) mit Mühe	
→ invenīre, inveniō, invēnī	finden, erfinden	*venīre*
→ factum	Handlung, Tat, Tatsache	*facere, Faktum, e. fact*
facere, faciō, fēcī	machen, tun, handeln	
→ agere, agō, ēgī	handeln, treiben, verhandeln	*agieren*
→ comprehendere, comprehendō, comprehendī	begreifen, ergreifen, festnehmen	*e. to comprehend, f. comprendre*
→ dēscendere, dēscendō, dēscendī	herabsteigen	*e. to descend*
→ fluvius	Fluss	
→ capere, capiō, cēpī	fassen, nehmen; erobern	*kapieren, Kapazität*
→ cōnsilium capere	einen Plan (Entschluss) fassen	
→ vertere, vertō, vertī	drehen, wenden	*intro-vertiert*
→ movēre, moveō, mōvī	bewegen, beeindrucken	*e. to move*
→ fābula	Erzählung, Geschichte, Theaterstück	*Fabel, fabelhaft*

movēre, moveō, mōvī	bewegen, beeindrucken	interficere, interficiō, interfēcī	töten, vernichten
sedēre, sedeō, sēdī	sitzen	relinquere, relinquō, relīquī	verlassen, zurücklassen
vidēre, videō, vīdī	sehen		
venīre, veniō, vēnī	kommen	vincere, vincō, vīcī	(be)siegen, übertreffen
invenīre, inveniō, invēnī	finden, erfinden	comprehendere, comprehendō, comprehendī	begreifen, ergreifen, festnehmen
agere, agō, ēgī	handeln, treiben, verhandeln	dēscendere, dēscendō, dēscendī	herabsteigen
capere, capiō, cēpī	fassen, nehmen; erobern		
facere, faciō, fēcī	machen, tun, handeln	vertere, vertō, vertī	drehen, wenden

Verben: Perfekt (Dehnung)   F1

Inf. Präs.	1. Sg. Präs.	Präsensstamm	Perfektstamm	1. Sg. Perf.
vidēre	vide-ō	vidē-	vīd-	vīd-ī
venīre	veni-ō	venī-	vēn-	vēn-ī
agere	ag-ō	ag-	ēg-	ēg-ī
capere	capi-ō	capi-	cēp-	cēp-ī

Beim **Dehnungsperfekt** wird der Stammvokal in der Aussprache gedehnt und manchmal zusätzlich verändert.

Verben: Perfekt (ohne Stammveränderung)   F2

Inf. Präs.	1. Sg. Präs.	Präsensstamm	Perfektstamm	1. Sg. Perf.
comprehendere	comprehendō	comprehend-	comprehend-	comprehend-ī
vertere	vertō	vert-	vert-	vert-ī

Bei einigen Verben ist der Perfektstamm gegenüber dem Präsensstamm unverändert. Daher ist bei einigen Verbformen das Tempus nicht eindeutig (z.B. vertit). Ob Präsens oder Perfekt vorliegt, ist dann nur dem Textzusammenhang zu entnehmen.

30

W Wiederholungswörter

imperium	Befehl, Herrschaft, Reich	cūnctī	alle (zusammen)
potestās	(Amts-)Gewalt, Macht	līber	frei
dolus	List, Täuschung	mōnstrum	Ungeheuer

Lernwörter

Eurystheus m	Eurystheus *(mythischer König von Mykene)*	
gaudēre *m. Abl.*	sich freuen über	*Gaudi*
auxiliō gaudēre	sich über die Hilfe freuen	
labōrāre *m. Abl.*	leiden an, in Not / Sorge sein wegen	*laborieren*
dolōribus labōrāre	an Schmerzen leiden	
dolēre *m. Abl.*	traurig sein über	*dolor*
iniūriā dolēre	über ein Unrecht traurig sein	
carēre, careō *m. Abl.*	frei sein von, ohne (etwas) sein, nicht haben	
amīcīs carēre	keine Freunde haben, ohne Freunde sein	
labor, labōris m	Arbeit, Anstrengung	*Labor(atorium)*
līber, a, um (ā) *m. Abl.*	frei von	
līber (ā) timōre	frei von Angst	
officium	Dienst, Pflicht(gefühl)	*offiziell, Offizier, e. office*
eō annō	in diesem Jahr	*annus*
tamen	dennoch, jedoch	
nocte	nachts	*nox*
paulō post	(ein) wenig später	
Plūtō, Plūtōnis m	Pluto *(Gott der Unterwelt)*	
prohibēre, prohibeō (ā) *m. Abl.*	abhalten von, hindern an	*habēre, e. to prohibit*
(ā) lacrimīs prohibēre	von (den) Tränen abhalten, am Weinen hindern	

30

Cerberus	Zerberus *(der dreiköpfige Höllenhund)*	
ostendere, ostendō, **ostendī**	zeigen, erklären	
servāre (ā *m. Abl.*)	bewahren (vor), retten (vor)	
prīmus, a, um	der erste	*prīmō, prīmum*
prīmā lūce	bei Tagesanbruch	*i. luce*
eā hōrā	in dieser Stunde	

Ablativ als Adverbiale: Ablativ der Zeit — S1

annō novō
im neuen Jahr

eā nocte
in dieser Nacht

prīmā lūce
bei Tagesanbruch

Der Ablativ zur Angabe einer Zeit (Ablativus temporis) steht auf die Frage *„wann?"*.

Ablativ als Adverbiale: Ablativ des Grundes — S2

auxiliō deōrum gaudēre
sich über die Hilfe der Götter freuen

morte amīcae dolēre
über den Tod der Freundin traurig sein
(wegen des Todes)

Der Ablativ zur Angabe eines Grundes (Ablativus causae) steht auf die Fragen *„worüber?"* oder *„weshalb?"*.

S3 Ablativ als Objekt / Adverbiale: Ablativ der Trennung

(ab) urb*e* prohibēre von der Stadt abhalten	*(ē)* perīculō līberāre aus der Gefahr befreien
līber *(ā)* timōr*e* frei von Furcht	amīc*īs* carēre keine Freunde haben, ohne Freunde sein

Der Ablativ der Trennung (Ablativus separativus) steht nach Verben (und Adjektiven), die im weitesten Sinn eine Trennung ausdrücken. Oft passt die Frage „wovon?".

Der Ablativ der Trennung steht manchmal nach einer Präposition, die übersetzt wird. Wenn er ohne Präposition steht, wird im Wortschatz eigens darauf hingewiesen.

Nach intransitiven Verben (z.B. carēre) steht der Ablativ der Trennung als Objekt und ist als Satzglied notwendig; bei transitiven Verben (z.B. līberāre) hat er die Funktion des Adverbiales.

Verben, die ein Akkusativobjekt nach sich haben können, nennt man „transitive Verben", die anderen heißen „intransitive Verben".

Gegensätze

ridere	↔	flere
gaudere	↔	dolere
laudare	↔	monere
habere	↔	carere
dare	↔	capere
rogare	↔	respondere
dicere	↔	tacere
libertas	↔	servitus
bonus	↔	malus
antea	↔	postea

31

Wiederholungswörter

clāmāre	laut rufen, schreien	quīn?	warum nicht?
ōra	Küste	nōnne?	(etwa) nicht?
patria	Heimat	latēre	verborgen sein
scīre	wissen, kennen, verstehen	enim	nämlich, denn

Lernwörter

Trōiānus, a, um	trojanisch; *Subst.* Trojaner, Einwohner von Troja	
Graecī, ōrum *m Pl.*	die Griechen	
putāre, putō	glauben, meinen	*Com-puter, Dis-put*
certē / certō *Adv.*	gewiss, sicherlich	*Zerti-fikat*
bellum	Krieg	
paulātim *Adv.*	allmählich	*paulō post*
cēdere, cēdō, cessī	gehen, nachgeben, weichen	
petere, petō, **petīvī**	aufsuchen, (er)streben, bitten, verlangen	
cōnsistere, cōnsistō, **cōnstitī**	stehenbleiben, haltmachen, sich aufstellen	
alius, alia, aliud	ein anderer	
animadvertere, animadvertō, **animadvertī** *m. AcI / Akk.*	bemerken	*animus, ad, vertere*
Lāocoōn, Lāocoontis *m*	Laokoon *(trojanischer Priester)*	
honestus, a, um	ehrenhaft, angesehen	*honor*
cōnstat	es ist bekannt, es steht fest	*stāre*
Cōnstat Herculem hominibus adfuisse.	Es ist bekannt, dass Herkules den Menschen half.	

S Akkusativ mit Infinitiv (AcI)

→ **Erscheinungsform und Übersetzung**

Claudia *amicum laborare* videt. Claudia sieht *einen Freund arbeiten*.	Hier tritt zum Akkusativobjekt (amicum *einen Freund*) noch ein Infinitiv (laborare *arbeiten*) hinzu; diese Konstruktion gibt es auch im Deutschen. Im Lateinischen ist diese Konstruktion, der **AcI (Accusativus cum Infinitivo)**, jedoch viel häufiger; er kommt meist nach Verben vor, nach denen eine wörtliche Wiedergabe des AcI im Deutschen nicht möglich ist:
Claudia *amicum laborare* scit. Claudia weiß, *dass der Freund arbeitet*.	Die übliche **Übersetzung** des AcI ist ein mit **dass** eingeleiteter Gliedsatz; der Akkusativ wird Subjekt, der Infinitiv wird Prädikat des Gliedsatzes.
Claudia scit: Amicus laborat. Claudia *amicum laborare* scit. Claudia weiß: Der Freund arbeitet. Claudia weiß, *dass der Freund arbeitet*	Man kann den AcI als eigenständigen Aussagesatz verstehen, der vom Prädikat eines anderen Satzes (hier: scit) abhängig gemacht wird; der AcI wird daher als **satzwertige Konstruktion** bezeichnet.
Claudiam *amicum* exspectare scimus. Wir wissen, dass Claudia *den Freund* erwartet.	Die Aussage des Infinitivs kann ergänzt werden: … durch ein Objekt (hier: amicum),
Amicum Claudiae *diu* laborare scimus. Wir wissen, dass Claudias Freund *lange* arbeitet.	… durch ein Adverbiale (hier: diu)
Claudiam *pulchram* esse scimus. Wir wissen, dass Claudia *schön* ist.	… oder durch ein Prädikatsnomen im Akkusativ (hier: pulchram). Dadurch können Akkusativ und Infinitiv voneinander getrennt sein.

→ **Auf einen Blick:**

lateinisch:	A	I
	↓	↓
deutsch: „dass"	Subjekt	Prädikat

1. Suche und markiere A und I.
2. Setze „dass" ein.
3. A wird Subjekt, I wird Prädikat des dass-Satzes.

→ Zeitverhältnis

Claudia amicum labor*are scit*.
Claudia *weiß*, dass der Freund *arbeitet*.

Die Formen des **Infinitiv Präsens** drücken aus, dass das Geschehen des AcI mit dem des Prädikats gleichzeitig abläuft; sie bezeichnen die Gleichzeitigkeit **(Infinitiv der Gleichzeitigkeit)**.

Claudia amicum labor*are scivit*.
Claudia *wusste*, dass der Freund *arbeitete*.

Claudia amicum labor*avisse scit*.
Claudia *weiß*, dass der Freund *gearbeitet hat*.

Die Formen des **Infinitiv Perfekt** drücken aus, dass das Geschehen des AcI vor dem des Prädikats stattgefunden hat; sie bezeichnen die Vorzeitigkeit **(Infinitiv der Vorzeitigkeit)**.

Claudia amicum labor*avisse scivit*.
Claudia *wusste*, dass der Freund *gearbeitet hatte*.

→ Auf einen Blick:

Hauptsatz	AcI (lat.)	Zeitverhältnis →	dass-Satz (dt.)
Präsens	Infinitiv Präsens	gleichzeitig →	Präsens
Vergangenheit	Infinitiv Präsens	gleichzeitig →	Präteritum
Präsens	Infinitiv Perfekt	vorzeitig →	Perfekt
Vergangenheit	Infinitiv Perfekt	vorzeitig →	Plusquamperfekt

→ Satzgliedfunktionen

Constat amicum laborare.
Es ist bekannt, dass der Freund arbeitet.

Nach unpersönlichen Ausdrücken (z.B. constat) steht der AcI als Subjekt.

Claudia *scit* amicum laborare.
Claudia *weiß*, dass der Freund arbeitet.

Nach Verben des Wahrnehmens (z.B. videre), des Meinens oder Wissens (z.B. scire), des Redens oder Erzählens (z.B. dicere) steht der AcI als Objekt.

32

W Wiederholungswörter

aedificium	Gebäude	semper	immer
ōrnāre	ausstatten, schmücken	exīstimāre	meinen, einschätzen
autem	aber, andererseits	dēscendere	herabsteigen
tantum	nur	cūrāre	pflegen, sorgen für

Lernwörter

Dīdō, Dīdōnis *f*	Dido *(die Gründerin und Königin Karthagos)*	
cīvis, cīvis *m (Gen. Pl. -ium)*	Bürger	*cīvitās*, zivil, e. civil
Aenēās, Aenēae *m*	Äneas *(Trojaner und Stammvater der Römer)*	
sibi *Dat.*	sich	
quaerere, quaerō, quaesīvī	erwerben wollen, suchen, fragen	
suus, a, um	sein, ihr	
sēcum	mit sich, bei sich	
cōgitāre, cōgitō	denken, beabsichtigen	
convenīre, conveniō, convēnī	zusammenkommen, zusammenpassen, besuchen	*venīre, invenīre*
marītus	Ehemann	*i. marito*
vīvere, vīvō, vīxī	leben	*vīta*
oportet	es gehört sich, es ist nötig	
Tē venīre oportet.	Es ist nötig, dass du kommst. Du musst kommen.	
Carthāgō, Carthāginis *f*	Karthago *(Stadt in Nordafrika)*	
fīnis, fīnis *m (Gen. Pl. -ium)*	Ende, Grenze, Ziel, Zweck; *Pl.* Gebiet	*Finale*

Reflexivpronomen (Rückbezügliches Fürwort)　　　　　　　　　　　　F1

3. Person	Singular und Plural	
Nominativ	–	–
Dativ	sibi	sich
Akkusativ	sē	sich
Ablativ	ā sē	von sich
	sē-cum	mit sich

Das Reflexivpronomen hat jeweils nur eine Form für die drei Genera; auch Singular und Plural werden nicht unterschieden.

Die Verwendung der wenig gebräuchlichen Genitivform wird später anhand von Wendungen gelernt.

Substantive: 3. Deklination (gleichsilbige auf –is)　　　　　　　　F2

Beispiel: **cīvis, cīvis**　*Bürger*

3. Deklination	Singular	Plural
Nominativ	cīv-is	cīv-ēs
Genitiv	cīv-is	cīv-ium
Dativ	cīv-ī	cīv-ibus
Akkusativ	cīv-em	cīv-ēs
Ablativ	(cum) cīv-e	(cum) cīv-ibus

Die gleichsilbigen Substantive auf -is haben im Nom. und Gen. Sg. die gleiche Silbenzahl. Die Endungen sind die gleichen wie bei den Substantiven auf -or, ōris.

Ausnahme: Der Gen. Pl. endet (wie bei den Substantiven auf Konsonant + s) in der Regel auf **-ium**. Er wird im Wortschatz immer eigens angegeben.

S1 Pronomina im AcI

Syrus *se* servum bonum esse putat.

Syrus glaubt, dass *er (selbst)* ein guter Sklave ist.

Ein Reflexivpronomen (hier: se) in einem AcI bezieht sich in der Regel auf das Subjekt des Satzes (hier: Syrus).

Etiam dominus *eum* servum bonum esse putat.

Auch der Herr glaubt, dass *er / dieser* (Syrus) ein guter Sklave ist.

Formen des Pronomens is in einem AcI beziehen sich auf andere Personen (oder Sachen).

S2 Pronomen suus: Verwendung

Gladiator gladio *suo* pugnat.

Der Gladiator kämpft mit *seinem (eigenen)* Schwert.

Das Pronomen suus, a, um wird **reflexiv** (rückbezüglich) verwendet, es bezieht sich auf das Subjekt des Satzes (hier: gladiator).

Vir gladium *eius* timet.

Der Mann fürchtet *sein / dessen* Schwert.

Die Genitivformen des Pronomens is beziehen sich dagegen nicht auf das Subjekt, sondern auf andere Personen (oder Sachen).

... gladio *suo* pugnat.

... gladium *eius* timet.

33

Wiederholungswörter

altus	hoch, tief	properāre	eilen, sich beeilen
mūrus	Mauer	animadvertere	bemerken
subitō	plötzlich	victor	Sieger
vincere	(be)siegen, übertreffen		

Lernwörter

Latīnī, Latīnōrum *m Pl.*	die Latiner *(Volksstamm in Italien)*	
mūnīre, mūniō	bauen, befestigen, schützen	*Munition*
circum *Präp. m. Akk.*	rings um, um … herum	*Zirkus*
circum mūrōs	um die Mauern (herum)	
Latīnus	Latinus *(König der Latiner)*	
dēspērāre, dēspērō	die Hoffnung aufgeben, verzweifeln	*spērāre, Desperado*
dē salūte dēspērāre	die Hoffnung auf Rettung aufgeben	
Turnus	Turnus *(Anführer der Rútuler, Gegner des Äneas)*	
spērāre, spērō	erwarten, hoffen	*dēspērāre*
dēmōnstrāre, dēmōnstrō	beweisen, darlegen	*demonstrieren, Demonstrativpronomen*
audācia	Frechheit, Kühnheit	
violāre, violō	verwunden, verletzen, entehren	
ferrum	Eisen; Waffe	
surgere, surgō, **surrēxī**	aufrichten; sich erheben, aufstehen	*e. to surge*
Italia	Italien	
caedere, caedō, cecīdī	fällen, töten	
dōnāre, dōnō	schenken	*dōnum*
venia	Gefallen; Nachsicht, Verzeihung	
quidem *Adv.*	freilich, gewiss, wenigstens, zwar	
occīdere, occīdō, occīdī	niederschlagen, töten	*caedere*

F Verben: Plusquamperfekt

a-Konjugation	Singular	Plural
1. Person	rogā-v-era-m	rogā-v-erā-mus
2. Person	rogā-v-erā-s	rogā-v-erā-tis
3. Person	rogā-v-era-t	rogā-v-era-nt

Die Personalendungen für das **Plusquamperfekt** (3. Vergangenheit) sind in allen Konjugationsklassen gleich; sie entsprechen denen des Imperfekts. Zusätzlich tritt zwischen den **Perfektstamm** und die Endungen das Kennzeichen **-era-**.

Beispiele für das Plusquamperfekt bei verschiedenen Arten der Perfektbildung:

Plusqpf.		
1. Person	rogāv-era-m	ich hatte gebeten
	tacu-era-m	ich hatte geschwiegen
	māns-era-m	ich war geblieben
	cecid-era-m	ich war gefallen
	vīd-era-m	ich hatte gesehen
	vert-era-m	ich hatte gewendet
	fu-era-m	ich war gewesen

S Verwendung des Plusquamperfekts

Mercurius Aeneam *monuerat*.
Itaque Aeneas Didonem reliquit.

Merkur *hatte* Äneas *gemahnt*.
Deshalb verließ Äneas Dido.

Das lateinische **Plusquamperfekt** wird auch im Deutschen mit Plusquamperfekt (3. Vergangenheit) wiedergegeben.
Es bezeichnet ein Ereignis der Vergangenheit, das zeitlich **vor** einem anderen Ereignis der Vergangenheit liegt. Daher heißt das Plusquamperfekt auch Vorvergangenheit.

34

Wiederholungswörter

cōnsilium	Beratung, Beschluss, Plan, Rat	puer	Junge
temptāre	angreifen; prüfen, versuchen	aspicere	erblicken, ansehen
mox	bald	ingenium	Begabung, Talent, Verstand
parvus	klein, gering	regiō	Gebiet, Gegend, Richtung

Lernwörter

Faustulus	Faustulus (Hirte, der Romulus und Remus entdeckte)	
ācer, ācris, ācre	energisch, heftig, scharf	
bibere, bibō, bibī	trinken	s. beber
pellere, pellō, pepulī	stoßen, schlagen, (ver)treiben	
celer, celeris, celere	schnell	
tamquam	*Adv.* wie *Subj.* wie wenn, als ob	
sīgnum	Merkmal, Zeichen; Statue	Signal, e. sign
Rōmulus / Remus	Romulus / Remus (Zwillingsbrüder und sagenhafte Gründer Roms)	
iuvenis, iuvenis *m*	junger Mann; *Adj.* jung	
comes, comitis *m/f*	Begleiter(in), Gefährte, Gefährtin	
mīles, mīlitis *m*	Soldat	Militär
repellere, repellō, reppulī	zurückstoßen, abweisen, vertreiben	pellere

---

ācer, ācris, ācre	energisch, heftig, scharf
celer, celeris, celere	schnell

F1 Adjektive: 3. Deklination (dreiendige)

Beispiel: ācer *m*, ācris *f*, ācre *n*   energisch, heftig, scharf

Singular	m	f	n
Nominativ	ācer	ācr-**is**	ācr-**e**
Genitiv		ācr-**is**	
Dativ		ācr-**ī**	
Akkusativ		ācr-**em**	ācr-**e**
Ablativ		ācr-**ī**	

Plural	m	f	n
Nominativ		ācr-**ēs**	ācr-**ia**
Genitiv		ācr-**ium**	
Dativ		ācr-**ibus**	
Akkusativ		ācr-**ēs**	ācr-**ia**
Ablativ		ācr-**ibus**	

Die **Adjektive** der 3. Deklination stimmen in den meisten Kasusendungen mit den Substantiven der 3. Deklination (z.B. auf -or, ōris) überein.

Ausnahmen:
-**ī**   Abl. Sg.
-**ia**   Nom. / Akk. Pl. *n*
-**ium** Gen. Pl.

Der Gen. Pl. -ium kommt auch bei einigen Substantiven vor.

Die dreiendigen Adjektive der 3. Deklination haben im Nom. Sg. für jedes Genus eine eigene Form.

F2 Substantive: 3. Deklination (ungleichsilbige auf -es, itis)

Beispiel: **comes, comitis**   *Begleiter(in), Gefährte, Gefährtin*

Die ungleichsilbigen Substantive auf -es, **itis** sind in der Regel **Maskulina**. Der Wortstamm (comit-) ist auch hier am Genitiv zu erkennen.

Die Endungen sind die gleichen wie bei den Substantiven auf -or, ōris.

35

Wiederholungswörter

frāter	Bruder	fūr	Dieb
turba	(Menschen-)Menge	dēlēre	zerstören, vernichten
silva	Wald	venīre	kommen
comprehendere	begreifen, ergreifen, festnehmen	dīcere	sagen, sprechen

Lernwörter

locus	Ort, Platz, Stelle	*Lokal*
ūnus, a, um	einer, ein einziger	*e. one, i. uno*
ūnus ē / ex *m. Abl.*	einer von	
fortis, e	kräftig, tapfer	*i. forte*
trīstis, e	traurig, unfreundlich	*trist*
dēfendere, dēfendō, dēfendī (ā *m. Abl.*)	abwehren, verteidigen (vor / gegen)	*defensiv*
Amūlius	Amulius *(König von Alba, Bruder des Numitor)*	
accūsāre, accūsō	anklagen, beschuldigen	*Akkusativ, e. to accuse*
turpis, e	unanständig, hässlich, schändlich	
postquam *Subj.*	nachdem, als	*post, posteā*
Numitor, Numitōris *m*	Numitor *(König von Alba, Großvater von Romulus und Remus)*	
dulcis, e	angenehm, süß	*f. doux, i. dolce*
crūdēlis, e	grausam	*e./f. cruel*
omnis, e	jeder, ganz; *Pl.* alle	*Omnibus*

※

omnis, e	jeder, ganz; *Pl.* alle	turpis, e	unanständig, hässlich, schändlich
fortis, e	kräftig, tapfer	crūdēlis, e	grausam
trīstis, e	traurig, unfreundlich	dulcis, e	angenehm, süß
		postquam *Subj.*	nachdem, als

F Adjektive: 3. Deklination (zweiendige)

Beispiel: **fortis** *m*, **fortis** *f*, **forte** *n*   *kräftig, tapfer*

	Singular			Plural		
	m	f	n	m	f	n
Nominativ		fort-is	fort-e		fort-ēs	fort-ia
Genitiv		fort-is			fort-ium	
Dativ		fort-ī			fort-ibus	
Akkusativ		fort-em	fort-e		fort-ēs	fort-ia
Ablativ		fort-ī			fort-ibus	

Bei den zweiendigen Adjektiven der 3. Deklination fallen im Nominativ und Akkusativ die maskulinen und femininen Formen zusammen; ansonsten sind die Kasusendungen denen der dreiendigen Adjektive gleich.

S Gliedsätze: Tempora nach Subjunktionen

Bei den Subjunktionen dum und postquam, die Temporalsätze einleiten, ist das unterschiedliche Tempus im Deutschen und Lateinischen zu beachten:

> Faustulus, *dum* in silva *errat (Präsens)*, pueros aspexit.
>
> Während Faustulus im Wald *umherirrte (Präteritum)*, erblickte er die Jungen.

Nach **dum** (in der Bedeutung *während*) steht im Lateinischen immer *Präsens*; im Deutschen steht in der Regel das gleiche Tempus wie im Hauptsatz.

> *Postquam* lupa pueros *reliquit (Perfekt)*, Faustulus eos uxori portavit.
>
> Nachdem die Wölfin die Jungen *verlassen hatte (Plusquamperfekt)*, brachte sie Faustulus seiner Frau.

Nach **postquam** (in der Bedeutung *nachdem*) steht im Lateinischen immer Perfekt; im Deutschen steht nach einem Vergangenheitstempus im Hauptsatz Plusquamperfekt, nach einem Präsens im Hauptsatz Perfekt.

36

Wiederholungswörter

urbs	Stadt; die Stadt Rom	mōns	Berg
aedificāre	bauen	sīgnum	Merkmal, Zeichen; Statue
placēre	gefallen	vōx	Stimme, Äußerung, Laut
invenīre	finden, erfinden	arma	Gerät, Waffen

Lernwörter

quī, quae, quod	welcher, welche, welches; der, die, das	
idōneus, a, um	geeignet, passend	*i. idoneo*
dēligere, dēligō, dēlēgī	(aus)wählen	
condere, condō, condidī	verwahren, verbergen; erbauen, gründen	
maximē *Adv.*	am meisten, besonders	
opportūnus, a, um	geeignet, günstig	*opportunistisch*
nātūra	Natur, Wesen, Beschaffenheit	*e./f. nature, i./s. natura*
multum *Adv.*	sehr, viel	*multus*
multum valēre	großen Einfluss haben	*valēre*
Aventīnus	der Aventin *(am Tiber gelegener Hügel Roms)*	
contendere, contendō, contendī	sich anstrengen, kämpfen; eilen; behaupten	*e. to contend*
Palātium	der Palatin *(einer der sieben Hügel Roms)*	*Palast*
sex *indekl.*	sechs	*e./f. six*
Līvius	Titus Livius *(berühmter römischer Geschichtsschreiber, 59 v. Chr. – 17 n. Chr.)*	
accipere, accipiō, accēpī	erhalten, erfahren, annehmen	*capere, akzeptieren, e. to accept*

36

F Relativpronomen (Bezügliches Fürwort)

quī, quae, quod   *welcher, welche, welches; der, die, das*

	Singular			Plural		
	m	*f*	*n*	*m*	*f*	*n*
Nominativ	quī	quae	quod	quī	quae	quae
Genitiv		cuius		quōrum	quārum	quōrum
Dativ		cui			quibus	
Akkusativ	quem	quam	quod	quōs	quās	quae
Ablativ	quō	quā	quō		quibus	

Die Ablativformen werden je nach Zusammenhang mit Hilfe entsprechender Präpositionen übersetzt, z.B. *mit dem* oder *durch das*.

S Relativsatz als Attribut

Servus, *qui* bene laborat, dominum delectat.
Ein Sklave, *der* gut arbeitet, erfreut den Herrn.

Servus, *quem* dominus monet, non bene laborat.
Der Sklave, *den* der Herr ermahnt, arbeitet nicht gut.

Das Relativpronomen (hier: qui, quem) richtet sich in Numerus und Genus nach seinem Bezugswort (hier: servus); der Kasus wird – wie auch im Deutschen – durch die Konstruktion des Relativsatzes festgelegt.
Meist haben Relativsätze die Satzgliedfunktion des Attributs und erläutern das Bezugswort (hier: servus).

contendere

sich anstrengen — behaupten — kämpfen — eilen

37

Wiederholungswörter

prīmō	zuerst	mox	bald
complēre	anfüllen, auffüllen	posteā	nachher, später
mulier	Frau	potestās	(Amts-)Gewalt, Macht
dēesse	abwesend sein, fehlen	parāre	(vor)bereiten, vorhaben; erwerben

Lernwörter

et … et	sowohl … als auch	
arcessere, arcessō, arcessīvī	herbeirufen, holen	
commūnis, e	gemeinsam, allgemein	Kommunismus
tūtus, a, um	sicher	
hostis, hostis m (Gen. Pl. -ium)	Feind (Landesfeind)	
occupāre, occupō	besetzen, einnehmen	okkupieren, Okkupation
quemadmodum	auf welche Weise, wie	
fortūna	Schicksal, Glück	e./f. fortune
glōria	Ruhm, Ehre	glorreich, e. glory, f. gloire, i./s. gloria
inānis, e	leer, wertlos	
crēdere, crēdō, crēdidī	glauben, anvertrauen	Kredit

Wortfamilien

dare, dō, dedī
condere, condō, condidī
crēdere, crēdō, crēdidī

capere, capiō, cēpī
accipere, accipiō, accēpī
captīvus

esse, sum, fuī
adesse, adsum, adfuī
posse, possum, potuī

venīre, veniō, vēnī
convenīre, conveniō, convēnī
invenīre, inveniō, invēnī

F Verben: Futur I (a- / e-Konjugation / esse)

a-Konjugation	Singular	Plural
1. Person	rogā-**b**-**ō**	rogā-**bi**-**mus**
2. Person	rogā-**bi**-**s**	rogā-**bi**-**tis**
3. Person	rogā-**bi**-**t**	rogā-**bu**-**nt**

e-Konjugation	Singular	Plural
1. Person	rīdē-**b**-**ō**	rīdē-**bi**-**mus**
2. Person	rīdē-**bi**-**s**	rīdē-**bi**-**tis**
3. Person	rīdē-**bi**-**t**	rīdē-**bu**-**nt**

Die Personalendungen für das **Futur I** (Zukunft) der a- und e-Konjugation sind die gleichen wie im Präsens. Zwischen Stamm und Endung tritt als Tempuszeichen in der 1. Pers. Sg. -**b**-, in der 3. Pers. Pl. -**bu**-, sonst -**bi**-.

Hilfsverb *esse*	Singular	Plural
1. Person	er-**ō**	er-**i**-**mus**
2. Person	er-**i**-**s**	er-**i**-**tis**
3. Person	er-**i**-**t**	er-**u**-**nt**

Futur I zu **posse**: pot-erō, pot-eris, pot-erit, pot-erimus, pot-eritis, pot-erunt.

S Verwendung des Futur I

Das Futur I wird im Lateinischen – wie auch im Deutschen – zur Bezeichnung eines zukünftigen Geschehens verwendet.

> Mox patrem *videbo*.
> Bald *werde* ich meinen Vater *sehen*.
> (Bald sehe ich meinen Vater.)

Während im Lateinischen zur Bezeichnung künftiger Handlungen (oder Zustände) immer das Futur I steht, kann im Deutschen bei entsprechenden Zeitangaben (z.B. *bald*, *morgen*) auch das Präsens auftreten.

38

Wiederholungswörter

alius	ein anderer	fōns	Quelle, Ursprung
torquēre	drehen; quälen	trīstis	traurig, unfreundlich
licet	es ist erlaubt, möglich	honor	Ehre, Ehrenamt
tum	da, dann, darauf, damals	uxor	Ehefrau

Lernwörter

cūra	Pflege, Sorge	*cūrāre, Kur*
quandō?	wann?	*i. quando*
beātus, a, um	glücklich, reich	*Beate*
aestās, aestātis *f*	Sommer	*i. estate*
vītam agere	ein Leben führen, leben	
mōs, mōris *m*	Sitte, Brauch; *Pl.* Charakter	*Moral*
Sabīnus, a, um	sabinisch; *Subst.* Sabiner *(in der Nähe Roms lebender Volksstamm)*	
cōnfirmāre, cōnfirmō	bekräftigen, ermutigen, stärken	*Konfirmation*
omittere, omittō, omīsī	aufgeben, beiseite lassen	*mittere*
aperīre, aperiō, aperuī	aufdecken, öffnen	*Aperitif, i. aperto*
Hersilia	Hersilia *(die sabinische Ehefrau des Romulus)*	

Die römische Königszeit

XI. 34. 35. 36. XII. 37. 38. 39. XIII

Latiner

Romulus
- Gründung Roms
- Raub der Sabinerinnen

753 v. Chr.

Sabiner

Numa Pompilius
- Friedenskönig
- Organisation des religiösen Lebens

Tullus Hostilius
- Kampf gegen Roms Nachbarn

Ancus Marcius
- Erweiterung der Stadt
- Anlage des Hafens von Rom (Ostia)

F Verben: Futur I (ī- / kons. Konjugation)

i-Konjugation	Singular	Plural
1. Person	veni-a-m	veni-ē-mus
2. Person	veni-ē-s	veni-ē-tis
3. Person	veni-e-t	veni-e-nt

kons. Konjugation	Singular	Plural
1. Person	scrīb-a-m	scrīb-ē-mus
2. Person	scrīb-ē-s	scrīb-ē-tis
3. Person	scrīb-e-t	scrīb-e-nt

(i-Erweiterung)	Singular	Plural
1. Person	capi-a-m	capi-ē-mus
2. Person	capi-ē-s	capi-ē-tis
3. Person	capi-e-t	capi-e-nt

Das Tempuszeichen für das Futur I der i- und der kons. Konjugation ist **-e-**.
Ausnahme: Die 1. Pers. Sg. endet auf **-a-m**.

Futur I zu **velle**: vol-a-m, vol-ē-s, vol-e-t, vol-ē-mus, vol-ē-tis, vol-e-nt.

Etrusker

40		41. 42
Tarquinius Priscus	**Servius Tullius**	**Tarquinius Superbus**
– Einführung der etruskischen Kultur – Anlage des Forums und des Circus Maximus	– Politische Organisation der Stadt – Ausdehnung der Stadt (neue Stadtmauer)	– Gewaltherrschaft – Umfassende Baumaßnahmen – Sturz durch Brutus

510 / 509 v. Chr.

Texte erschließen: Methoden unterscheiden

In verschiedenen Aufgaben zur Texterschließung sind dir bereits einige Methoden begegnet, die helfen, die Thematik eines Textes – ggf. vor der Übersetzung – zu erfassen. Damit du künftig auch die Fachbegriffe verwenden kannst, werden sie hier zusammengefasst:

1. **Erschließung über Schlüsselwörter** (Beispiel vgl. I *plus*, V a; II *plus*, V a; 7, V a)
Schon beim ersten Durchlesen eines Textes kann man die Thematik häufig an sog. Schlüsselwörtern ablesen. Wichtige Begriffe kommen entweder in wörtlicher Wiederholung oder in Umschreibungen mehrfach vor.

2. **Erschließung über Wort- und Sachfelder** (vgl. 18 M)

3. **Erschließung über Personen** (Beispiel vgl. V *plus*, V a)
→ Oft lassen sich aus der Abfolge im Sprechen und Handeln der Personen Schlüsse ziehen. Stelle also alle Informationen zusammen, die du zu den einzelnen Personen erhältst.
→ Beachte, dass statt des Namens der Personen oft auch Pronomina vorkommen und dass die Person manchmal im Prädikat „steckt".
→ Besonders erfolgreich lässt sich diese Methode in dialogischen Texten anwenden: Oft kann man aus den Aussagen verschiedener Personen z.B. Gegenpositionen ermitteln.

4. **Erschließung über Konnektoren**
Durch Konnektoren (Satzverbindungen) wird der gedankliche Zusammenhang des Textes hergestellt, der für das Erfassen oft genauso bedeutend ist wie die einzelnen Informationen. Solche Konnektoren, zu denen auch die **Konjunktionen** (beiordnende Bindewörter) gehören, können z.B.
→ gleichartige Gedanken verbinden, z.B. et, neque
→ die Handlung zeitlich gliedern, z.B. primo, tum
→ eine Begründung anführen, z.B. nam
→ einen Gegensatz einleiten, z.B. sed, autem

5. **Erschließung über Tempora** (vgl. VIII *plus*, V a; XI *plus*, V a)
In der Verwendung unterschiedlicher Tempora (Tempusprofil) spiegelt sich häufig der Inhalt.
→ So stehen im Imperfekt oder Plusquamperfekt oft die Passagen, die die Hintergrundhandlung liefern, während die eigentliche Handlung im Perfekt erzählt wird.
→ Ein Präsens kann z.B. auftreten, wenn eine ansonsten in der Vergangenheit erzählte Handlung besonders spannend wird (szenisches Präsens).
→ Ein Futur kann auf Wünsche und Absichten hindeuten.

6. **Erschließung über Satzarten**
→ Werden z.B. viele Aussagesätze aneinandergereiht, so handelt es sich oft um eine sachliche *Beschreibung* oder einen *Bericht*. Bei den Verben kommen dann hauptsächlich Formen in der 3. Person vor, bei den Substantiven z.B. kein Vokativ.
→ In einem *Dialog* wechseln dagegen Themen und Gedanken schneller, und es finden sich immer wieder Ausrufe und Fragen. Der Leser muss deshalb mit einem häufigen Wechsel der Verbformen in allen Personen (auch Imperativen), mit Personalpronomina der 1. und 2. Person und Vokativen rechnen.
→ *Erzählende Texte* zeichnen sich häufig durch wörtliche Reden mit Ausrufe- und Fragesätzen aus. Auch an besonders spannenden Stellen lassen sich Ausrufesätze finden.

39

W Wiederholungswörter

etsī	auch wenn, obwohl	superāre	besiegen, überwinden, übertreffen
tacēre	schweigen, verschweigen	diū	lange (Zeit)
fortis	kräftig, tapfer	petere	aufsuchen, (er)streben, bitten, verlangen
bellum	Krieg	libenter	gerne

Lernwörter

gerere, gerō, gessī	ausführen, führen, tragen	
bellum gerere	Krieg führen	
Tatius	Tatius *(König der Sabiner)*	
stultus, a, um	dumm	*stolz*
ergō *Adv.*	also, deshalb	
Spurius Tarpēius	Spurius Tarpeius *(römischer Befehlshaber)*	
cōpia	Menge, Vorrat, Möglichkeit; *Pl.* Truppen	*Kopie*
Capitōlium	das Kapitol *(bedeutendster der sieben Hügel Roms)*	
resistere, resistō, restitī	stehenbleiben; Widerstand leisten	*cōnsistere, Resistance*
praemium	Belohnung, Lohn	*Prämie*
appetere, appetō, appetīvī	erstreben, haben wollen; angreifen	*petere, Appetit*
Tarpēia	Tarpeia *(Tochter des Spurius Tarpeius)*	
concēdere, concēdō, concessī	erlauben, nachgeben, zugestehen	*cēdere, Konzession*
aureus, a, um	golden, aus Gold	

Spurius Tarpeius copiis Tatii in Capitolio restitit.

Verben: Futur II

	Singular	Plural
1. Person	rogā-v-erō	rogā-v-erimus
2. Person	rogā-v-eris	rogā-v-eritis
3. Person	rogā-v-erit	rogā-v-erint

Die Endungen des Futur II werden an den Perfektstamm angefügt; sie sind in allen Konjugationsklassen gleich.

Verwendung des Futur II

Romulus: Hersiliam uxorem e tecto non *pellam*, si liberis de moribus Sabinorum *narraverit*.

Romulus: Ich *werde* meine Frau Hersilia nicht aus dem Haus *treiben*, wenn sie den Kindern von den Sitten der Sabiner *erzählt / erzählt hat* („erzählt haben wird").

Das Futur II bezeichnet ein zukünftiges Geschehen, das zeitlich vor einem anderen (ebenfalls in der Zukunft liegenden) Ereignis abgeschlossen ist. Im Deutschen wird das Futur II in der Regel mit *Präsens* oder *Perfekt* wiedergegeben.

Dativ als Prädikatsnomen: Dativ des Besitzers

Mihi multi agri *sunt*.
(*Mir sind* viele Felder *zu Eigen*.)
Ich habe (besitze) viele Felder.

Der Dativ einer Person bezeichnet in Verbindung mit einer 3. Person von esse ein Besitzverhältnis. Der Dativ des Besitzers (Dativus possessoris) ist als Prädikatsnomen aufzufassen.

40

W Wiederholungswörter

parvus	klein, gering	ecce	Schau! Sieh da! Schaut! Seht da!
respondēre	antworten	multitūdō	große Zahl, Menge
posse	können	homō	Mensch
mercātor	Kaufmann, Händler	cadere	fallen

Lernwörter

īre, eō, iī	gehen	
Circus Maximus	Circus Maximus *(Rennbahn für Wagenrennen in Rom)*	
adīre, adeō, adiī *(m. Akk.)*	herantreten (an), bitten, aufsuchen	
abīre, abeō, abiī	weggehen	*Abitur*
inīre, ineō, iniī	hineingehen (in), beginnen	*Initiative*
exīre, exeō, exiī	herausgehen, hinausgehen	*e. exit*
praeterīre, praetereō, praeteriī	vorbeigehen (an), übergehen	*Präteritum*
castra praeterīre	am Lager vorbeigehen	
factum praeterīre	eine Tatsache übergehen	

īre, eō, iī	gehen	abīre, abeō, abiī	weggehen
adīre, adeō, adiī *(m. Akk.)*	herantreten (an), bitten, aufsuchen	praeterīre, praetereō, praeteriī	vorbeigehen (an), übergehen
exīre, exeō, exiī	herausgehen, hinausgehen		
inīre, ineō, iniī	hineingehen (in), beginnen		

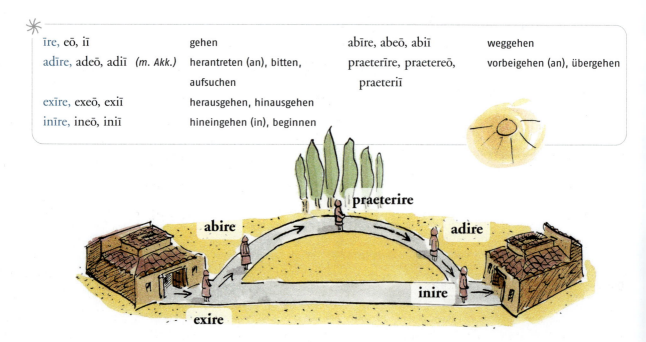

Verben: ire und Komposita

a) Präsensstamm

Infinitiv ī-re *gehen*

	Präsens	Imperfekt	Futur I
1. Person Sg.	e-ō	ī-ba-m	ī-b-ō
2. Person Sg.	ī-s	ī-bā-s	ī-bi-s
3. Person Sg.	i-t	ī-ba-t	ī-bi-t
1. Person Pl.	ī-mus	ī-bā-mus	ī-bi-mus
2. Person Pl.	ī-tis	ī-bā-tis	ī-bi-tis
3. Person Pl.	e-u-nt	ī-ba-nt	ī-bu-nt

Imperativ ī *geh!*   ī-te *geht!*

Der Präsensstamm besteht nur aus dem Vokal **i-**; vor dunklen Vokalen (a, o, u) steht **e-**. Darauf folgen die geläufigen Personalendungen. Beachte: **e-u-nt**.

Imperfekt und Futur werden gebildet wie bei den Verben der a- und e-Konjugation

b) Perfektstamm

Infinitiv īsse *gegangen zu sein*

	Perfekt	Plusquamperfekt	Futur II
1. Person Sg.	i-ī	i-eram	i-erō
2. Person Sg.	īstī	i-erās	i-eris
3. Person Sg.	i-it	i-erat	i-erit
1. Person Pl.	i-imus	i-erāmus	i-erimus
2. Person Pl.	īstis	i-erātis	i-eritis
3. Person Pl.	i-ērunt	i-erant	i-erint

Der Perfektstamm lautet ebenfalls **i-**. Vor s wird i-i meist zu ī zusammengezogen.

Tabellarium

1. Substantive

a–Dekl.	Singular	Plural
Nominativ	serv-a	serv-ae
Genitiv	serv-ae	serv-ārum
Dativ	serv-ae	serv-īs
Akkusativ	serv-am	serv-ās
Ablativ	serv-ā	serv-īs

o–Dekl.	Singular	Plural	Singular	Plural
Nominativ	serv-us	serv-ī	dōn-um	dōn-a
Genitiv	serv-ī	serv-ōrum	dōn-ī	dōn-ōrum
Dativ	serv-ō	serv-īs	dōn-ō	dōn-īs
Akkusativ	serv-um	serv-ōs	dōn-um	dōn-a
Ablativ	serv-ō	serv-īs	dōn-ō	dōn-īs

3. Dekl.	Singular	Plural
Nominativ	senātor	senātōr-ēs
Genitiv	senātōr-is	senātōr-um
Dativ	senātōr-ī	senātōr-ibus
Akkusativ	senātōr-em	senātōr-ēs
Ablativ	senātōr-e	senātōr-ibus

2. Adjektive

	Singular			Plural		
a-/o-Dekl.	m	f	n	m	f	n
Nominativ	magn-us	magn-a	magn-um	magn-ī	magn-ae	magn-a
Genitiv	magn-ī	magn-ae	magn-ī	magn-ōrum	magn-ārum	magn-ōrum
Dativ	magn-ō	magn-ae	magn-ō		magn-īs	
Akkusativ	magn-um	magn-am	magn-um	magn-ōs	magn-ās	magn-a
Ablativ	magn-ō	magn-ā	magn-ō		magn-īs	

	m	f	n	m	f	n
3. Dekl.						
Nominativ	ācer	ācr-is	ācr-e	ācr-ēs	ācr-ēs	ācr-ia
Genitiv		ācr-is			ācr-ium	
Dativ		ācr-ī			ācr-ibus	
Akkusativ		ācr-em	ācr-e	ācr-ēs	ācr-ēs	ācr-ia
Ablativ		ācr-ī			ācr-ibus	
Nominativ		fort-is	fort-e		fort-ēs	fort-ia
Genitiv		fort-is			fort-ium	
Dativ		fort-ī			fort-ibus	
Akkusativ		fort-em	fort-e		fort-ēs	fort-ia
Ablativ		fort-ī			fort-ibus	

3. Pronomina

	Singular			Plural		
	1. Person	2. Person	3. Person (refl.)	1. Person	2. Person	3. Person (refl.)
Nominativ	ego	tū	–	nōs	vōs	–
Dativ	mihi	tibi	sibi	nōbīs	vōbīs	sibi
Akkusativ	mē	tē	sē	nōs	vōs	sē
Ablativ	mēcum / sine mē	tēcum / sine tē	ā sē / sēcum	nōbīscum / sine nōbīs	vōbīscum / sine vōbīs	ā sē / sēcum

	m	f	n	m	f	n
Nominativ	quī	quae	quod	quī	quae	quae
Genitiv		cuius		quōrum	quārum	quōrum
Dativ		cui			quibus	
Akkusativ	quem	quam	quod	quōs	quās	quae
Ablativ	quō	quā	quō		quibus	
Nominativ	is	ea	id	eī / iī	eae	ea
Genitiv		eius		eōrum	eārum	eōrum
Dativ		eī			eīs / iīs	
Akkusativ	eum	eam	id	eōs	eās	ea
Ablativ	eō	eā	eō		eīs / iīs	

Tabellarium

4. Verben

Präsensstamm

	ā-Konjugation		ē-Konjugation		i-Konjugation	
Inf. Präsens	rogā-re		tacē-re		audī-re	

Präsens	Singular	Plural	Singular	Plural	Singular	Plural
1. Person	rog-ō	rogā-mus	tace-ō	tacē-mus	audi-ō	audī-mus
2. Person	rogā-s	rogā-tis	tacē-s	tacē-tis	audī-s	audī-tis
3. Person	roga-t	roga-nt	tace-t	tace-nt	audi-t	audi-u-nt

Imperfekt	Singular	Plural	Singular	Plural	Singular	Plural
1. Person	rogā-ba-m	rogā-bā-mus	tacē-ba-m	tacē-bā-mus	audi-ēba-m	audi-ēbā-mus
2. Person	rogā-bā-s	rogā-bā-tis	tacē-bā-s	tacē-bā-tis	audi-ēbā-s	audi-ēbā-tis
3. Person	rogā-ba-t	rogā-ba-nt	tacē-ba-t	tacē-ba-nt	audi-ēba-t	audi-ēba-nt

Futur I	Singular	Plural	Singular	Plural	Singular	Plural
1. Person	rogā-b-ō	rogā-bi-mus	tacē-b-ō	tacē-bi-mus	audi-a-m	audi-ē-mus
2. Person	rogā-bi-s	rogā-bi-tis	tacē-bi-s	tacē-bi-tis	audi-ē-s	audi-ē-tis
3. Person	rogā-bi-t	rogā-bu-nt	tacē-bi-t	tacē-bu-nt	audi-e-t	audi-e-nt

| **Imperativ** | rogā | rogā-te | tacē | tacē-te | audī | audī-te |

Perfektstamm

Inf. Perfekt	rogāv-isse		tacu-isse		audīv-isse	

Perfekt	Singular	Plural	Singular	Plural	Singular	Plural
1. Person	rogāv-ī	rogāv-imus	tacu-ī	tacu-imus	audīv-ī	audīv-imus
2. Person	rogāv-istī	rogāv-istis	tacu-istī	tacu-istis	audīv-istī	audīv-istis
3. Person	rogāv-it	rogāv-ērunt	tacu-it	tacu-ērunt	audīv-it	audīv-ērunt

Plusqperf.	Singular	Plural	Singular	Plural	Singular	Plural
1. Person	rogāv-eram	rogāv-erāmus	tacu-eram	tacu-erāmus	audīv-eram	audīv-erāmus
2. Person	rogāv-erās	rogāv-erātis	tacu-erās	tacu-erātis	audīv-erās	audīv-erātis
3. Person	rogāv-erat	rogāv-erant	tacu-erat	tacu-erant	audīv-erat	audīv-erant

Futur II	Singular	Plural	Singular	Plural	Singular	Plural
1. Person	rogāv-erō	rogāv-erimus	tacu-erō	tacu-erimus	audīv-erō	audīv-erimus
2. Person	rogāv-eris	rogāv-eritis	tacu-eris	tacu-eritis	audīv-eris	audīv-eritis
3. Person	rogāv-erit	rogāv-erint	tacu-erit	tacu-erint	audīv-erit	audīv-erint

Tabellarium

Präsensstamm

Inf. Präsens

	konsonantische Konjugation	(i-Erweiterung)	Hilfsverb
Inf. Präsens	scrīb-**e-re**	cape-**re**	es-**se**

Präsens

	konsonantische Konjugation		(i-Erweiterung)		Hilfsverb	
	Singular	*Plural*	*Singular*	*Plural*	*Singular*	*Plural*
1. Person	scrīb-**ō**	scrīb-**i-mus**	capi-**ō**	capi-**mus**	su-**m**	su-**mus**
2. Person	scrīb-**i-s**	scrīb-**i-tis**	capi-**s**	capi-**tis**	es	es-**tis**
3. Person	scrīb-**i-t**	scrīb-**u-nt**	capi-**t**	capi-**u-nt**	es-**t**	s-**u-nt**

Imperfekt

	Singular	*Plural*	*Singular*	*Plural*	*Singular*	*Plural*
1. Person	scrīb-**ēba-m**	scrīb-**ēbā-mus**	capi-**ēba-m**	capi-**ēbā-mus**	er-**a-m**	er-**ā-mus**
2. Person	scrīb-**ēbā-s**	scrīb-**ēbā-tis**	capi-**ēbā-s**	capi-**ēbā-tis**	er-**ā-s**	er-**ā-tis**
3. Person	scrīb-**ēba-t**	scrīb-**ēba-nt**	capi-**ēba-t**	capi-**ēba-nt**	er-**a-t**	er-**a-nt**

Futur I

	Singular	*Plural*	*Singular*	*Plural*	*Singular*	*Plural*
1. Person	scrīb-**a-m**	scrīb-**ē-mus**	capi-**a-m**	capi-**ē-mus**	er-**ō**	er-**i-mus**
2. Person	scrīb-**ē-s**	scrīb-**ē-tis**	capi-**ē-s**	capi-**ē-tis**	er-**i-s**	er-**i-tis**
3. Person	scrīb-**e-t**	scrīb-**e-nt**	capi-**e-t**	capi-**e-nt**	er-**i-t**	er-**u-nt**

Imperativ

Imperativ	scrīb-**e**	scrīb-**i-te**	cape	cap-**i-te**	es	es-**te**

Perfektstamm

Inf. Perfekt

	konsonantische Konjugation	(i-Erweiterung)	Hilfsverb
Inf. Perfekt	scrīps-**isse**	cēp-**isse**	fu-**isse**

Perfekt

	Singular	*Plural*	*Singular*	*Plural*	*Singular*	*Plural*
1. Person	scrīps-**ī**	scrīps-**imus**	cēp-**ī**	cēp-**imus**	fu-**ī**	fu-**imus**
2. Person	scrīps-**istī**	scrīps-**istis**	cēp-**istī**	cēp-**istis**	fu-**istī**	fu-**istis**
3. Person	scrīps-**it**	scrīps-**ērunt**	cēp-**it**	cēp-**ērunt**	fu-**it**	fu-**ērunt**

Plusqperf.

	Singular	*Plural*	*Singular*	*Plural*	*Singular*	*Plural*
1. Person	scrīps-**eram**	scrīps-**erāmus**	cēp-**eram**	cēp-**erāmus**	fu-**eram**	fu-**erāmus**
2. Person	scrīps-**erās**	scrīps-**erātis**	cēp-**erās**	cēp-**erātis**	fu-**erās**	fu-**erātis**
3. Person	scrīps-**erat**	scrīps-**erant**	cēp-**erat**	cēp-**erant**	fu-**erat**	fu-**erant**

Futur II

	Singular	*Plural*	*Singular*	*Plural*	*Singular*	*Plural*
1. Person	scrīps-**erō**	scrīps-**erimus**	cēp-**erō**	cēp-**erimus**	fu-**erō**	fu-**erimus**
2. Person	scrīps-**eris**	scrīps-**eritis**	cēp-**eris**	cēp-**eritis**	fu-**eris**	fu-**eritis**
3. Person	scrīps-**erit**	scrīps-**erint**	cēp-**erit**	cēp-**erint**	fu-**erit**	fu-**erint**

5. Weitere Verben

Präsensstamm

Inf. Präsens	pos-se		vel-le		ī-re	

Präsens	Singular	Plural	Singular	Plural	Singular	Plural
1. Person	pos-sum	pos-sumus	volō	volumus	e-ō	ī-mus
2. Person	pot-es	pot-estis	vīs	vultis	ī-s	ī-tis
3. Person	pot-est	pos-sunt	vult	volunt	i-t	e-u-nt

Imperfekt	Singular	Plural	Singular	Plural	Singular	Plural
1. Person	pot-eram	pot-erāmus	vol-ēba-m	vol-ēbā-mus	ī-ba-m	ī-bā-mus
2. Person	pot-erās	pot-erātis	vol-ēbā-s	vol-ēbā-tis	ī-bā-s	ī-bā-tis
3. Person	pot-erat	pot-erant	vol-ēba-t	vol-ēba-nt	ī-ba-t	ī-ba-nt

Futur I	Singular	Plural	Singular	Plural	Singular	Plural
1. Person	pot-erō	pot-erimus	vol-a-m	vol-ē-mus	ī-b-ō	ī-bi-mus
2. Person	pot-eris	pot-eritis	vol-ē-s	vol-ē-tis	ī-bi-s	ī-bi-tis
3. Person	pot-erit	pot-erunt	vol-ē-t	vol-ē-nt	ī-bi-t	ī-bu-nt

Imperativ					ī	ī-te

Perfektstamm

Inf. Perfekt	potu-isse		volu-isse		īsse	

Perfekt	Singular	Plural	Singular	Plural	Singular	Plural
1. Person	potu-ī	potu-imus	volu-ī	volu-imus	i-ī	i-imus
2. Person	potu-istī	potu-istis	volu-istī	volu-istis	īstī	īstis
3. Person	potu-it	potu-ērunt	volu-it	volu-ērunt	i-it	i-ērunt

Plusqperf.	Singular	Plural	Singular	Plural	Singular	Plural
1. Person	potu-eram	potu-erāmus	volu-eram	volu-erāmus	i-eram	i-erāmus
2. Person	potu-erās	potu-erātis	volu-erās	volu-erātis	i-erās	i-erātis
3. Person	potu-erat	potu-erant	volu-erat	volu-erant	i-erat	i-erant

Futur II	Singular	Plural	Singular	Plural	Singular	Plural
1. Person	potu-erō	potu-erimus	volu-erō	volu-erimus	i-erō	i-erimus
2. Person	potu-eris	potu-eritis	volu-eris	volu-eritis	i-eris	i-eritis
3. Person	potu-erit	potu-erint	volu-erit	volu-erint	i-erit	i-erint

Grammatisches Register

Ablativ (6. Fall) 9
  Ablativ als Adverbiale 9. 30
  Ablativ als Objekt 30
  des Grundes 30
  des Mittels 9
  der Trennung 30
  der Zeit 30
Adjektive (Eigenschaftswörter) 14
  der a- / o-Dekl. 14
  der a- / o-Dekl. auf -(e)r 15
  der 3. Dekl. (zweiendige) 35
  der 3. Dekl. (dreiendige) 34
  Adjektiv als Attribut 14
  Adjektiv als Prädikatsnomen 14
Adverbiale (Umstandsbestimmung) 9
  Gliedsätze als Adverbiale 20
  Ablativ als Adverbiale 9. 30
  Präpositionalausdruck als Adverbiale 12
Akkusativ (4. Fall) 3
  Akkusativ als Objekt 3
  Akkusativ als Adverbiale 24
  Akkusativ der zeitlichen Ausdehnung 24
Akkusativ mit Infinitiv 31
  AcI als satzwertige Konstruktion 31
Artikel (Begleiter) 1
Attribut (Beifügung) 2
  Adjektiv als Attribut 14
  Genitiv als Attribut 7
  Relativsatz als Attribut 36
  Substantiv als Attribut 2
Dativ (3. Fall) 5
  Dativ des Besitzers 39
  Dativ als Objekt 5
Deklination (Beugung des Substantivs) 1
Deklinieren (Beugen des Substantivs) 1
Deklinationsklassen 1
  a- / o-Deklination 1
    Substantive 1. 11. 15
    Adjektive 14. 15
  3. Deklination 19
    Substantive 19. 20. 21. 23. 24. 26. 32. 34
    Adjektive 34. 35
Endung 1
Genitiv (2. Fall) 7
  Genitiv als Attribut 7
  Genitiv der Zugehörigkeit 7
Genus (grammatisches Geschlecht) 1
  allgemein 1
  grammatisches Geschlecht 1
  natürliches Geschlecht 21
Gliedsätze s. Adverbiale
Grammatische Eigenschaften 12
Hilfsverb (esse) 2. 4
Imperativ (Befehlsform) 6

Indikativ (Wirklichkeitsform) 6
Infinitive (Grundformen) 2
  Infinitiv Präsens Aktiv 2
  Infinitiv Perfekt Aktiv 25
Kasus (Fälle) 1
  Ablativ 9
  Akkusativ 3
  Dativ 5
  Genitiv 7
  Nominativ 1
  Vokativ 6
Kausalsätze (Gliedsätze, die einen Grund angeben) 20
Kompositum (zusammengesetztes Verbum) 17
Konditionalsätze (Bedingungssätze) 20
Kongruenz (Übereinstimmung in Fall, Zahl und Geschlecht) 2
  KNG-Kongruenz 14
Konjugation (Beugung des Verbs) 2
Konjugieren (Beugen des Verbs) 2
Konjugationsklassen 2
Konjunktion (beiordnendes Bindewort) 20
Konnektoren (Satzverbindungen) 38
Konzessivsätze (Gliedsätze, die einen Gegengrund angeben) 20
Nominativ (1. Fall) 1
Numerus (Singular bzw. Plural) 1
Modus (Aussageweise) 6
Objekt (Satzergänzung) 3
Perfektbildung 25
  v-Perfekt 25
  u-Perfekt 26
  s-Perfekt 28
  Dehnung 29
  ohne Stammveränderung 29
  Reduplikation 28
  Perfektstamm 25
Plural (Mehrzahl) 1
Prädikat (Satzaussage) 2
Prädikatsnomen 2
  Substantiv als Prädikatsnomen 2
  Adjektiv als Prädikatsnomen 14
Präfix (Vorsilbe) 17
Präposition (Verhältniswort) 12
Präsensstamm 28
Pronomina (Fürwörter) 13
  is 27
  Demonstrativpronomen (hinweisendes Fürwort) 27
  Personalpronomen (persönliches Fürwort) 13. 27
  Possessivpronomen (besitzanzeigendes Fürwort) 27. 32
  Reflexivpronomen (rückbezügliches Fürwort) 32
  Relativpronomen (bezügliches Fürwort) 36
  im AcI 32
  suus: Verwendung 32
Relativsatz als Attribut 36

Grammatisches Register

Sachfelder 11. 18
Satzarten 38
Satzbauplan 3
Satzfragen 13
Satzwertige Konstruktion 31
  AcI 31
Schlüsselwörter 38
Singular (Einzahl) 1
Sinnrichtungen 20
Subjekt (Satzgegenstand) 2
  Subjekt im Prädikat 3
Subjunktion (unterordnendes Bindewort) 20
Substantiv (Namen- oder Hauptwort) 1
  Substantiv als Attribut 2
  Substantiv als Prädikatsnomen 2
  Pluralwörter 27
Suffix (Nachsilbe) 23
Tempora (Zeiten) 22
  Präsens (Gegenwart) 2
  Futur I (Zukunft) 37. 38
  Futur II 39
  Imperfekt (1. Vergangenheit) 22. 23
  Perfekt (2. Vergangenheit) 22. 25
  Plusquamperfekt (3. Vergangenheit) 22. 33
Temporalsätze (Gliedsätze, die eine Zeitbestimmung angeben) 20. 35
Verben (Zeitwörter) 2
Verben: Aktiv
  e-Konjugation 2
    1. / 2. Pers. Präs. 4
    3. Pers. Präs. 2
    Inf. Präs. 2
  a-Konjugation
    Präsens 8
  i-Konjugation
    Präsens 10
  kons. Konjug.
    Präsens 16
  kons. Konjug. (i-Erweiterung)
    Präsens 18
  alle Konjug.
    Futur I 37. 38
    Futur II 39
    Imperfekt 22. 23
    Perfekt 22. 25
    Plusqpf. 22. 33
posse 17
velle 20
īre 40

Verbum simplex (einfaches Verb) 17
Vokativ (5. Fall) 6
Wortarten 10
Wortbildung 17. 23
Wortfamilien 10
Wortfelder 18
Wortfragen 13
Wortstamm 2
Zeitverhältnis 31
  Gleichzeitigkeit 31
  Vorzeitigkeit 31

Deutsch-lateinisches Register

A
aber autem *(nachgestellt)* 18 sed 3
Acker ager, agrī *m* 15
alle cūnctī, ae, a 14 omnis, e 35
als cum *Subj.* 26
als quam 18
Amphitheater amphitheātrum 23
Amtsgewalt potestās, potestātis *f* 21
anderer alius, alia, alium 31
Äneas Aenēās, Aenēae *m* 32
anfüllen complēre, compleō, complēvī 6. 26
angenehm dulcis, e 35
angreifen temptāre, temptō 27
Angst timor, timōris *m* 26
ansehen aspicere, aspiciō, aspexī 18. 28
spectāre, spectō 9
antworten respondēre, respondeō, respondī 3. 28
Arbeit labor, labōris *m* 30
arbeiten labōrāre, labōrō 8
arm miser, misera, miserum 15
auch et 1 etiam 5
auch wenn etsī 28
auf *(wo?)* in *Präp. m. Abl.* 12
aufdecken aperīre, aperiō, aperuī 38
auffüllen complēre, compleō, complēvī 6. 26
aufgeben, die Hoffnung auf Rettung dē salūte dēspērāre 33
aufsuchen adīre, adeō, adiī *m. Akk.* 40
petere, petō, petīvī 19. 31
Auge oculus 2
aus ē / ex *Präp. m. Abl.* 12
auslachen rīdēre, rīdeō, rīsī 2. 28
ausstatten ōrnāre, ōrnō 8
auswählen dēligere, dēligō, dēlēgī 36

B
bald mox 7
bauen aedificāre, aedificō 11
bedeutend magnus, a, um 14
beeindrucken movēre, moveō, mōvī 7. 29
befehlen imperāre, imperō 15
Begabung ingenium 11
begreifen comprehendere, comprehendō, comprehendī 29
bei apud *Präp. m. Akk.* 19
bei sich sēcum 32
bei Tagesanbruch prīmā lūce 30
bekannt, es ist cōnstat 31
Belohnung praemium 39
bemerken animadvertere, animadvertō, animadvertī 31
bereiten parāre, parō 8
bereits iam 4
berühmt clārus, a, um 19
besiegen vincere, vincō, vīcī 29
besuchen convenīre, conveniō, convēnī 32
betrachten spectāre, spectō 9
betreten intrāre, intrō 8

bewahren servāre, servō 22
bewegen movēre, moveō, mōvī 7. 29
bis jetzt adhūc 6
bleiben manēre, maneō, mānsī 12. 28
Brauch mōs, mōris *m* 38
bringen portāre, portō 17
Bruder frāter, frātris *m* 21
Bürger cīvis, cīvis *m* *(Gen. Pl. -ium)* 32

D
da tum *Adv.* 4
da sein adesse, adsum 17
Dame domina 8
danken grātiam habēre 6
dann tum *Adv.* 4
dein tuus, a, um 14
denken (an) cōgitāre, cōgitō (dē) 32
Denkmal monumentum 28
denn nam 3
deshalb itaque 5
dich tē *Akk.* 13
Dido Dīdō, Dīdōnis *f* 32
dieser, diese, dieses is, ea, id 27
dir tibi *Dat.* 13
Dorf vīcus 1
dort ibī *Adv.* 3
du *(betont)* tū *Nom.* 13
Dunkelheit tenebrae, tenebrārum *f Pl.* 27
durch per *Präp. m. Akk.* 16

E
Ehefrau uxor, uxōris *f* 19
Ehemann marītus 32
Ehre honor, honōris *m* 19
Ehrenamt honor, honōris *m* 19
eilen properāre, properō 8
ein wenig später paulō post 30
Ende fīnis, fīnis *m (Gen. Pl. -ium)* 32
endlich tandem *Adv.* 7
energisch ācer, ācris, ācre 34
Engagement studium 28
Entschluss cōnsilium 11
Entschluss fassen, einen cōnsilium capere 29
er, sie, es is, ea, id 27
erblicken aspicere, aspiciō, aspexī 18. 28
Erde terra 22
erfreuen dēlectāre, dēlectō 8
erlaubt, es ist licet 19
ermahnen monēre, moneō 2
erobern capere, capiō, cēpī 18. 29
erschrecken terrēre, terreō 3
erstreben petere, petō, petīvī 19. 31
erwarten exspectāre, exspectō 10
erwerben parāre, parō 8
erzählen (von / über) narrāre, narrō (dē) 14
es gehört sich oportet 32
es ist bekannt cōnstat 31

Deutsch-lateinisches Register

es ist möglich licet 19
Essen cēna 8
essen cēnāre, cēnō 9
etwa nicht? nōnne? 18
euch vōs *Akk.* 13
euer vester, vestra, vestrum 15

F
fassen capere, capiō, cēpī 18. 29
fehlen dēesse, dēsum 17
Feld campus 1
festhalten tenēre, teneō 4
finden invenīre, inveniō, invēnī 13. 29
Flucht fuga 26
Forum forum 11
frei līber, lībera, līberum 15
frei sein von līber, libera, līberum esse (ā) *m. Abl.* 30
carēre, careō *m. Abl.* 30
Freiheit lībertās, lībertātis *f* 21
Freude laetitia 7
Freund amīcus 4
Freundin amīca 7
führen dūcere, dūcō, dūxī 16. 28
führen, ein Leben vītam agere 38
Furcht timor, timōris *m* 26
fürchten timēre, timeō 2
Futter cibus 6

G
Gasse vīcus 1
geben dare, dō, dedī 22. 28 praebēre, praebeō 4
geeignet idōneus, a, um 36
Gefahr perīculum 25
Gefährte comes, comitis *m/f* 34
gefallen placēre, placeō 5
Gegend regiō, regiōnis *f* 24
gehen īre, eō, iī 40
gehorchen pārēre, pāreō 2
gehört sich, es oportet 32
Gemälde tabula 4
gemeinsam commūnis, e 37
Geräusch sonus 5
gerne libenter *Adv.* 11
Geschenk dōnum 11
gestern herī *Adv.* 21
gewähren praestāre, praestō, praestitī *m. Akk.* 28
Gladiator gladiātor, gladiātōris *m* 23
glauben crēdere, crēdō, crēdidī 37 putāre, putō 31
Glück fortūna 37 salūs, salūtis *f* 26
glücklich beātus, a, um 38
golden aureus, a, um 39
Gott deus 6
Götter! dī! *Vok.* 26
Göttin dea 11
Grieche Graecus 31
groß magnus, a, um 14
Größe magnitūdō, magnitūdinis *f* 24

große Zahl multitūdō, multitūdinis *f* 24
Großvater avus 1
gründen condere, condō, condidī 36
gut bene *Adv.* 9
gut bonus, a, um 14

H
haben habēre, habeō 6
halten tenēre, teneō 4
haltmachen cōnsistere, cōnsistō, cōnstitī 17. 31
handeln agere, agō, ēgī 29
Haus vīlla 1
Heimat patria 9
helfen adesse, adsum, adfuī 17
herabsteigen dēscendere, dēscendō, dēscendī 18. 29
herausführen ēdūcere, ēdūcō 17
Herkules Herculēs, Herculis *m* 28
Herr dominus 3
Herrin domina 8
herrschen imperāre, imperō 15
heute hodiē 19
hier hīc *Adv.* 3
Hilfe auxilium 17
Himmel caelum 22
hineingehen (in) inīre, ineō, iniī 40
hinhalten praebēre, praebeō 4
hoch altus, a, um 26
höchster summus, a, um 18
hoffen spērāre, spērō 33
Hoffnung auf Rettung aufgeben, die
dē salūte dēspērāre 33
hören audīre, audiō 10

I
ich *(betont)* ego *Nom.* 13
ihr vōs *Nom.* 13
immer semper *Adv.* 6
immer wenn cum *Subj.* 26
in (wo?) in *Präp. m. Abl.* 12
in (wohin?) in *Präp. m. Akk.* 12
ist, er (sie, es) est 2

J
Jahr annus 23
jetzt nunc *Adv.* 2
Junge puer, puerī *m* 15
junger Mann iuvenis, iuvenis *m* 34
Jupiter Iuppiter, Iovis *m* 22

K
Kaiser imperātor, imperātōris *m* 19
Kampf pūgna 9
kämpfen pūgnāre, pūgnō 9
Karthago Carthāgō, Carthāginis *f* 32
Kaufmann mercātor, mercātōris *m* 19
kennen scīre, sciō 10
Kinder līberī, līberōrum *m Pl.* 27
klein parvus, a, um 14
Kleinstadt oppidum 16

Deutsch-lateinisches Register

kommen venīre, veniō, vēnī 10. 29
König rēx, rēgis *m* 29
können posse, possum, potuī 17. 26
kräftig fortis, e 35
Krieg bellum 31
Krieg führen bellum gerere 31
Kriegsgefangener captīvus 9
Kurie cūria 11

L
lachen rīdēre, rīdeō, rīsī 2. 28
Lager castra, castrōrum *n Pl.* 27
Land terra 22
Landhaus vīlla 1
lange diū *Adv.* 9
Laokoon Lāocoōn, Lāocoontis *m* 31
Lärm clāmor, clāmōris *m* 20
Leben vīta 15
leben vīvere, vīvō, vīxī 32
Lebt wohl! Valēte! 7
Lehrer magister, magistrī *m* 15
Licht lūx, lūcis *f* 26
lieb cārus, a, um 21
Liebe amor, amōris *m* 20
lieben amāre, amō 8
List dolus 9
loben laudāre, laudō 14

M
machen facere, faciō, fēcī 18. 29
Mädchen puella 1
Mahlzeit cēna 8
Mann vir, virī *m* 15
Markthalle basilica 12
Marktplatz forum 11
Mauer mūrus 1
mehr magis 18
mein meus, a, um 14
meinen sentīre, sentiō, sēnsī 28
Menge turba 7
Mensch homō, hominis *m* 24
Menschenmenge turba 7
mich mē *Akk.* 13
mir mihi *Dat.* 13
mit cum *Präp. m. Abl.* 12
mit dir tēcum 13
mit lauter Stimme magnā vōce 26
mit mir mēcum 13
müssen dēbēre, dēbeō 2
Mutter māter, mātris *f* 21

N
nachdem postquam *Subj.* 35
nachdenken (über) cōgitāre (dē) 32
nachgeben concēdere, concēdō, concessī 39
Nachricht nūntius 16
Nacht nox, noctium *f (Gen. Pl. -ium)* 26
nämlich enim 28 nam 3

nehmen capere, capiō, cēpī 18. 29
neu novus, a, um 14
nicht nōn 2
nicht kennen nescīre, nesciō 10
nicht mehr nōn iam 4
nichts nihil 10
niemals numquam *Adv.* 4
nun nunc 2
nur sōlum 22 tantum *Adv.* 5

O
obwohl quamquam *Subj.* 20
offenstehen patēre, pateō 7
oft saepe *Adv.* 4
ohne sine *Präp. m. Abl.* 12
Opfer sacrum 18
Opfer bringen, ein sacrum facere 18
Ort locus 35

P
Pferd equus 1
Pflicht officium 30
Plan cōnsilium 11
Plan fassen, einen cōnsilium capere 29
plötzlich subitō 5
Pompejaner Pompēiānus 19
Pompeji Pompēī, Pompēiōrum *m Pl.* 27
Preis pretium 12
Provinz prōvincia 9
prüfen probāre, probō 12

Q
quälen torquēre, torqueō, torsī 5. 28
Quelle fōns, fontis *m (Gen. Pl. -ium)* 24

R
Rat cōnsilium 11
Reich imperium 14
retten servāre, servō 22
Rettung salūs, salūtis *f* 26
richtig rēctē *Adv.* 4
rings um circum *Präp. m. Akk.* 33
Rom Rōma 7
Römer Rōmānus 9. 14
römisch Rōmānus, a, um 14
rufen vocāre, vocō 8

S
sagen dīcere, dīcō, dīxī 16. 28
schändlich turpis, e 35
scharf ācer, ācris, ācre 34
Schatten umbra 12
schicken mittere, mittō, mīsī 16. 28
schlecht malus, a, um 25
Schmerz dolor, dolōris *m* 23
Schmuck(stück) ōrnāmentum 12
schmücken ōrnāre, ōrnō 8
schnell celer, celeris, celere 34
schon iam *Adv.* 4
schön pulcher, pulchra, pulchrum 15

Deutsch-lateinisches Register

Schreibtafel tabula 4
schreien clāmāre, clāmō 13
Schule lūdus 10
Schüler discipulus 11
schwarz niger, nigra, nigrum 15
schweigen tacēre, taceō 2
Schwert gladius 5
sehen vidēre, videō, vīdī 7. 29
sein esse, sum, fuī 2. 26
sein, ihr suus, a, um 32
Senator senātor, senātōris *m* 19
sich sē *Akk./Abl.* 20 sibi *Dat.* 32
sich beeilen properāre, properō 8
sich bemühen studēre, studeō 4
sich freuen gaudēre, gaudeō 4
siegen vincere, vincō, vīcī 29
Sieger victor, victōris *m* 23
sieh da! ecce 28
sind, sie sunt 2
sitzen sedēre, sedeō, sēdī 3. 29
Sklave servus 1
Sklaverei servitūs, servitūtis *f* 21
Sklavin serva 1
so sīc *Adv.* 8
so groß tantus, a, um 19
sofort statim 5
sogar etiam 5
Sohn fīlius 9
Soldat mīles, mīlitis *m* 34
Sommer aestās, aestātis *f* 38
sondern sed 3
Sonne sōl, sōlis *m* 24
sorgen für cūrāre, cūrō *m. Akk.* 25
Speise cibus 6
Spiel lūdus 10
Sprache lingua 3
Staat cīvitās, cīvitātis *f* 21
Stadt oppidum 16 urbs, urbis *f (Gen. Pl. -ium)* 23
Statue statua 28
stehen stāre, stō, stetī 16. 28
stehenbleiben cōnsistere, cōnsistō, cōnstitī 17. 31
Stimme vōx, vōcis *f* 26
Straße via 1
Stunde hōra 24
süß dulcis, e 35

Tafel tabula 4
Tapferkeit virtūs, virtūtis *f* 23
Tat factum 29
tatsächlich profectō 6
Teil pars, partis *f (Gen. Pl. -ium)* 23
Tempel templum 11
Tier bēstia 22
Tisch mēnsa 8
Tochter fīlia 8

Tod mors, mortis *f (Gen. Pl. -ium)* 23
tot mortuus, a, um 17
töten interficere, interficiō, interfēcī 23. 29
tragen portāre, portō 17
trainieren exercēre, exerceō 23
Träne lacrima 7
traurig trīstis, e 35
treiben agere, agō, ēgī 29
trinken bibere, bibō, bibī 17. 34
Trojaner Trōiānus 31

üben exercēre, exerceō 23
über dē *Präp. m. Abl.* 14
übergehen praeterīre, praetereō, praeteriī 40
Überrest reliquiae, reliquiārum *f Pl.* 27
überwinden superāre, superō 9
übrigen, die cēterī, ae, a 22
umherirren errāre, errō 13
und et 1
und -que 14
Ungeheuer mōnstrum 25
unglücklich miser, misera, miserum 15
uns nōbīs *Dat.* 13 nōs *Akk.* 13
unser noster, nostra, nostrum 15
untergehen occidere, occidō, occidī 28
unterrichten docēre, doceō 4

Vater pater, patris *m* 21
verborgen sein latēre, lateō 5
Verbrecher scelerātus 5
vergrößern augēre, augeō, auxī 3. 28
verkaufen vēndere, vēndō 19
verlassen relinquere, relinquō, relīquī 16. 29
verlieren āmittere, āmittō, āmīsī 24. 28
vermissen dēsīderāre, dēsīderō 10
verschieden varius, a, um 22
versuchen temptāre, temptō 27
verteidigen (vor) dēfendere, dēfendō, dēfendī (ā *m. Abl.*) 35
vertreiben pellere, pellō, pepulī 34
verzeihen veniam dare 33
Vesuv Vesuvius 16
viel multus, a, um 14
Volk populus 6
voll plēnus, a, um 17
von dē *Präp. Abl.* 14
vor ante *Präp. m. Akk.* 12
vorbeigehen paeterīre, praetereō, praeteriī 40
vorbereiten parāre, parō 8
Vorrat cōpia 6. 39

Waffen arma, armōrum *n Pl.* 27
Wagen carrus 16
während dum *Subj.* 20
wahrnehmen sentīre, sentiō, sēnsī 28

Deutsch-lateinisches Register

Wald silva 1
wann? quandō? 38
warten manēre, maneō, mānsī 12. 28
warum? cūr? 2
was? quid? 2
Wasser aqua 6
weder ... noch neque ... neque 3
Weg via 1
wegführen dēdūcere, dēdūcō 17
wehtun dolēre, doleō 2
weil quia *Subj.* 20 quod *Subj.* 20
Wein vīnum 17
weinen flēre, fleō, flēvī 5. 26
welcher, welche, welches quī, quae, quod 36
wenig später paulō post 30
wenn sī *Subj.* 20
wer? quis? 3
wie ut 14
Wille voluntās, voluntātis *f* 21
Wind ventus 6
wir nōs *Nom.* 13
wissen scīre, sciō 10
wo? ubī? 10
Wohltat beneficium 11
Wohnblock īnsula 7
wollen velle, volō, voluī 20. 26
Wort verbum 11

Z

Zeichen sīgnum 34
zeigen ostendere, ostendō, ostendī 16. 30
zerstören dēlēre, dēleō, dēlēvī 6. 26
ziehen trahere, trahō, trāxī 16. 28
zögern dubitāre, dubitō 9
zu ad *Präp. m. Akk.* 12
zu Recht rēctē *Adv.* 4
zuerst prīmō *Adv.* 4

Lateinisch-deutsches Register

A

ā / ab *Präp. m. Abl.* von, von … her 16
   ā basilicā venīre von der Markthalle kommen 16
   ab oppidō venīre von der Stadt kommen 16
abīre, abeō, abiī weggehen 40
accipere, accipiō, accēpī erhalten, erfahren, annehmen 36
accūsāre, accūsō anklagen, beschuldigen 35
ācer, ācris, ācre energisch, heftig, scharf 34
ad *Präp. m. Akk.* zu, bei, nach, an 12
   ad basilicam esse bei der Markthalle sein 12
   ad basilicam properāre zu der Markthalle eilen 12
addūcere, addūcō heranführen, veranlassen 17
adesse, adsum da sein, helfen 17
   amīcō adesse dem Freund helfen 17
adhūc *Adv.* bis jetzt, noch 6
adīre, adeō, adiī *(m. Akk.)* herantreten (an), bitten, aufsuchen 40
aedificāre, aedificō bauen 11
aedificium Gebäude 11
Aenēās, Aenēae *m* Äneas *(Trojaner und Stammvater der Römer)* 32
Aeolus Äolus *(Herr über die Winde)* 6
aestās, aestātis *f* Sommer 38
Aetna Ätna *(Vulkan auf Sizilien)* 10
Āfrica Afrika 9
ager, agrī *m* Acker, Feld, Gebiet 15
agere, agō, ēgī handeln, treiben, verhandeln 29
   vītam agere ein Leben führen, leben 38
alius, alia, aliud ein anderer 31
altus, a, um hoch, tief 26
amāre, amō lieben 8
amīca Freundin 7
amīcus Freund 4
   amīcō adesse dem Freund helfen 17
   amīcīs carēre keine Freunde haben, ohne Freunde sein 30
āmittere, āmittō, āmīsī aufgeben, verlieren 24. 28
amor, amōris *m* Liebe 20
amphitheātrum Amphitheater 23
Amūlius Amulius *(König von Alba, Bruder des Numitor)* 35
an *(im Fragesatz)* oder (etwa) 25
animadvertere, animadvertō, animadvertī *m. AcI / Akk.* bemerken 31
animus Geist, Mut, Gesinnung 20
   in animō habēre im Sinn haben, vorhaben 20
annus Jahr 23
   eō annō in diesem Jahr 30
ante *Präp. m. Akk.* vor 12
   ante cēnam vor dem Essen 12
   ante vīllam vor dem Landhaus 12
anteā *Adv.* vorher, früher 25
antīquus, a, um alt, altertümlich 22
aperīre, aperiō, aperuī aufdecken, öffnen 38
appetere, appetō, appetīvī erstreben, haben wollen; angreifen 39
apud *Präp. m. Akk.* bei 19
   apud amīcōs bei Freunden 19
aqua Wasser 6
arcessere, arcessō, arcessīvī herbeirufen, holen 37
arma, armōrum *n Pl.* Gerät, Waffen 27
Asia Asien 9
aspicere, aspiciō, aspexī erblicken, ansehen 18. 28
audācia Frechheit, Kühnheit 33
audīre, audiō hören 10
augēre, augeō, auxī vergrößern, vermehren 3. 28
Augiās *m* Augias *(mythischer König, dessen Stall Herkules ausmistete)* 29
aureus, a, um golden, aus Gold 39
autem *(nachgestellt)* aber, andererseits 18
   Puerī autem tacent. Die Jungen aber schweigen. 18
auxilium Hilfe 17
   auxiliō gaudēre sich über die Hilfe freuen 30
Aventīnus der Aventin *(am Tiber gelegener Hügel Roms)* 36
avus Großvater 1

B

basilica Markthalle, Gerichtshalle 12
beātus, a, um glücklich, reich 38
bellum Krieg 31
   bellum gerere Krieg führen 39
bene *Adv.* gut 9
beneficium Wohltat 11
bēstia (wildes) Tier 22
bibere, bibō, bibī trinken 17. 34
bonus, a, um gut, tüchtig 14

C

cadere, cadō, cecidī fallen 27. 28
caedere, caedō, cecīdī fällen, töten 33
caelum Himmel 22
Caesar, Caesaris *m* Cäsar; Kaiser 21
Campānia Kampanien *(fruchtbare Landschaft südlich von Rom)* 16
campus Feld, freier Platz 1
capere, capiō, cēpī fassen, nehmen; erobern 18. 29
   cōnsilium capere einen Plan (Entschluss) fassen 29
Capitōlium das Kapitol *(bedeutendster der sieben Hügel Roms)* 39
captīvus Kriegsgefangener 9
carēre, careō *m. Abl.* frei sein von, ohne (etwas) sein, nicht haben 30
   amīcīs carēre keine Freunde haben, ohne Freunde sein 30
carrus Wagen, Karren 16
Carthāgō, Carthāginis *f* Karthago *(Stadt in Nordafrika)* 32
cārus, a, um lieb, teuer, wertvoll 21
castra, castrōrum *n Pl.* Lager 27
cēdere, cēdō, cessī gehen, nachgeben, weichen 31

Lateinisch-deutsches Register

celer, celeris, celere schnell 34
cēna Mahlzeit, Essen 8
cēnāre, cēnō essen 9
Cerberus Zerberus *(der dreiköpfige Höllenhund)* 30
certē / certō *Adv.* gewiss, sicherlich 31
cēterī, ae, a die übrigen 22
cibus Nahrung, Speise, Futter 6
circum *Präp. m. Akk.* rings um, um ... herum 33
  circum mūrōs um die Mauern (herum) 33
Circus Maximus Circus Maximus *(Rennbahn für Wagenrennen in Rom)* 40
cīvis, cīvis *m (Gen. Pl. -ium)* Bürger 32
cīvitās, cīvitātis *f* Gemeinde, Staat 21
clāmāre, clāmō laut rufen, schreien 13
clāmor, clāmōris *m* Geschrei, Lärm 20
clārus, a, um klar, hell, berühmt 19
cōgitāre, cōgitō denken, beabsichtigen 32
comes, comitis *m/f* Begleiter(in), Gefährte, Gefährtin 34
commūnis, e gemeinsam, allgemein 37
complēre, compleō, complēvī anfüllen, auffüllen 6. 26
comprehendere, comprehendō, comprehendī begreifen, ergreifen, festnehmen 29
concēdere, concēdō, concessī erlauben, nachgeben, zugestehen 39
Concordia Concordia *(Göttin der Eintracht)* 11
condere, condō, condidī verwahren, verbergen; erbauen, gründen 36
cōnfirmāre, cōnfirmō bekräftigen, ermutigen, stärken 38
cōnsilium Beratung, Beschluss, Plan, Rat 11
cōnsilium capere einen Plan (Entschluss) fassen 29
cōnsistere, cōnsistō, cōnstitī stehenbleiben, haltmachen, sich aufstellen 17. 31
cōnstat es ist bekannt, es steht fest 31
contendere, contendō, contendī sich anstrengen, kämpfen; eilen; behaupten 36
convenīre, conveniō, convēnī zusammenkommen, zusammenpassen, besuchen 32
cōpia Menge, Vorrat, Möglichkeit; *Pl.* Truppen 6. 39
creāre, creō erschaffen, wählen 19
crēdere, crēdō, crēdidī glauben, anvertrauen 37
Crēta Kreta *(Insel im Mittelmeer)* 10
crūdēlis, e grausam 35
cui? wem? 5
cum *Präp. m. Abl.* mit, zusammen mit 12
  cum amīcō mit dem Freund 12
cum *Subj.* als (plötzlich); (immer) wenn 26
cūnctī, ae, a alle (zusammen) 14
cūr? warum? 2
cūra Pflege, Sorge 38
cūrāre, cūrō pflegen, sorgen für 25
  equum cūrāre das Pferd pflegen 25
  familiam cūrāre für die Familie sorgen 25
cūria Kurie *(Sitzungsgebäude des Senats)* 11

D

dare, dō, dedī geben 22. 28
dē *Präp. m. Abl.* von, von ... her, von ... weg, von ... herab; über 14
  dē lūdō narrāre vom Spiel / über das Spiel erzählen 14
  dē salūte dēspērāre die Hoffnung auf Rettung aufgeben 33
  dē templō vom Tempel herab 14
dea Göttin 11
dēbēre müssen, sollen 2
dēdūcere, dēdūcō wegführen, hinführen 17
dēesse, dēsum abwesend sein, fehlen 17
dēfendere, dēfendō, dēfendī (ā *m. Abl.*) abwehren, verteidigen (vor / gegen) 35
dēlectāre, dēlectō erfreuen, unterhalten 8
dēlēre, dēleō, dēlēvī zerstören, vernichten 6. 26
dēligere dēligō, dēlēgī (aus)wählen 36
dēmōnstrāre, dēmōnstrō beweisen, darlegen 33
dēscendere, dēscendō, dēscendī herabsteigen 18. 29
dēsīderāre, dēsīderō sich sehnen nach, vermissen 10
  patriam dēsīderāre sich nach der Heimat sehnen 10
dēspērāre, dēspērō die Hoffnung aufgeben, verzweifeln 33
  dē salūte dēspērāre die Hoffnung auf Rettung aufgeben 33
deus Gott, Gottheit 6
dī! *Vok.* (oh) Götter! 26
Diāna Diana *(Göttin der Jagd)* 26
dīc! sag! sprich! 27
dīcere, dīcō, dīxī sagen, sprechen 16. 28
Dīdō, Dīdōnis *f* Dido *(die Gründerin und Königin Karthagos)* 32
discipulus Schüler 11
diū *Adv.* lange (Zeit) 9
docēre, doceō lehren, unterrichten 4
dolēre schmerzen, wehtun 2
dolēre *m. Abl.* traurig sein über 30
  iniūriā dolēre über ein Unrecht traurig sein 30
dolor, dolōris *m* Schmerz 23
dolus List, Täuschung 9
domina Herrin, Dame 8
dominus Herr 3
dōnāre, dōnō schenken 33
dōnum Geschenk 11
dubitāre, dubitō zweifeln; zögern *(m. Inf.)* 9
dūc! führe! 27
dūcere, dūco, dūxī führen, ziehen 16. 28
dulcis, e angenehm, süß 35
dum *Subj.* während, solange, bis 20

E

ē / ex *Präp. m. Abl.* aus, von ... her 12
  ex aedificiō aus dem Gebäude 12
  ē patriā aus der Heimat 12
eā hōrā in dieser Stunde 30
ecce Schau! Sieh da! Schaut! Seht da! 28

Lateinisch-deutsches Register

ēdūcere, ēdūcō herausführen 17
ego *Nom.* ich *(betont)* 13
enim *(nachgestellt)* nämlich, denn 28
eō annō in diesem Jahr 30
equus Pferd 1
ergō *Adv.* also, deshalb 39
errāre, errō umherirren, (sich) irren 13
esse, sum, fuī sein, sich befinden 2. 26
est er (sie, es) ist 2
et und, auch 1
et ... et sowohl ... als auch 37
etiam auch, sogar 5
etsī auch wenn, obwohl 28
Eurōpa Europa 9
Eurystheus *m* Eurystheus *(mythischer König von Mykene)* 30
exercēre, exerceō üben, trainieren; quälen 23
exīre, exeō, exiī herausgehen, hinausgehen 40
exīstimāre, exīstimō meinen, einschätzen 22
exspectāre, exspectō warten (auf), erwarten 10

F
fābula Erzählung, Geschichte, Theaterstück 29
fac! tu! mach! handle! 27
facere, faciō, fēcī machen, tun, handeln 18. 29
  sacrum facere ein Opfer bringen, opfern 18
factum Handlung, Tat, Tatsache 29
familia Familie 9
Faustulus Faustulus *(Hirte, der die Kinder Romulus und Remus entdeckte)* 34
ferrum Eisen; Waffe 33
fīlia Tochter 8
fīlius Sohn 9
fīnis, fīnis *m (Gen. Pl. -ium)* Ende, Grenze, Ziel, Zweck; *Pl.* Gebiet 32
flēre, fleō, flēvī weinen, beweinen 5. 26
fluvius Fluss 29
fōns, fontis *m (Gen. Pl. -ium)* Quelle, Ursprung 24
fortis, e kräftig, tapfer 35
fortūna Schicksal, Glück 37
forum Forum, Marktplatz 11
frāter, frātris *m* Bruder 21
frūmentum Getreide 11
fuga Flucht 26
fūr, fūris *m* Dieb 20

G
gaudēre, gaudeō sich freuen 4
gaudēre *m. Abl.* sich freuen über 30
  auxiliō gaudēre sich über die Hilfe freuen 30
gerere, gerō, gessī ausführen, führen, tragen 39
  bellum gerere Krieg führen 39
gladiātor, gladiātōris *m* Gladiator 23
gladius Schwert 5
glōria Ruhm, Ehre 37
Graecī, ōrum *m Pl.* die Griechen 31

grātia Dank 6
grātiam habēre danken 6

H
habēre, habeō haben, halten 6
  grātiam habēre danken 6
  in animō habēre im Sinn haben, vorhaben 20
habitāre, habitō wohnen, bewohnen 10
Herculēs, is *m* Herkules *(berühmtester Held der griechischen Sagenwelt)* 28
herī *Adv.* gestern 21
Hersilia Hersilia *(die sabinische Ehefrau des Romulus)* 38
hīc *Adv.* hier 3
hodiē *Adv.* heute 19
homō, hominis *m* Mensch 24
honestus, a, um ehrenhaft, angesehen 31
honor, honōris *m* Ehre, Ehrenamt 19
  in honōre esse in Ehren stehen, angesehen sein 19
hōra Stunde 24
  eā hōrā in dieser Stunde 30
hostis, hostis *m (Gen. Pl. -ium)* Feind (Landesfeind) 37

I
iacēre, iaceō liegen 27
iam *Adv.* schon, bereits; nun 4
  nōn iam nicht mehr 4
ibī *Adv.* dort 3
idōneus, a, um geeignet, passend 36
imperāre, imperō befehlen, herrschen (über) 15
  populīs imperāre über (die) Völker herrschen 15
imperātor, imperātōris *m* Befehlshaber, Feldherr, Kaiser 19
imperium Befehl, Herrschaft, Reich 14
in *Präp. m. Abl.* in, an, auf, bei *(wo?)* 12
  in aquā im Wasser 12
in *Präp. m. Akk.* in (... hinein), nach *(wohin?)* 12
  in aquam ins Wasser 12
  in animō habēre im Sinn haben, vorhaben 20
  in honōre esse in Ehren stehen, angesehen sein 19
inānis, e leer, wertlos 37
indicāre, indicō anzeigen, melden 12
ingenium Begabung, Talent, Verstand 11
inīre, ineō, iniī hineingehen (in), beginnen 40
iniūria Unrecht, Beleidigung 9
  iniūriā dolēre über ein Unrecht traurig sein 30
īnsula Insel; Wohnblock 7
interficere, interficiō, interfēcī töten, vernichten 23. 29
intrāre, intrō betreten, eintreten 8
invenīre, inveniō, invēnī finden, erfinden 13. 29
īre, eō, iī gehen 40
is, ea, id dieser, diese, dieses; er, sie, es 27
  eā hōrā in dieser Stunde 30
ita *Adv.* so 29
Italia Italien 33
itaque deshalb 5

Lateinisch-deutsches Register

iterum *Adv.* wiederum, zum zweiten Mal 5
Iuppiter, Iovis *m* Jupiter *(höchster Gott der Römer)* 22
iuvenis, iuvenis *m* junger Mann; *Adj.* jung 34

L

labor, labōris *m* Arbeit, Anstrengung 30
labōrāre, labōrō arbeiten, sich anstrengen 8
labōrāre *m. Abl.* leiden an, in Not / Sorge sein wegen 30
  dolōribus labōrāre an Schmerzen leiden 30
lacrima Träne 7
laetitia Freude 7
Lāocoōn, Lāocoontis *m* Laokoon *(trojanischer Priester)* 31
latēre, lateō verborgen sein 5
Latīnī, Latīnōrum *m Pl.* die Latiner *(Volksstamm in Italien)* 33
Latīnus Latinus *(König der Latiner)* 33
laudāre, laudō loben 14
leō, leōnis *m* Löwe 24
libenter *Adv.* gerne 11
līber, lībera, līberum frei 15
līber, lībera, līberum (ā) *m. Abl.* frei von 30
  līber (ā) timōre frei von Angst 30
līberāre, līberō befreien, freilassen 20
līberī, līberōrum *m Pl.* Kinder 27
lībertās, lībertātis *f* Freiheit 21
licet es ist erlaubt, es ist möglich 19
lingua Sprache, Rede 3
Līvius Titus Livius *(berühmter röm. Geschichtsschreiber, 59 v. Chr. – 17 n. Chr.)* 36
locus Ort, Platz, Stelle 35
lūdus Spiel; Schule 10
lūx, lūcis *f* Licht, Tageslicht 26
  prīmā lūce bei Tagesanbruch 30

M

magis mehr 18
magis ... quam mehr ... als 18
magister, magistrī *m* Lehrer, Meister 15
magnitūdō, magnitūdinis *f* Größe 24
magnus, a, um groß, bedeutend 14
  magnā vōce mit lauter Stimme 26
malus, a, um schlecht, schlimm 25
manēre, maneō, mānsī bleiben, (er)warten 12. 28
marītus Ehemann 32
māter, mātris *f* Mutter 21
maximē *Adv.* am meisten, besonders 36
mē *Akk.* mich 13
mēcum mit mir 13
mēnsa (Ess-)Tisch 8
mercātor, mercātōris *m* Kaufmann, Händler 19
Mercurius Merkur *(der Götterbote)* 22
meus, a, um mein 14
mihi *Dat.* mir 13
mīles, mīlitis *m* Soldat 34
Minerva Minera *(Göttin der Weisheit)* 22
mīrus, a, um erstaunlich, sonderbar 25
miser, misera, miserum arm, erbärmlich, unglücklich 15
mittere, mittō, mīsī (los)lassen, schicken, werfen 16. 28
monēre mahnen, ermahnen 2
mōns, montis *m (Gen. Pl. -ium)* Berg 24
mōnstrum Ungeheuer 25
monumentum Denkmal 28
mors, mortis *f (Gen. Pl. -ium)* Tod 23
mortuus, a, um gestorben, tot 17
mōs, mōris *m* Sitte, Brauch; *Pl.* Charakter 38
movēre, moveō, mōvī bewegen, beeindrucken 7. 29
mox *Adv.* bald 7
mulier, mulieris *f* Frau 20
multī, ae, a viele 14
multitūdō, multitūdinis *f* große Zahl, Menge 24
multum *Adv.* sehr, viel 36
multum valēre großen Einfluss haben 36
multus, a, um viel 14
mūnīre, mūniō bauen, befestigen, schützen 33
mūrus Mauer 1

N

nam denn, nämlich 3
narrāre, narrō erzählen 14
  dē lūdō narrāre vom Spiel / über das Spiel erzählen 14
nātiō, nātiōnis *f* Volk, Volksstamm 24
nātūra Natur, Wesen, Beschaffenheit 36
-ne Partikel im dir. Fragesatz *(unübersetzt)* 13
negōtium Aufgabe, Geschäft; Angelegenheit 23
Neptūnus Neptun *(Gott des Meeres)* 22
neque und nicht, auch nicht 3
neque ... neque weder ... noch 3
nescīre, nesciō nicht wissen, nicht kennen, nicht verstehen 10
niger, nigra, nigrum schwarz, dunkel 15
nihil nichts 10
nisī *Subj.* wenn nicht 24
nōbīs *Dat.* uns 13
nocte nachts 30
nōn nicht 2
nōn iam nicht mehr 4
nōndum *Adv.* noch nicht 26
nōnne? (etwa) nicht? 18
nōs *Nom. / Akk.* wir / uns 13
noster, nostra, nostrum unser 15
novus, a, um neu, ungewöhnlich 14
nox, noctis *f (Gen. Pl. -ium)* Nacht 26
Numitor, Numitōris *m* Numitor *(König von Alba, Großvater von Romulus und Remus)* 35
numquam *Adv.* niemals 4
nunc *Adv.* nun, jetzt 2
nūntiāre, nūntiō melden 22
nūntius Bote, Nachricht 16

Lateinisch–deutsches Register

O

occidere, occidō, occidī (zu Boden) fallen, umkommen, untergehen 28
occīdere, occīdō, occīdī niederschlagen, töten 33
occupāre, occupō besetzen, einnehmen 37
oculus Auge 2
officium Dienst, Pflicht(gefühl) 30
omittere, omittō, omīsī aufgeben, beiseite lassen 38
omnis, e jeder, ganz; *Pl.* alle 35
oportet es gehört sich, es ist nötig 32
opportūnus, a, um geeignet, günstig 36
oppidum Stadt (Kleinstadt) 16
ōra Küste 28
ōrnāmentum Schmuck(stück) 12
ōrnāre, ōrnō ausstatten, schmücken 8
ostendere, ostendō, ostendī zeigen, erklären 16. 30

P

Palātium der Palatin *(einer der sieben Hügel Roms)* 36
parāre, parō (vor)bereiten, vorhaben *(m. Inf.)*; erwerben 8
pārēre gehorchen 2
pars, partis *f (Gen. Pl. -ium)* Teil, Seite 23
parvus, a, um klein, gering 14
pater, patris *m* Vater 21
patēre, pateō offen stehen 7
patria Heimat 9
  patriam dēsīderāre sich nach der Heimat sehnen 10
paulātim *Adv.* allmählich 31
paulō post (ein) wenig später 30
pecūnia Geld, Vermögen 20
pellere, pellō, pepulī stoßen, schlagen, (ver)treiben 34
per *Präp. m. Akk.* durch, hindurch 16
  per silvam durch den Wald 16
perīculum Gefahr 25
petere, petō, petīvī aufsuchen, (er)streben, bitten, verlangen 19. 31
placēre, placeō gefallen 5
plēnus, a, um voll 17
Plūtō, Plūtōnis *m* Pluto *(Gott der Unterwelt)* 30
Pompēiānus, a, um pompejanisch; *Subst.* Pompejaner, Einwohner von Pompeji 19
Pompēī, Pompēiōrum *m Pl.* Pompeji *(Stadt in Mittelitalien)* 27
populus Volk 6
  populīs imperāre über (die) Völker herrschen 15
porta Tor 11
portāre, portō bringen, tragen 17
posse, possum, potuī können 17. 26
post *Präp. m. Akk.* hinter, nach 12
  post vīllam hinter dem Landhaus 12
  post cēnam nach dem Essen 12
posteā *Adv.* nachher, später 27
postquam *Subj.* nachdem, als 35
potestās, potestātis *f* (Amts-)Gewalt, Macht 21
praebēre, praebeō geben, hinhalten 4

praemium Belohnung, Lohn 39
praestāre, praestō, praestitī *m. Akk.* gewähren, leisten, zeigen 28
praeterīre, praetereō, praeteriī übergehen, vorbeigehen (an) 40
  castra praeterīre am Lager vorbeigehen 40
  factum praeterīre eine Tatsache übergehen 40
pretium Preis, Wert 12
prīmō *Adv.* zuerst 4
prīmum *Adv.* erstens, zuerst, zum ersten Mal 25
prīmus, a, um der erste 30
  prīmā lūce bei Tagesanbruch 30
probāre, probō prüfen, beweisen, für gut befinden 12
profectō *Adv.* sicherlich, tatsächlich 6
prohibēre, prohibeō (ā) *m. Abl.* abhalten (von), hindern (an) 30
  (ā) lacrimīs prohibēre von den Tränen abhalten, am Weinen hindern 30
properāre, properō eilen, sich beeilen 8
propter *Präp. m. Akk.* wegen 23
  propter amōrem wegen der Liebe 23
prōvincia Provinz 9
puella Mädchen, Freundin 1
puer, puerī *m* Junge 15
pūgna Kampf 9
pūgnāre, pūgnō kämpfen 9
pulcher, pulchra, pulchrum schön 15
putāre, putō glauben, meinen 31

Q

quaerere, quaerō, quaesīvī erwerben wollen, suchen, fragen 32
quam als, wie 18
  Capua nōn tam pulchra est quam Rōma. Capua ist nicht so schön wie Rom. 21
  magis ... quam mehr ... als 18
  Quam pulchrum est templum! Wie schön ist der Tempel! 18
quamquam *Subj.* obwohl 20
quandō? wann? 38
-que *(angehängt)* und 14
  servī servaeque Sklaven und Sklavinnen 14
quemadmodum auf welche Weise, wie 37
quī, quae, quod welcher, welche, welches; der, die, das 36
quia *Subj.* weil 20
quid? was? 2
quidem *Adv.* freilich, gewiss, wenigstens, zwar 33
quīn? warum nicht? 18
quis? wer? 3
quod *Subj.* weil; dass 20

R

rēctē *Adv.* richtig, zu Recht 4
regiō, regiōnis *f* Gebiet, Gegend, Richtung 24

Lateinisch-deutsches Register

relinquere, relinquō, relīquī verlassen, zurücklassen 16. 29
reliquiae, reliquiārum *f Pl.* Überbleibsel, Überrest, Ruine 27
repellere, repellō, reppulī zurückstoßen, abweisen, vertreiben 34
resistere, resistō, restitī stehenbleiben; Widerstand leisten 39
respondēre, respondeō, respondī antworten 3. 28
rēx, rēgis *m* König 29
rīdēre, rīdeō, rīsī lachen, auslachen 2. 28
rogāre, rogō bitten, fragen 8
Rōma Rom 7
Rōmānus, a, um römisch; *Subst.* Römer, Einwohner Roms 9. 14
Rōmulus / Remus Romulus und Remus *(Zwillingsbrüder und sagenhafte Gründer Roms)* 34

S

Sabīnus, a, um sabinisch; *Subst.* Sabiner *(in der Nähe Roms lebender Volksstamm)* 38
sacrum Opfer, Heiligtum 18
sacrum facere ein Opfer bringen, opfern 19
saepe *Adv.* oft 4
salūs, salūtis *f* Gesundheit, Rettung, Gruß, Glück 26
  dē salūte dēspērāre die Hoffnung auf Rettung aufgeben 33
salūtāre, salūtō (be)grüßen 21
salvē! salvēte! sei gegrüßt! seid gegrüßt! 21
Sāturnus Saturn *(Gott der Saat und der Zeit)* 11
scelerātus Verbrecher 5
scīre, sciō wissen, kennen, verstehen 10
scrībere, scrībō, scrīpsī schreiben, beschreiben 16. 28
sē *Akk. / Abl.* sich 20
sēcum mit sich, bei sich 32
sed aber, sondern 3
sedēre, sedeō, sēdī sitzen 3. 29
semper *Adv.* immer 6
senātor, senātōris *m* Senator 19
sentīre, sentiō, sēnsī fühlen, meinen, wahrnehmen 28
serva Sklavin, Dienerin 1
servāre, servō bewahren, retten; beobachten 22
servāre ā *m. Abl.* bewahren vor, retten vor 30
servitūs, servitūtis *f* Sklaverei 21
servus Sklave, Diener 1
sex *indekl.* sechs 36
sī *Subj.* wenn, falls 20
sibi *Dat.* sich 32
sīc *Adv.* so 8
Sicilia Sizilien *(Insel im Mittelmeer)* 10
sīgnum Merkmal, Zeichen; Statue 34
silva Wald 1
sine *Präp. m. Abl.* ohne 12
  sine amīcō ohne den Freund 12
  sine mē ohne mich 13

sōl, sōlis *m* Sonne 24
sōlum *Adv.* nur 22
sonus Ton, Klang, Geräusch 5
soror, sorōris *f* Schwester 20
spectāre, spectō betrachten, anschauen, hinsehen 9
spērāre, spērō erwarten, hoffen 33
Spurius Tarpēius Spurius Tarpeius *(römischer Befehlshaber)* 39
stāre, stō, stetī stehen 16. 28
statim *Adv.* sofort 5
statua Statue 28
studēre, studeō sich bemühen, studieren 4
studium Beschäftigung, Engagement, Interesse 28
stultus, a, um dumm 39
sub *Präp. m. Abl.* unter *(wo?)* 25
  sub carrō esse unter dem Wagen liegen 25
sub *Präp. m. Akk.* unter *(wohin?)* 25
  sub carrum trahere unter den Wagen ziehen 25
subitō *Adv.* plötzlich 5
summus, a, um der höchste, oberste 18
sunt sie sind 2
superāre, superō besiegen, überwinden, übertreffen 9
surgere, surgō, surrēxī aufrichten; sich erheben, aufstehen 24. 33
suus, a, um sein, ihr 32
Syria Syrien 9

T

tabula (Schreib-)Tafel, Gemälde 4
tacēre schweigen, verschweigen 2
tam so 21
tam ... quam so ... wie 21
  Capua nōn tam pulchra est quam Rōma. Capua ist nicht so schön wie Rom. 21
tamen dennoch, jedoch 30
tamquam *Adv.* wie; *Subj.* wie wenn, als ob 34
tandem *Adv.* endlich 7
tantum *Adv.* *(nachgestellt)* nur 5
tantus, a, um so groß, so viel 19
Tarpēia Tarpeia *(Tochter des Spurius Tarpeius)* 39
Tatius Tatius *(König der Sabiner)* 39
tē *Akk.* dich 13
tēctum Dach; Haus 26
tēcum mit dir 13
templum Tempel 11
temptāre, temptō angreifen; prüfen, versuchen 27
tenebrae, tenebrārum *f Pl.* Dunkelheit, Finsternis 27
tenēre, teneō halten, festhalten, besitzen 4
terra Erde, Land 22
terrēre, terreō erschrecken 3
tibi *Dat.* dir 13
timēre fürchten, Angst haben 2
timor, timōris *m* Angst, Furcht 26
Titus Titus *(röm. Kaiser 79-81 n. Chr.)* 19

Lateinisch-deutsches Register

torquēre, torqueō, torsī drehen; quälen 5. 28
trahere, trahō, trāxī schleppen, ziehen 16. 28
trīstis, e traurig, unfreundlich 35
Trōiānus, a, um trojanisch; *Subst.* Trojaner, Einwohner von Troja 31
tū *Nom.* du *(betont)* 13
tum *Adv.* da, dann, darauf, damals 4
turba (Menschen-)Menge 7
Turnus Turnus *(Anführer der Rutuler, Gegner des Äneas)* 33
turpis, e unanständig, hässlich, schändlich 35
tūtus, a, um sicher 37
tuus, a, um dein 14

U

ubī? wo? 10
umbra Schatten 12
unde? woher? 9
ūnus, a, um einer, ein einziger 35
ūnus ē / ex *m. Abl.* einer von 35
urbs, urbis *f (Gen. Pl. -ium)* Stadt; die Stadt Rom 23
ut wie 14
uxor, uxōris *f* Ehefrau 19

V

valēre, valeō gesund sein, stark sein, Einfluss haben 7
    multum valēre großen Einfluss haben 36
valē! valēte! Leb wohl! Lebt wohl! 7
varius, a, um bunt, verschieden, vielfältig 22
vel oder 23
    aqua vel vīnum Wasser oder Wein 23
velle, volō, voluī wollen 20. 26
vēndere, vēndō verkaufen 19
venia Gefallen; Nachsicht, Verzeihung 33
venīre, veniō, vēnī kommen 10. 29
ventus Wind 6
verbum Wort, Äußerung 11
vertere, vertō, vertī drehen, wenden 29
Vespasiānus Vespasian *(röm. Kaiser 69-79 n. Chr.)* 21
vester, vestra, vestrum euer 15
Vesuvius Vesuv *(Vulkan in Kampanien)* 16
via Weg, Straße 1
victor, victōris *m* Sieger 23
vīcus Dorf, Gasse 1
vidēre, videō, vīdī sehen 7. 29
vīlla Haus, Landhaus 1
vincere, vincō, vīcī (be)siegen, übertreffen 29
vīnea Weinberg, Weinstock 16
vīnum Wein 17
violāre, violō verwunden, verletzen, entehren 33
vir, virī *m* Mann 15
virtūs, virtūtis *f* Tapferkeit, Tüchtigkeit, Leistung 23
vīta Leben 15
vītam agere ein Leben führen, leben 38
vīvere, vīvō, vīxī leben 32
vix *Adv.* kaum, (nur) mit Mühe 29

vōbīs *Dat.* euch 13
vōbīscum mit euch 13
vocāre, vocō nennen, benennen, rufen 8
voluntās, voluntātis *f* Wille, Absicht 21
vōs *Nom. / Akk.* ihr / euch 13
vōx, vōcis *f* Stimme, Äußerung, Laut 26
    magnā vōce mit lauter Stimme 26
Vulcānus Vulkan(us) *(Gott des Feuers)* 10

Eigennamenverzeichnis

Achillēs, is *m* Achilles (stärkster der griech. Helden im Trojanischen Krieg) 31

aedīlis, is *m* Ädil (röm. Beamter; ursprünglich gab es zwei plebejische Ädilen, die die Polizeigewalt innerhalb der Stadt innehatten. Im 4. Jh. v. Chr. kamen zwei Ädilen hinzu, denen die Besorgung der Spiele und die Beaufsichtigung der Tempel oblag. Allen vier Beamten gemeinsam war die Aufsicht über die öffentlichen Gebäude, Thermen, Wasserleitungen, Straßen, Märkte und das Bauwesen.) 19. VII

Aenēās, ēae *m* Äneas (trojanischer Held, Sohn der Venus und des Anchises; Stammvater der Römer; nach der Zerstörung Trojas musste er gemeinsam mit seinem Vater, seinem Sohn Askanius und seinen Gefährten lange Irrfahrten bestehen, bis er zu der von den Göttern geweissagten neuen Heimat Italien gelangte; vgl. „Vergilius") 32. 33. XI. 34

Aeolus Äolus (griech. Aiolos; der Gott der Winde) 6. 9.

Aetna der Ätna (Vulkan auf Sizilien) 10

Āfrica Afrika (Die Römer verstanden darunter in erster Linie das ihnen bekannte Nordafrika.) 9. 15. 32

Agamemnō, onis *m* Agamemnon (König von Mykene, Bruder des Menelaos, einer der Anführer der Griechen im Trojanischen Krieg) 31

Alba Longa Alba Longa (Stadt in Latium, die von Askanius gegründet wurde, nachdem Lavinium – die alte Hauptstadt der trojanischen Einwanderer – zu klein geworden war. Alba Longa blieb Hauptstadt, bis Romulus Rom gründete. Die Ruinen der Stadt sind südöstlich von Rom gefunden worden.) XI. 34

Alcmēna Alkmene (Frau des Amphitryon, des Königs von Theben. Wurde von Jupiter schwanger und gebar ihm den Herkules.) 29

Alphēus, eī der Alpheios (Fluss in der griech. Landschaft Elis. Mit Hilfe dieses Flusses reinigte Herkules den Stall des Augias.) 29

Amor, ōris *m* Amor (griech. Eros; der Liebesgott)

Amūlius Amulius (König von Alba Longa. Er vertrieb seinen älteren Bruder Numitor und tötete dessen Söhne. Numitors Enkel, Romulus und Remus, töteten später Amulius und gaben Numitor die Herrschaft zurück.) XI. 34. 35. 36

Anchīsēs, ae *m* Anchises (trojanischer Fürst, Vater des Äneas) 32

Ancus Mārcius Ancus Marcius (vierter König Roms. Er gründete an der Mündung des Tiber die Stadt Ostia als Hafen für Rom.)

Antiochīa Antiochia (Hafenstadt am Mittelmeer, Hauptstadt der röm. Provinz Syria, h. Antakya in der Türkei)

Aphrodītē, ēs *f* Aphrodite (vgl. „Venus")

Apollō, Apollinis *m* Apoll (griech. Apollon; Gott des Lichts, der Musik und Künste sowie der Heilkunst und Weissagung. Sohn des Jupiter und Zwillingsbruder der Diana. In der griech. Stadt Delphi befand sich sein berühmtestes Heiligtum mit Orakelstätte. Heilig ist ihm der Lorbeerbaum.) 22

Arēs, is *m* Ares (vgl. „Mars")

Artemis, idis *f* Artemis (vgl. „Diana")

Ascanius Askanius bzw. Julus (Sohn des Äneas, Gründer von Alba Longa) 32. XI. 34

Asia Kleinasien (seit 129 v.Chr. röm. Provinz) 9

Athēna Athene (Schutzgöttin Athens; vgl. „Minerva")

Augīās, ae *m* Augias (König der griech. Landschaft Elis. Er besaß einen Stall mit 3.000 Rindern, der 30 Jahre lang nicht ausgemistet worden war. Herkules musste ihn auf Befehl des Eurystheus in einem Tage reinigen.) 29. 30. X

augur, uris *m* Augur (Der Augur war ein röm. Beamter, der zu ergründen hatte, ob ein vom Staat oder von einer Einzelperson geplantes Unternehmen den Göttern gefiel. Wichtige Staatshandlungen durften nicht ohne Befragung eines Augurs durchgeführt werden. Er verkündete den Götterwillen, den er aus dem Flug und dem Geschrei der Vögel und aus verschiedenen anderen Naturphänomenen las. Das Zeichen der Auguren war ein Krummstab (lituus). Mit diesem Krummstab bezeichnete der Augur an dem Ort und Tag, an dem die geplante Handlung stattfinden sollte, einen viereckigen Bereich (das sog. *templum*), in dem er seine Zeremonie vornahm.) 36

(Imperātor Caesar dīvī filius) **Augustus** Augustus (63 v. Chr. – 14 n. Chr., erster röm. Kaiser, ursprüngl. Name Gaius Octavius, Großneffe und Adoptivsohn Julius Cäsars; 27 v. Chr. verlieh ihm der Senat den Ehrentitel Augustus („der Erhabene"); dieses Datum gilt als Beginn des röm. Kaisertums bzw. als Ende der röm. Republik.) 24

Aventīnus (mōns) der Aventin (einer der sieben Hügel Roms; auf dem Aventin weideten der Sage nach Amulius und Numitor ihre Herden, stellten Romulus und Remus die Vogelschau für die Gründung Roms an.) 36. XII. 40

Bacchus Bacchus (griech. Dionysos; Gott des Weines)

basilica Aemilia Basilika Ämilia (Die Basilika Ämilia ist die einzige noch sichtbare der vier großen Basiliken aus der Zeit der röm. Republik und befindet sich auf dem Forum Romanum. Sie wurde 179 v. Chr. errichtet. Die patrizische Familie der Ämilier ließ bis in die Kaiserzeit hinein die Basilika immer wieder restaurieren und erweitern. Die dem Forum zugewandte Fassade (70 m lang) war in 16 Bögen unterteilt, hinter denen sich Geschäftsräume (tabernae) befanden.) 12. IV

basilica Iūlia Basilika Julia (Halle, die ab 54 v. Chr. von Julius Cäsar auf dem Forum Romanum errichtet wurde. Sie beherbergte eine Gerichtshalle und Ladengeschäfte und diente auch als Versammlungsort des Senates. Von der Basilika sind nur wenige Überreste erhalten. Interessant sind jedoch die in die Treppenstufen geritzten Spielbretter, die auf das bunte Alltagsleben in und bei der Basilika schließen lassen.) 11. 12. IV

Brundīsium Brindisi (Stadt im Süden Italiens, am „Stiefelabsatz", röm. Flottenstützpunkt und Endpunkt der Via

Eigennamenverzeichnis

Appia; von Brundisium liefen vor allem die Schiffe mit dem Reiseziel Griechenland aus.) **7**

(L. Iūnius) **Brūtus** Lucius Junius Brutus (Freund des Collatinus und seiner Frau Lukretia; um 500 v. Chr. Anführer der Verschwörer gegen den letzten röm. König Tarquinius Superbus. Später wurde er – zusammen mit Collatinus – erster röm. Konsul.)

Caelius (mōns) der Cälius (einer der sieben Hügel Roms. Hier befand sich in republikanischer Zeit ein stark bevölkertes Stadtviertel mit vielen Mietskasernen. Nach einer Feuersbrunst im 1. Jh. n. Chr. wurde der Cälius zu einer bevorzugten Wohngegend der Oberschicht.) **40**

(C. Iūlius) **Caesar**, aris *m* Gajus Julius Cäsar (100–44 v. Chr., röm. Politiker, Feldherr und Schriftsteller. Eroberer Galliens von 58–51 v. Chr. Als Politiker strebte er die Alleinherrschaft in Rom an. Am 15. März 44 v. Chr. wurde er von einer Gruppe röm. Senatoren ermordet, die in ihm einen Tyrannen sahen.) **12**

Caesar, aris *m* Cäsar / Kaiser (Der Begriff „Caesar" war seit Augustus Teil des Namens und damit Titel der römischen Herrscher.) **21. VII**

Campānia Kampanien (mittelitalische Landschaft, 100 km südlich von Rom. Kampanien war berühmt für seinen Reichtum an Getreide, Gemüse, Obst, Oliven und Wein, denn der vulkanische Boden brachte eine besondere Fruchtbarkeit des Landes mit sich und gestattete 3–4 Ernten pro Jahr. Bedeutende Städte Kampaniens waren Capua, Neapel, Pompeji und Herkulaneum.) **16. 17. 24**

Capitōlium das Kapitol (einer der sieben Hügel Roms; heiligster Ort Roms, denn hier stand der Tempel des Iuppiter Optimus Maximus.) **7. 39. XIII. 40**

Capua Capua (Stadt im westlichen Mittelitalien, bedeutende Stadt Kampaniens) **16. 26**

Capuānī, ōrum *m Pl.* die Capuaner (Einwohner von Capua)

Carthāginiēnsis, karthagisch; Karthager (Einwohner von Karthago) **32**

Carthāgō, ginis *f* Karthago (Stadt in Nordafrika, in der Nähe des heutigen Tunis; der Sage nach war Dido die Gründerin und Königin der Stadt.) **32. 33**

Cerberus Zerberus (der dreiköpfige Hund, der den Eingang zum Hades (Unterwelt) bewachte: Er wedelte mit dem Schwanz vor den Geistern, die den Hades betraten, fraß aber die auf, die versuchten, den Hades zu verlassen. Herkules zerrte ihn – im Auftrag von König Eurystheus – mit Gewalt zur Oberwelt, zeigte ihn dem König – und brachte ihn wieder zurück.) **30. X**

Cerēs, Cereris *f* Ceres (griech. Demeter; Göttin des Ackerbaus und der fruchttragenden Erde)

Charōn, ōnis *f* Charon (der Fährmann, der die Verstorbenen in seinem Kahn über den Unterweltsfluss Styx in den Hades (die Unterwelt) brachte. Für diesen Dienst verlangte er ein Fährgeld; die Toten wurden deshalb stets mit einer Münze im Mund beigesetzt.) **30**

Circus Maximus Circus Maximus (größte Rennbahn Roms zwischen den Hügeln Palatin und Aventin, angeblich bereits im 6. Jh. v. Chr. von König Tarquinius Priscus erbaut, später von Cäsar erneuert.) **40**

Collātia Collatia (alte sabinische Stadt östlich von Rom, Heimat der Lukretia und des Collatinus)

(L. Tarquinius) **Collātīnus** Lucius Tarquinius Collatinus (Ehemann der Lukretia, die von Sextus Tarquinius vergewaltigt wurde, was die Vertreibung der Tarquinier aus Rom auslöste.)

Concordia Concordia (röm. Göttin der Eintracht. Sie förderte und erhielt die Eintracht und die Einheit der Bürger Roms. Ihre Attribute waren Füllhorn, Opferschale und ineinandergeschlungene Hände. Der Göttin Concordia war ein prachtvoller Tempel am Fuße des Kapitols geweiht, der anlässlich der Aussöhnung der röm. Stände (Plebejer und Patrizier) im 4. Jh. v. Chr. errichtet worden war.) **11. IV**

cōnsul, cōnsulis *m* Konsul (röm. Beamter; mit dem 43. Lebensjahr konnte das Konsulat, das höchste zivile und militärische Amt, ausgeübt werden. Dieses war für eine einjährige Amtszeit auf zwei Konsuln aufgeteilt. Die Konsuln leiteten die Senatssitzungen, brachten Gesetzesanträge ein und überwachten die Durchführung der Beschlüsse und Gesetze.)

Crēta Kreta (griech. Insel) **10**

Creūsa Krëusa (Ehefrau des Äneas und Mutter des Askanius; kam während der Eroberung und Zerstörung Trojas ums Leben.) **32**

Delphī, ōrum *m Pl.* Delphi (Ort in Griechenland, berühmte griech. Orakelstätte des Gottes Apollon)

Dēmēter *f* Demeter (vgl. „Ceres")

Diāna Diana (griech. Artemis; Göttin der Jagd, des Waldes und des Mondes, Schützerin der Frauen und der Jungfräulichkeit. Zwillingsschwester des Apollo) **22**

Dīdō, ōnis *f* Dido (Gründerin und Königin von Karthago; verliebte sich in Äneas, den es auf seiner Irrfahrt an die afrikanische Küste verschlagen hatte; beging Selbstmord, nachdem Äneas sie auf Geheiß Jupiters verlassen musste.) **32. 33**

Diomēdēs, is *m* Diomedes (König im nordgriech. Thrakien. Er besaß vier menschenfressende Stuten, an die er seine besiegten Feinde verfütterte. Herkules tötete den grausamen Diomedes und warf ihn seinen eigenen Stuten zum Fraß vor.) **30**

Dionȳsus *m* Dionysos (vgl. „Bacchus")

duumvir Duumvir (Ein Duumvir war Bestandteil eines – wie der Name schon sagt – Zweimänneramtes. Die beiden Duumvirn waren die Spitzenbeamten von Städten, die nach röm. Recht verfasst waren. Das Duumvirat war also eine „Kopie" des röm. Konsulates. Die Duumvirn übten die Rechtsprechung aus und nahmen Beurkundungen vor. Sie beriefen Volksversammlungen ein und organisierten die Wahlen zu anderen öffentlichen Ämtern.) **19. 20. 21**

Eigennamenverzeichnis

Elysium das Elysium (der Teil der Unterwelt, in den diejenigen Toten eingehen durften, die tugendhaft gelebt hatten. Die Verstorbenen führten im Elysium ein paradiesisches Dasein ohne Sorgen und Arbeit.) 30

Erōs *m* Eros (vgl. „Amor")

Ēsquiliae, ārum *f Pl.* (collis Ēsquilīnus) der Esquilin (der größte der sieben Hügel Roms) 40

Etrūscī, ōrum (auch: Tūscī) die Etrusker (Volk im nördl. Mittelitalien. Ab dem 7. Jh. v. Chr. beherrschten die Etrusker, zusammen mit den verbündeten Karthagern, das westl. Mittelmeer. Sie expandierten im Süden bis nach Kampanien, im Norden bis an den Rand der Alpen. Ihre Städte waren in einem losen Bund zusammengeschlossen. Einen Zentralstaat gab es nicht. Die Etrusker beherrschten auch Rom. Im 6. Jh. jedoch wurden die etruskischen Herrscher – die Tarquinier – aus Rom vertrieben; damit begann der allmähliche Niedergang der Etrusker. Zug um Zug eroberten die Römer die etruskischen Städte bzw. schlossen Bündnisverträge mit ihnen. Die Römer haben viele Elemente der etruskischen Kultur und Religion übernommen.) 40

Eurōpa Europa (Bereits im 5. Jh. v. Chr. teilte der griech. Historiker und Geograf Herodot die Welt in die drei Erdteile Europa, Asien und Libyen (Afrika) ein. Diese Einteilung behielt in der gesamten Antike Gültigkeit.) 10

Eurystheus, eī *m* Eurystheus (König von Mykene. Ein Cousin des Herkules, aber auch sein erbittertster Feind: Beide waren Enkel des Perseus, des Gründers von Mykene, und konkurrierten deshalb um den Thron von Mykene. Vor Herkules' Geburt erklärte Jupiter, dass der erstgeborene Enkel des Perseus dessen Königreich erhalten solle. Juno, die Herkules hasste (weil er aus einer unehelichen Verbindung ihres Mannes Jupiter stammte), veranlasste daraufhin, dass Eurystheus früher geboren und damit König von Mykene wurde. Später musste Herkules im Auftrag des Eurystheus die berühmten „zwölf Arbeiten" erledigen.) 29. 30. X

Faustulus Faustulus (Hirte, der die ausgesetzten Zwillinge Romulus und Remus fand und gemeinsam mit seiner Frau Acca aufzog) 34. 35

forum Boārium Forum Boarium (der Rindermarkt in Rom am Ufer des Tiber.) V

forum Iūlium Forum Julium (Das Forum Julium – auch Cäsarforum genannt – ist das älteste der Kaiserforen in Rom (Baubeginn 54 v. Chr.) und bildet eine Erweiterung des Forum Romanum.) 14. V

forum Rōmānum Forum Romanum (der Marktplatz und später das politische, geschäftliche und religiöse Zentrum von Rom. Das ursprünglich sumpfige Gebiet wurde im 6. Jh. v. Chr. trockengelegt und zum Marktplatz umgestaltet. Die ältesten Bauwerke waren die Tempel für Saturn (498 v. Chr.), Castor (484) und Concordia (367). Ab dem 2. Jh. v. Chr. wurden die Volksversammlungen hier abgehalten. Die Händler und Marktstände mussten zugunsten des politischen Geschehens weichen. Basiliken wurden errichtet, in denen die Gerichte tagten und Geschäfte abgewickelt wurden.) 11. 12. 14. V. 20

Gallia Gallien (Land der Gallier / Kelten, die in der 1. Hälfte des 1. Jh.s v. Chr. von Osten eingewandert waren; es umfasste Oberitalien und das heutige Frankreich und Belgien.) 15

Geryōn, ōnis *m* Geryon (dreileibiger Riese auf der Insel Erythea, unterlag Herkules im Kampf und verlor seine Rinderherde an ihn.)

Graecī, ōrum die Griechen 16. 28. 31. 40

Graecia Griechenland (seit 146 v. Chr. röm. Provinz Achaia) 3

Graecus, a, um griechisch, Grieche 16

Helena Helena (Frau des Spartanerkönigs Menelaos; wurde vom Trojaner Paris geraubt, was den Trojanischen Krieg auslöste; galt als die schönste Frau der Welt.) 31

Hēphaistos *m* (vgl. „Vulcanus")

Hēra, ae *f* Hera (vgl. „Iuno")

Herculāneī, ōrum *m Pl.* die Herkulaneer (Einwohner von Herkulaneum) 28

Herculāneum Herkulaneum (Stadt in Kampanien am Golf von Neapel. Der Sage nach soll die Stadt eine Gründung des Herkules gewesen sein. Herkulaneum ist wie Pompeji beim Ausbruch des Vesuv untergegangen. Mit seinen ca. 4.000 Einwohnern war Herkulaneum deutlich kleiner als Pompeji: eine kleine wohlhabende Hafenstadt. Wegen der natürlichen Schönheit, des prächtigen Blicks über den Golf von Neapel und seiner reinen Luft erbauten viele reiche Römer ihre Sommervillen in Herkulaneum.) IX. 28. 29

Herculēs, is *m* Herkules (griech. Herakles; berühmtester der griech. Helden mit übermenschlichen Kräften. Sohn des Jupiter und der Alkmene. Um sich von einer im Wahnsinn begangenen Freveltat reinzuwaschen, musste er auf Geheiß eines Orakels dem König Eurystheus von Mykene dienen. Eifersüchtig auf Herkules' Stärke, bürdete Eurystheus ihm zwölf so ungeheuer schwierige Aufgaben auf, dass nur ein Sohn des Jupiter sie erfüllen konnte: Er musste verschiedene Ungeheuer erlegen (den Nemeischen Löwen, die Lernäische Hydra, die Stymphalischen Vögel), wilde Tiere einfangen (die Kerynitische Hirschkuh, den Erymanthischen Eber, den Kretischen Stier), den Stall des Augias ausmisten und dem Eurystheus bestimmte Dinge rauben und herbeiholen (die Stuten des Diomedes, den Gürtel der Hippolyte, das Vieh des Geryon, die Äpfel der Hesperiden). Die letzte und schwierigste Aufgabe war der Abstieg in die Unterwelt, aus der Herakles den Höllenhund Zerberus heraufholen sollte. Nachdem Herkules alle zwölf Aufgaben erfüllt und überlebt hatte, überließ Eurystheus ihm seinen Thron. Nach seinem Tod wurde Herkules in den Kreis der Götter aufgenommen.) V. 28. 29. 30. X

Hermēs *m* Hermes (vgl. „Mercurius")

Hērodotus Herodot (um 490–um 425 v. Chr., griech. Historiker aus der kleinasiatischen Stadt Halikarnassos) 10

Eigennamenverzeichnis

Hersilia Hersilia (Sabinerin, Ehefrau des Romulus) **38. 39**

(**Mārcus**) **Holcōnius Rūfus** Marcus Holconius Rufus (die bedeutendste uns bekannte Persönlichkeit Pompejis im 1. Jh. n. Chr. Er war ein reicher Kaufmann, der einen überregionalen Weinhandel und eine Tongrube samt Ziegelei betrieb. Er finanzierte mit seinem Vermögen u.a. den Umbau des Großen Theaters in Pompeji, was mit einem Ehrensitz im Theater und einer Statue an der wichtigsten Straßenkreuzung der Stadt belohnt wurde. Er bekleidete mehrfach hohe politische Ämter in der Stadt (u.a. war er fünfmal duumvir) und erreichte sogar die selten verliehene Ehrenbürgerschaft (patronus coloniae).) **VII. 23**

Homērus Homer (ältester griech. Dichter im 8. Jh. v. Chr., unter seinem Namen sind die beiden bedeutendsten griech. Epen, die „Ilias" und die „Odyssee", überliefert.) **31. 32**

Hydra Lernaea die Hydra von Lerna (ein vielköpfiges schlangenartiges Untier, das im See Lerna nahe der gleichnamigen griech. Stadt hauste. Wenn man ihr einen ihrer Köpfe abschlug, wuchsen zwei neue nach. Herkules besiegte das Ungeheuer mit Hilfe seines Gefährten Iolaos.) **X**

Īlias, adis *f* die „Ilias" (Epos des griech. Dichters Homer über den Trojanischen Krieg) **31. 33**

Iolāus Iolaos (Wagenlenker und treuer Gefährte seines Onkels Herkules) **X**

Īsis, Īsidis *f* Isis (Hauptgöttin Ägyptens; Gattin und Schwester des Osiris, Göttin der Fruchtbarkeit. Im 2. Jh. v. Chr. gelangte der Isiskult über den Seehandel mit der ägyptischen Stadt Alexandria auch nach Italien.)

Italia Italien **32. 33**

Iūlus Julus (anderer Name des Äneas-Sohnes Askanius) **34**

Iūnō, ōnis *f* Juno (griech. Hera; Schwester und Gemahlin des Jupiter. Schützerin der Ehe und der Frauen; Fruchtbarkeits- und Geburtsgöttin.) **22. 29. 33**

Iuppiter, Iovis *m* Jupiter (griech. Zeus; Göttervater und höchster Gott der Römer. Möglicherweise haben bereits die Etrusker den Kult des Iuppiter Optimus Maximus in Rom eingeführt. Im Jupiter-Tempel brachten die röm. Beamten am Anfang ihres Amtsjahres Opfer dar, und die siegreichen Feldherrn legten dort ihre Beutestücke nieder. Die erste Senatssitzung eines jeden Jahres fand ebenfalls dort statt.) **22. 29. 32. 33. XIII**

Lāocoōn, Lāocoontis *m* Laokoon (trojanischer Priester; warnte die Trojaner vergeblich vor dem hölzernen Pferd der Griechen; er und seine beiden Söhne wurden daraufhin auf Geheiß Athenes, die auf Seiten der Griechen stand, von zwei Seeschlangen erwürgt.) **31**

Larēs, um *m Pl.* die Laren (röm. Gottheiten, die Haus und Familie beschützten)

Latīnus, a, um lateinisch („latinisch", nach der Landschaft Latium und dem Stamm der Latiner, die in Mittelitalien siedelten) **33. 34**

Latīnus Latinus (König von Latium. Sohn des Gottes Faunus. Nach dem Krieg zwischen den Latinern und den einwandernden Trojanern heiratete Äneas Lavinia, die Tochter des Latinus.) **33**

Latium Latium (Landschaft in Mittelitalien, Urheimat der Latiner) **34**

Laurentum Laurentum (alte Küstenstadt der Latiner, Sitz des Königs Latinus. Während des Kampfes um Latium belagerten Äneas und seine Trojaner die Stadt.) **33**

Lāvīnia Lavinia (Tochter des Königs Latinus, zweite Frau des Äneas) **XI**

Lāvīnium Lavinium (Stadt in Latium, südlich von Rom, wurde von Äneas gegründet und nach seiner Ehefrau Lavinia benannt.) **34**

(**Titus**) **Līvius** Livius (röm. Geschichtsschreiber 59 v. Chr. –17 n. Chr.; beschrieb die Geschichte Roms – von der Gründung der Stadt bis auf die eigene Zeit – in seinem 142 Bücher umfassenden Werk „Ab urbe condita".) **36. XII. XIII**

Lucrētia Lukretia (Frau des Collatinus; wurde von Sextus Tarquinius vergewaltigt, was die Vertreibung der etruskischen Tarquinier als Herrscher von Rom nach sich zog.)

(**L. Licinius**) **Lūcullus** Lukull (röm. Feldherr in Kleinasien um 70 v. Chr.; sein Reichtum und sein exquisiter Geschmack sind sprichwörtlich.) **16**

Lȳdia Lydien (Landschaft an der Westküste Kleinasiens, 133 v. Chr. wurde Lydien Teil der röm. Provinz Asia.) **3**

Mārs, Mārtis *m* Mars (griech. Ares; Gott des Krieges. Von Rea Silvia wurde er Vater der Zwillinge Romulus und Remus.) **22. XI. 34. XII**

Menelāus Menelaos (König von Sparta, Ehemann der von Paris geraubten Helena) **31**

Mercurius Merkur (griech. Hermes; Götterbote, Gott des Handels, der Reise und der Diebe.) **22. 32. 33**

Minerva Minerva (griech. Athene; Göttin der Weisheit und des Handwerks. Tochter des Jupiter.) **22**

Mīsēnum Misenum (Stadt am Nordrand des Golfes von Neapel (h. Miseno). Der durch eine Bucht geschützte Hafen von Misenum war ein Hauptstützpunkt der röm. Kriegsflotte.) **IX**

Molossus der Molosser, der Molosserhund (eine griechische Jagdhundrasse, die als besonders wild und bissig galt) **10**

Mycēnae, ārum *Pl.* Mykene (in alter Zeit eine der bedeutendsten Städte Griechenlands. In Homers Epos „Ilias" wird Mykene als Hauptstadt des Königs Agamemnon erwähnt. Seine größte Blüte hatte Mykene im 14. und 13. Jh. v. Chr.) **29**

Neāpolis, is *f* Neapel (bedeutende Stadt in Kampanien. Griech. Kolonisten gründeten die Stadt („Neustadt") im 5. Jh. v. Chr. Neapolis wurde bald eines der führenden Wirtschaftszentren der Region. 89 v. Chr. erhielt Neapolis das röm. Bürgerrecht. Griech. Sprache und Kultur blieben in der Stadt aber auch unter röm. Herrschaft stets lebendig.) **IX**

Eigennamenverzeichnis

Nemeaeus leō der Nemeische Löwe (Ungeheuer nahe der griech. Stadt Nemea. Die Tötung dieses Löwen war die erste der zwölf Arbeiten des Herkules. Nach seinem Sieg trug er das Fell des Löwen als Trophäe.) 28. 29. X

Neptūnus Neptun (griech. Poseidon; Gott des Meeres. Bruder des Jupiter.) 22. 38

(Mārcus) Nōnius Balbus Marcus Nonius Balbus (röm. Senator und prominenter Einwohner der Stadt Herkulaneum. Der Stadt Herkulaneum stiftete er die Basilika, Stadttore und Stadtmauer. Die Stadt ernannte ihn zum Ehrenbürger (patrōnus) und errichtete mindestens zehn Statuen für ihn.) 28. 29

Numa Pompilius Numa Pompilius (zweiter König Roms, galt als besonders weise und fromm. Die Römer schrieben ihm viele ihrer religiösen Einrichtungen zu: Feste, Opfer und Riten, die Pontifices und Vestalinnen.)

Numitor, ōris *m* (König von Alba Longa, Sohn des Prokas, Vater der Rea Silvia. Numitor wurde von seinem jüngeren Bruder Amulius abgesetzt. Seine Enkel Romulus und Remus rächten dieses Verbrechen und gaben ihm die Herrschaft zurück.) XI. 34. 35. 36

Odyssēa die „Odyssee" (Epos des griech. Dichters Homer über die Irrfahrten des Odysseus) 32. 33

Odysseus vgl. „Ulixes" 31. 32

Ōstia Ostia (Hafenstadt Roms an der Tibermündung. In Ostia landeten die für Rom bestimmten Lebensmittellieferungen, vor allem die Getreideschiffe aus Ägypten, Afrika, Sardinien und Sizilien.)

Palātium (mōns Palātīnus) der Palatin (einer der sieben Hügel Roms; ältester besiedelter Teil der Stadt. Viele prominente Römer hatten hier ihre Häuser. Kaiser Augustus errichtete hier seinen Wohnsitz, den man palātia nannte; davon leitet sich das deutsche Wort „Palast" her.) 33. XII. 40

Pallās, antis *m* Pallas (Sohn des italischen Königs Euander. Er wurde von Turnus im Zweikampf getötet und von Äneas – dem Bundesgenossen des Euander – gerächt.) 33

Paris, idis *m* Paris (Sohn des trojanischen Königs Priamos; raubte die schöne Helena aus Sparta und löste damit den Trojanischen Krieg aus.) 31

patriciī, ōrum Patrizier (röm. Adelsfamilien; nach der Vertreibung der Könige Anfang des 5. Jh.s v. Chr. besaßen sie die politische Macht.)

Patroclus Patroklos (Freund und Kampfgefährte des Achilles im Trojanischen Krieg, von Hektor getötet) 31

Penātēs, ium *m Pl.* die Penaten (röm. Haus- und Schutzgötter)

plēbēī, ōrum Plebejer (größter Teil der röm. Bevölkerung; zunächst ohne politischen Einfluss, im Laufe der Ständekämpfe im 5./4. Jh. v. Chr. setzten sie immer mehr Rechte durch.)

(C.) Plīnius (Caecilius Secundus) Māior Plinius der Ältere (röm. Schriftsteller, Gelehrter und Feldherr, um 23–79 n. Chr. Sein naturwissenschaftliches Werk „Naturalis historia" (Naturgeschichte) ist eine Zusammenfassung des naturkundlichen Wissens seiner Zeit in 37 Büchern. Plinius d. Ä. starb 79 n. Chr. beim Ausbruch des Vesuv. Sein Neffe, Plinius der Jüngere, überlieferte die Todesumstände seines Onkels in einem Brief an den Geschichtsschreiber Tacitus.) IX

(C.) Plīnius (Caecilius Secundus) Minor Plinius der Jüngere (röm. Schriftsteller, 61 – ca. 113 n. Chr., er veröffentlichte eine große Sammlung literarischer Briefe, die ein meisterhaftes Bild der Kaiserzeit in allen Lebensbereichen vermitteln; die berühmtesten Briefe beschäftigen sich mit dem Vesuvausbruch des Jahres 79 n. Chr.) IX

Plūtō, ōnis Pluto (griech. Hades; Gott der Unterwelt.) 30

Pompēiānī, ōrum *m Pl.* die Bewohner von Pompeji, die Pompejaner 19. 20. 21. 22. 23. 24. 27. 28.

Pompēī, ōrum *m Pl.* Pompeji (Stadt in Kampanien am Golf von Neapel; wurde 79 n. Chr. beim Ausbruch des nahegelegenen Vulkans Vesuv verschüttet. Erst in der Neuzeit wurde die Stadt – die durch die Lavamassen nahezu perfekt konserviert wurde – wiederentdeckt und ausgegraben. Im 1. Jh. n. Chr. war Pompeji eine blühende Hafen- und Marktstadt. Die Überreste der Stadt vermitteln einen Eindruck vom florierenden städtischen Leben: Tempel, Markthallen und Werkstätten, Theater, Thermen und Sportstätten, prachtvolle Villen und Vergnügungsviertel. Die riesige Zahl an Gegenständen, die bei den Ausgrabungen zutage gekommen sind (Schmuck, Haushaltsgeräte, Werkzeug, Statuen, Inschriften, Wandmalereien usw.), ist für die Kenntnis des Alltagslebens der Römer von unschätzbarer Bedeutung. Zur Zeit des Untergangs hatte Pompeji schätzungsweise 20.000 Einwohner. Ca. 2.000 Menschen sollen beim Vesuvausbruch umgekommen sein.) 7. 16. 18. VI. 19. 20. VII. 22. 23. 24. 25. 26. 27. IX. 28

Pompōniānus Pomponianus (ein Freund von Plinius d.Ä. Während des Vesuvausbruchs versuchte Plinius, ihn und dessen Familie auf dem Seeweg aus Stabiä zu evakuieren.) 30

Poseidōn *m* (vgl. „Neptunus")

Priamus Priamos (König von Troja zur Zeit des Trojanischen Krieges, Vater des Paris) 31

Procās, ae *m* Prokas (König von Alba Longa, Vater des Amulius und des Numitor) XI. 34

Quirīnālis (collis) der Quirinal (einer der sieben Hügel Roms. Der Sage nach befand sich auf dem Quirinal das Grab des Romulus. König Titus Tatius und die Sabiner sollen nach dem Frieden zwischen Römern und Sabinern auf dem Quirinal gesiedelt haben.) 40

Rēa Silvia Rea Silvia (die Tochter des Königs Numitor von Alba Longa. Ihr Onkel Amulius, der seinen Bruder Numitor vom Thron gestürzt hatte, machte Rea zur Vestapriesterin, um zu verhindern, dass sie Kinder bekäme, denn die Vestalinnen mussten unverheiratet und kinderlos bleiben. Der Kriegsgott Mars durchkreuzte aber diese Pläne

Eigennamenverzeichnis

und zeugte mit Rea die Zwillinge Romulus und Remus.) XI. 34. 36

Remus Remus (sagenhafter Gründer Roms; Zwillingsbruder von Romulus, von dem er erschlagen wurde) V. XI. 34. 35. 36. XII. 37

Rōma Rom 7 ff.

Rōmānī, ōrum die Römer 9 ff.

Rōmānus, a, um römisch; Römer(in) 14 ff.

Rōmulus Romulus (sagenhafter Gründer und erster König Roms im 8. Jh. v. Chr. Zwillingsbruder von Remus. Die beiden wurden als Kinder von ihrem Großonkel Amulius in einem Weidenkorb auf dem Tiber ausgesetzt, denn dieser ahnte, dass die Enkel seines Bruders Numitor ihm den Thron von Alba Longa streitig machen würden. Eine Wölfin säugte sie jedoch, bis der Hirte Faustulus sie entdeckte und sich ihrer annahm. Als die Zwillinge erwachsen waren, stürzten sie Amulius und setzten ihren Großvater wieder in die Herrschaft ein. Zum Dank gestattete Numitor ihnen, an der Stelle, an der sie einst ausgesetzt worden waren, eine Stadt zu gründen. Romulus und Remus gerieten jedoch in Streit, wer der Bauherr und damit der Namensgeber der Stadt sein würde. Bei diesem Streit erschlug Romulus seinen Bruder. Gegründet wurde Rom der Sage nach am 21. April 753 v. Chr.) V. 32. XI. 34. 35. 36. XII. 37. 38. 39. XIII

Sabīnī, ōrum die Sabiner (Bewohner des Berglandes nördlich von Rom; die Römer raubten – wegen des in Rom herrschenden Frauenmangels – auf Geheiß des Romulus deren Töchter. Die gefangenen Sabinerinnen ließen sich jedoch eine nach der anderen von den Römern zur Heirat bewegen. Als die Sabiner später Rom angriffen, drängten sich die Frauen auf das Schlachtfeld und beschwichtigten die gegnerischen Parteien. Romulus und Titus Tatius, der König der Sabiner, verbrüderten sich daraufhin und verschmolzen ihren Staat unter einer Doppelherrschaft.) 38. 39. XIII. 40

Sāturnus Saturn (röm. Gott der Fruchtbarkeit, besonders des Ackerbaus. In seinem Tempel auf dem Forum Romanum war das aerārium, in dem die Staatskasse, das Staatsarchiv und die Feldzeichen der röm. Legionen aufbewahrt wurden.) 11. IV

senātor, ōris *m* der Senator (Mitglied des römischen Senates) 18. 19. 28. 29

senātus, ūs *m* der Senat (die wichtigste politische Institution der röm. Republik. Er bestimmte die Richtlinien der Politik, erließ Gesetze, kontrollierte die Beamten und verwaltete die Staatsfinanzen. Die Senatsversammlung wurde von rund 300 Senatoren gebildet. In der Spätzeit der Republik wurde die Mitgliederzahl auf bis zu 900 erweitert. Die Senatoren setzten sich ursprünglich zusammen aus den „senēs", also älteren und erfahrenen Männern, sowie den „patrēs", den Oberhäuptern des röm. Adels. Zeichen der Senatorenwürde waren ein breiter Purpurstreifen auf der Toga und ein goldener Siegelring. Die Senatssitzungen waren öffentlich und fanden zweimal im Monat in der Kurie statt. Senatsbeschlüsse wurden niedergeschrieben und im Saturntempel aufbewahrt. In der röm. Kaiserzeit existierte der Senat weiter, die meisten senatorischen Rechte jedoch gingen in die Hand des Kaisers über. Der Rang des Senators wurde nun zum Ehrentitel, der verdienten Personen aus dem ganzen Reich verliehen wurde.)

(L. Annaeus) Seneca, ae *m* Seneca (röm. Schriftsteller, Politiker und Philosoph, 4 v. Chr.–65 n. Chr.) VIII

Servius Tullius Servius Tullius (sechster König Roms; errichtete im 6. Jh. v. Chr. den ersten röm. Mauerring; wurde von seinem Nachfolger Tarquinius Supérbus ermordet.)

Sicilia die Insel Sizilien (an der „Stiefelspitze" Italiens, wurde 241 v. Chr. erste röm. Provinz.) 9. 10

Stabiae, ārum Stabiä (röm. Siedlung direkt am Fuße des Vesuvs; beim Ausbruch des Vulkans im Jahre 79 n. Chr. wurde sie daher am stärksten zerstört.) IX

Stymphāliae avēs die Stymphalischen Vögel (gefräßige Raubvögel mit eisernen Federn, die beim griech. Stymphalos-See ihr Unwesen trieben und Menschen anfielen. Diese Vögel zu erlegen war eine der zwölf Arbeiten des Herkules.) 29

Styx, Stygis *f* der Styx (einer der Unterweltsflüsse, bei dem die Götter den heiligsten Eid schwuren) 30

Syria Syrien (seit 64 v. Chr. röm. Provinz mit der Hauptstadt Antiocheia (h. Antakya)) 3. 9. III. 10

Tarpēia Tarpeia (Tochter des röm. Feldherrn Spurius Tarpeius. Sie ließ sich von dem feindlichen Sabinerkönig Titus Tatius bestechen und öffnete dessen Soldaten die röm. Burg. Der Verrat und ihre Gier nach Gold wurden ihr zum Verhängnis.) 39. XIII. 40

(Spurius) Tarpēius Spurius Tarpeius (Kommandant der röm. Burg unter der Herrschaft des Romulus; Vater der Tarpeia) 39

Tarquinius Prīscus Tarquinius Priscus (fünfter König Roms; er soll den Circus Maximus erbaut und mit dem Bau des kapitolinischen Tempels begonnen haben. Tarquinius Priscus soll als Erster öffentliche Spiele veranstaltet haben. Auch die Einführung des Triumphes in Rom wird ihm zugeschrieben.) 40

Tarquinius Superbus Tarquinius Supérbus (siebter und letzter König Roms, wurde wegen seiner Grausamkeit 510/509 v. Chr. gestürzt. Dieses Datum gilt als Gründungsjahr der röm. Republik.)

(Sextus) Tarquinius Sextus Tarquinius (Sohn des Tarquinius Superbus; vergewaltigte Lukretia, eine Frau aus angesehener Familie, und löste damit die Vertreibung der Tarquinier als Herrscher von Rom aus.)

Tartarus der Tartarus (der Teil der Unterwelt, in dem Verbrecher und Übeltäter nach dem Tod ihre Strafen verbüßen mussten) 22. 30

(Titus) Tatius Titus Tatius (König der Sabiner, führte sein Volk gegen Rom, um den Raub der sabinischen Frauen zu rächen.) 39

Eigennamenverzeichnis

Tiberis, is *m* (Akk. Tiberim) der Tiber (Fluss durch Rom, Hauptfluss in Mittelitalien, natürliche Grenze zwischen Etrurien und Latium) XI. 34. 36

Titus (Flāvius Sabīnus Vespasiānus) Titus (röm. Kaiser von 79–81 n. Chr., Sohn des Kaisers Vespasian; eroberte 70 n. Chr. Jerusalem und wurde dafür mit dem noch heute erhaltenen „Titusbogen" in Rom geehrt. Den Betroffenen des Vesuv-Ausbruches gewährte er großzügig Hilfe. Unter die Bautätigkeit des Titus fällt die Weiterführung und Einweihung des von Vespasian begonnenen Kolosseums.) 19. 21

Trōia Troja (Stadt im Nordwesten Kleinasiens (heutige Türkei); wurde im Trojanischen Krieg von den Griechen erobert.) 31. 32

Trōiānī, ōrum die Trojaner, Einwohner von Troja 31. 33. 34

Trōiānus, a, um trojanisch, Trojaner

Tullus Hostīlius Tullus Hostilius (dritter König Roms, verachtete die friedliche und fromme Art seines Vorgängers Numa Pompilius. Er eroberte und zerstörte Alba Longa und bekämpfte erfolgreich die mächtigen Sabiner.)

Turnus Turnus (Fürst und Anführer der Rutuler, eines Volksstammes in Latium. Turnus wollte Lavinia, die Tochter des Königs Latinus, zur Frau nehmen. Aber Latinus wollte – veranlasst von einem Orakelspruch – seine Tochter mit Äneas verheiraten. Als es zum Krieg zwischen Latium und den Trojanern kam, tötet Turnus im ungleichen Zweikampf den jugendlichen Pallas, einen Freund und Verbündeten des Äneas. Turnus fällt schließlich im Zweikampf mit Äneas.) 33. XI. 34

Tūscī, ōrum vgl. „Etrūscī"

Ulixēs, is *m* Ulixes (lat. Name des Odysseus; König der griech. Insel Ithaka, konnte im Trojanischen Krieg die Trojaner mit dem hölzernen Pferd überlisten, zog sich damit den Zorn des Neptun zu und musste auf seinem zehn Jahre dauernden Heimweg viele Gefahren überstehen.) 31. 32

Venus, Veneris *f* Venus (griech. Aphrodite; Göttin der Liebe und der Schönheit) 22

(P.) **Vergilius** (Marō) Vergil (röm. Dichter zur Zeit des Augustus, 70–19 v. Chr.; Verfasser des röm. Nationalepos „Aeneis") 33

(T. Flāvius) **Vespasiānus** Vespasian (röm. Kaiser von 69–79 n. Chr., Vater der Kaiser Titus und Domitian; bekannt für seinen bescheidenen Lebenswandel und seine sparsame, effiziente Verwaltung. Er ließ u.a. das Kolosseum errichten (unter Titus fertiggestellt).) 21

Vesta Vesta (die Göttin des heiligen Herd- und Opferfeuers, Hüterin von Heim und Herd. Der Rundtempel der Vesta stand auf dem Forum Romanum.) IV. V

Vestālis, is *f* (virgō Vestālis bzw. sacerdōs Vestālis) Vestalin (Priesterin der Göttin Vesta. Das Kollegium der Vestalinnen bestand aus sechs Priesterinnen, die im Alter von 6–10 Jahren für eine 30-jährige Dienstzeit berufen wurden. Nach ihrem Dienst durften sie ein normales bürgerliches Leben führen, bei dem sie auch heiraten durften. Ihre Hauptaufgabe war das Hüten des heiligen Herdfeuers im Tempel der Vesta, das niemals erlöschen durfte; denn dies galt als das schlimmste Vorzeichen für den Staat. Die Vestalinnen waren zu absoluter Keuschheit verpflichtet. Verstieß eine Vestalin gegen diese Vorschrift, wurde sie lebendig begraben.) XI. 34

Vesuvius der Vesuv (Vulkan in Kampanien, der bei einem Ausbruch am 24. August 79 n. Chr. die Städte Pompeji, Herkulaneum und Stabiä verschüttete) 16. 17. 18. 24. 25. 26. 27. IX. 28

via Appia Via Appia (Straße, die von Rom aus in südlicher Richtung durch ganz Italien bis nach Brundisium führte, Baubeginn 312 v. Chr.) 7

Vīminālis (collis) der Viminal (einer der sieben Hügel Roms) 40

Vulcānus Vulkan (griech. Hephaistos; Gott der Feuerflamme und der Schmiedekunst. Seine Schmiede lag unter dem sizilischen Vulkan Ätna. Schmiedete die Blitze des Jupiter.) 10

Zeus *m* (vgl. „Iuppiter")

Zeittafel

vor Christus

um 900	Erste Hirtensiedlungen auf dem Palatin
8. Jh.	Entstehung der homerischen Epen „Ilias" und „Odyssee"
753	sagenhaftes **Gründungsdatum der Stadt Rom**
um 750	**Beginn der Griechischen Kolonisation:** Einwanderung der Griechen nach Unteritalien und Sizilien
um 550	**Herrschaft etruskischer Könige in Rom;** Errichtung des **Circus Maximus** und der ersten römischen Stadtmauer
510/509	Vertreibung des Tarquinius Superbus: Ende der etruskischen Königsherrschaft und **Beginn der römischen Republik**
507	Einweihung des Tempels des Iuppiter Capitolinus
450	**Zwölftafelgesetz:** Erste schriftliche Fixierung des römischen Rechts
367	Zulassung der Plebejer zum Konsulat
seit 312	Bau der Via Appia
269	Erste römische Münzprägungen
um 264	Nach zahlreichen Kriegen gegen die umliegenden Völker ist die **römische Herrschaft in Mittel- und Süditalien** gefestigt.
264-241	**1. Punischer Krieg** gegen Karthago
242	Einrichtung der ersten römischen Provinz (Sicilia)
227	Einrichtung der Provinzen Sardinia et Corsica
218-201	**2. Punischer Krieg**
219/218	**Hannibal** zieht durch Spanien bis nach Italien: **Alpenübergang**
197	Spanien wird römische Provinz (Hispania).
149-146	**3. Punischer Krieg**
148	Einrichtung der Provinz Macedonia
146	**Zerstörung Karthagos:** Africa wird römische Provinz. Griechenland wird zur römischen Provinz Achaia. **Herrschaft der Römer über den Mittelmeerraum**
129	Einrichtung der Provinz Asia
91-88	Bundesgenossenkrieg: Forderung der italischen Bundesgenossen nach dem römischen Bürgerrecht
59	**Konsulat Cäsars**
58-51	**Eroberung Galliens** durch Cäsar
51	Einrichtung der Provinz Gallia
49-46	**Bürgerkrieg:** Cäsar gegen Pompejus
46-44	Diktatur Cäsars
45	Einführung des julianischen Kalenders
15.3.44	**Ermordung Cäsars**
42	**Schlacht bei Philippi:** Niederlage der Cäsarmörder
31	**Seeschlacht bei Aktium:** Sieg Oktavians über Markus Antonius und Kleopatra
30	Selbstmord des Antonius und der Kleopatra; Ägypten wird römische Provinz.
27	Der Senat verleiht Oktavian den Ehrentitel **Augustus: Beginn des Prinzipats**
um 25	Livius beginnt mit der Herausgabe seines Geschichtswerks „Ab urbe condita"
19	Veröffentlichung der „Aeneis" Vergils

Zeittafel

	9 n. Chr.	**„Schlacht im Teutoburger Wald"**: Sieg des Cheruskerfürsten Arminius über die Legionen des römischen Feldherrn Varus (Kalkriese bei Osnabrück)
	14	Tod des Augustus
	14–68	**Julisch-Claudisches Herrscherhaus**
	um 30	Kreuzigung Jesu
	14–37	**Kaiser Tiberius**
	37–41	**Kaiser Caligula**
	41–54	**Kaiser Claudius**
	43	Britannien wird römische Provinz.
	54–68	**Kaiser Nero**
	um 55	Missionsreisen des Apostels Paulus (u.a. nach Ephesos)
	64	**Brand Roms**: erste Christenverfolgungen
	66–70	Aufstand der Juden gegen die römische Besatzung
	68–69	Vierkaiserjahr (Galba, Otho, Vitellius, Vespasian)
	69–96	**Flavisches Herrscherhaus**
	69–79	**Kaiser Vespasian**
	70	**Eroberung Jerusalems** durch Titus
	79–81	**Kaiser Titus**
	79	**Vesuv-Ausbruch:** Zerstörung von Pompeji und Herkulaneum
	80	Bau des **Kolosseums** beendet
	81–96	**Kaiser Domitian**
	84	Baubeginn des **Limes** in Germanien
	90	Einrichtung der Provinzen Germania superior und inferior
	96–192	**Adoptivkaiser**
	96–98	**Kaiser Nerva**
	98–117	**Kaiser Trajan**
	106–115	**Größte Ausdehnung des römischen Reiches** (Schaffung der Provinzen Arabia, Dacia, Armenia, Mesopotamia und Assyria)
	117–138	**Kaiser Hadrian**
	122	Errichtung des Hadrianswalls in Nordengland
	138–161	**Kaiser Antoninus Pius**
	161–180	**Kaiser Mark Aurel**
	180–192	**Kaiser Commodus**
	193–235	**Severisches Kaiserhaus**
	235–305	**Soldatenkaiser**
	um 250	Christenverfolgung unter den Kaisern Decius und Valerian
	284–305	**Kaiser Diokletian**
	303–311	Christenverfolgung unter Diokletian
	306–337	**Kaiser Konstantin der Große**
	313	Toleranzedikt von Mailand: Religionsfreiheit für die Christen
	330	**Konstantinopel wird Hauptstadt des römischen Reiches.**
	um 375	Die Hunnen erobern im Norden große Teile des römischen Reiches. Beginn der **Völkerwanderung**
	379–395	**Kaiser Theodosius der Große**
	390	Hieronymus beginnt mit der Übertragung der Bibel ins Lateinische („**Vulgata**").
	391	Das **Christentum wird Staatsreligion** (Verbot heidnischer Kulte).
	395	**Reichsteilung** nach dem Tod des Theodosius (Entstehung eines west- und eines oströmischen Reiches)
	410	Rom wird von den Westgoten (Alarich) eingenommen.
	455	Plünderung Roms durch die Vandalen
	476	Absetzung des letzten weströmischen Kaisers durch den Germanen Odoaker: **Ende des weströmischen Reiches**
	527–565	**Kaiser Justinian** (Sein Versuch, die Reichseinheit wiederherzustellen, scheitert.)
	seit 7. Jh.	Ausbreitung des Islam: Die Provinzen der östlichen Reichshälfte fallen an die Araber.
	800	Kaiserkrönung Karls des Großen
	1453	**Ende des oströmischen Reiches** (Einnahme Konstantinopels durch die Osmanen)

- 29 Tempel der Vesta
- 30 Haus der Vestalinnen (Atrium Vestae)
- 31 Forum Nervae (F. Transitorium)
- 32 Forum Augusti
- 33 Tempel des Mars Ultor
- 34 Tempel des Antoninus Pius und der Faustina
- 35 Forum Vespasiani (Forum Pacis)
- 36 Tempel des Romulus (bzw. Tempel des Iuppiter Stator)
- 37 Maxentius-Basilica (Konstantins-Basilika)
- 38 Tempel der Pax
- 39 Titus-Bogen
- 40 Tempel der Venus und der Roma
- 41 Kolossalstatue Neros
- 42 Colosseum (Amphitheatrum Flavium)
- 43 Titus-Thermen
- 44 Trajans-Thermen
- 45 Claudius-Tempel
- 46 Konstantins-Bogen
- 47 Aquädukt (Aqua Claudia)
- 48 Hippodrom des Domitian
- 49 Kaiserpaläste (Domus Augustana, D. Tiberiana, D. Flavia)
- 50 Palatin
- 51 Tempel des Apollon
- 52 Tempel der Kybele (Magna Mater)
- 53 Circus Maximus
- 54 Ianus-Bogen

Abkürzungen

Abl.	Ablativ
AcI	Akkusativ mit Infinitiv
Adj.	Adjektiv
Adv.	Adverb
Akk.	Akkusativ
Dat.	Dativ
Dekl.	Deklination
dir.	direkt
dopp.	doppelt(er)
dt.	deutsch
e.	englisch
f	feminin
f.	französisch
Fut.	Futur
Fw.	Fremdwort
Gen.	Genitiv
griech.	griechisch
i.	italienisch
Imp.	Imperativ
Impf.	Imperfekt
indekl.	indeklinabel
Ind.	Indikativ
Inf.	Infinitiv
jd.	jemand
jdm.	jemandem
jdn.	jemanden
intrans.	intransitiv
Jh.	Jahrhundert
Konjug.	Konjugation
kons.	konsonantisch
lat.	lateinisch
m	maskulin
m.	mit
n	neutrum
Nom.	Nominativ
örtl.	örtlich
Perf.	Perfekt
Pers.	Person
Pl.	Plural
Plusqpf.	Plusquamperfekt
Präd. nom.	Prädikatsnomen
Präp.	Präposition
Präs.	Präsens
Pron.	Pronomen
röm.	römisch
s.	spanisch
Sg.	Singular
Subj.	Subjunktion
Subst.	Substantiv
trans.	transitiv
vgl.	vergleiche
Vok.	Vokativ
wörtl.	wörtlich
zeitl.	zeitlich

Bildnachweis

akg-images 13 (6). 28. 94. 109. 115 (5). 130 | akg-images / Bildarchiv Monheim 85b | akg-images / Electa 65. 76 (1). 129 | akg-images / Erich Lessing 12 (3). 19. 22 (2). 23. 30. 42. 55. 61. 79. 102. 103. 114 (1). 128. 204 | akg-images / Gérard Degeorge 36 | akg-images / Gilles Mermet 12 (2). 12 (4). 63 | akg-images / Hervé Champollion 32 | akg-images / John Hios 101 | akg-images / Joseph Martin 105 | akg-images / Nimatallah 22 (1). 41 (5). 87. 104 | akg-images / Orsi Battaglini 96 (4) | akg-images / Peter Connolly 37. 38. 39. 40 (2). 45. 69. 91. 133. 152. 190 | akg-images / Pirozzi 40 (1). 97 (7) | akg-images / Rabatti – Domingie 96 (2) | akg-images / Werner Forman 77 (6) | Bibliothèque Sainte-Geneviève, Paris 121 | Bildarchiv Preußischer Kulturbesitz / Gerhard Murza 99 | Cinetext 86. 107 | getty images / Shaun Egan 40 (3) | Interfoto / D. H. Teuffen 97 (5) | Interfoto / Fratelli Alinari 76 (3). 118. 125 | Interfoto 96 (1) | Mauritius / René Mattes 41 (4) | Mauritius / Walter Bibikow 58 (2). 59 (5) | mauritius images / FreshFood 12 (1) | Philipp von Zabern, Mainz / Marcus Junkelmann 76 (2) | picture-alliance / akg-images / Erich Lessing 58 (3) | picture-alliance / Bildagentur Huber 77 (5) | Römische Villa Borg, Perl-Borg 6. 13 (5) | Sammlung Götz Grabert 73 | Scala, Florenz / CM Dixon / HIP 89 | Scala, Florenz / Fotografica Foglia 47. 64. 93 | Scala, Florenz / Luciano Romano 77 (4) | Scala, Florenz 24. 25. 27. 41 (6). 56. 59. 62. 70. 75. 111. 114 (4). 115 (2). 117. 126 f. | The Bridgeman Art Library / Giraudon 114 (3) | The Bridgeman Art Library / Lauros / Giraudon 97 (6). 188 | The Bridgeman Art Library 58 (1). 59 (4). 71. 100. 113. 122 | Ullstein bild 96 (3) | Verlagsarchiv.

80 in Leserichtung: (1) Mercurius: Jacopo Zucchi (1541-1589): Mercurio. Florenz, Galleria degli Uffizi. Scala, Florenz **(2) Apollo:** Auschnitt aus einer griech. Vasenmalerei. Um 460 v. Chr. Paris, Musée du Louvre. The Bridgeman Art Library / Peter Willi **(3) Ceres:** Statue im Schlosspark von Versailles. 17. Jh. akg-images / CDA / Guillemot **(4) Minerva:** Griech. Vasenbild. Fiesole, Museo Archeologico. Scala , Florenz **(5) Juno:** Die sog. Hera Barberini. Röm. Kopie einer griech. Plastik aus dem 5. Jh. v. Chr. Rom, Vatikanische Museen. Scala, Florenz **(6) Vulcanus:** Werner Wilhelm Schuch: Die Schmiede des Vulkan. 19. Jh. München, Schloss Schleißheim. Interfoto / A. Koch.

81 in Leserichtung: (1) Bacchus: Griech. Vasenmalerei. Um 490 v. Chr. München, Staatl. Antikensammlung und Glyptothek. akg-images / Erich Lessing **(2) Venus:** Venus in der Muschel, umgeben von Amoretten. Wandmalerei aus dem „Haus der Venus" in Pompeji. 1. Jh. n. Chr. Scala, Florenz / Luciano Romano **(3) Amor:** Amor spannt den Bogen. Röm. Marmorskulptur. 1. Jh. n. Chr. Nach einem griech. Original des Lysipp (?). 4. Jh. v. Chr. Pawlowsk, Großer Palast. akg-images **(4) Jupiter:** Statue des Jupiter im Garten des Nymphenburger Schlosses in München. Ullstein Bild / imagebroker.net / Sarah Peters **(5) Mars:** Ausschnitt aus dem Gemälde „Rückkehr der verwundeten Venus in den Olymp" von Jean-Auguste-Dominique Ingres. Um 1805. Basel, Kunstmuseum. akg-images **(6) Neptunus:** Neptunbrunnen zwischen Marienkirche und Rotem Rathaus in Berlin. 1891 errichtet. Entwurf von R. Begas. akg-images / Dieter E. Hoppe **(7) Diana:** Diana als Jägerin, sog. Diana von Versailles. Röm. Kopie aus dem 2. Jh. v. Chr. nach einem griech. Original des Leochares (?). Paris, Musée du Louvre. The Bridgeman Art Library / Peter Willi.

Einband Vorderseite: Die **Göttin Diana** als Jägerin. vgl. Nachweis zu S. 81 (7). | Das **Amphitheater von El Djem (Tunesien)**. Ullstein | Bühnenzugang des **Theaters von Leptis Magna (Libyen)**. Mauritius images / Michael Runkel | Statue und Tempel des Gottes **Apollo** am **Forum von Pompeji**. picture-alliance / Bildagentur Huber.

Einband Rückseite: Blick in die Kuppel des **Pantheon in Rom**. Mauritius images / imagebroker.net | Das **Theater von Palmyra (Syrien)**. Mauritius images / John Warburton Lee | **Das Kolosseum in Rom**. Mauritius images / Günther Rossenbach.